陇上学人文存

LONGSHANG XUEREN WENCUN

陇上学人文存

李黑虎　卷

李黑虎 著　郝希亮 编选

甘肃人民出版社

图书在版编目（ＣＩＰ）数据

陇上学人文存. 李黑虎卷 ／ 范鹏，马廷旭总主编 ；李黑虎著 ；郝希亮编选. -- 兰州 ：甘肃人民出版社，2022.12（2024.1 重印）

ISBN 978-7-226-05891-6

Ⅰ. ①陇… Ⅱ. ①范… ②马… ③李… ④郝… Ⅲ. ①社会科学－文集 Ⅳ. ①C53

中国版本图书馆CIP数据核字(2022)第224270号

责任编辑：牟克杰　马元晖

封面设计：王林强

陇上学人文存·李黑虎卷

范鹏　马廷旭　总主编

李黑虎　著　郝希亮　编选

甘肃人民出版社出版发行

（730030　兰州市读者大道 568 号）

德富泰（唐山）印务有限公司印刷

开本 890 毫米 × 1240 毫米　1/32　印张 11.375　插页 7　字数 287 千

2022 年 12 月第 1 版　2024 年 1 月第 2 次印刷

印数：1001~3000

ISBN 978-7-226-05891-6　定价：60.00 元

（图书若有破损、缺页可随时与印厂联系）

《陇上学人文存》第四辑

编辑委员会

《陇上学人文存》第五辑

编辑委员会

总　序

陇者甘肃，历史悠久，文化醇厚。陇上学人，或生于斯长于斯的本地学者，或外来而其学术成就多产于甘肃者。学人是学术活动的主体，就《陇上学人文存》（以下简称《文存》）的选编范围而言，我们这里所说的学术主要指人文社会科学研究。《文存》精选中华人民共和国成立以来，甘肃人文社会科学领域成就卓著的专家学者的代表性著作，每人辑为一卷，或标时代之识，或为学问之精，或开风气之先，或补学科之白，均编者以为足以存当代而传后世之作。《文存》力求以此丛集荟萃的方式，全面立体地展示新中国为甘肃学术文化发展提供的良好环境和陇上学人不负新时代期望而为我国人文社会科学事业做出的新贡献，也力求呈现陇上学人所接续的先秦以来颇具地域特色的学根文脉。

陇原乃中华文明发祥地之一，人文学脉悠远隆盛，纯朴百姓崇文达理，文化氛围日渐浓厚，学术土壤积久而沃，在科学文化特别是人文学术领域的探索可远溯至伏羲时代，大地湾文化遗存、举世无双的甘肃彩陶、陇东早期周文化对农耕文明的贡献、秦先祖扫六合以统一中国，奠定了甘肃在中国文化史上始源性和奠基性的重要地位；汉唐盛世，甘肃作为中西交通的要道，内承中华主体文化熏陶，外接经中亚而来的异域文明，风云际会，相摩相荡，得天独厚而人才辈出，学术思想繁荣发达，为中华文明做出了重要贡献。

近代以来，甘肃相对于逐渐开放的东南沿海而言成为偏远之地，反而少受战乱影响，学术得以继续繁荣。抗日战争期间作为大后方，接纳了不少内地著名学府和学者，使陇上学术空前活跃。新中国成立之后，人文社会科学领域的专家学者更是为国家民族的新生而欢欣鼓舞，全力投入到祖国新的学术事业之中，取得了一大批重要的研究成果，涌现出众多知名专家，在历史、文献、文学、民族、考古、美学、宗教等领域的研究均居全国前列，影响广泛而深远。新中国成立之后，人文社会科学几次对当代学术具有重大影响的争鸣，不仅都有甘肃学者的声音，而且在美学三大学派（客观派、主观派、关系派）、史学"五朵金花"（史学在新中国成立之后重点研究的历史分期、土地制度史、农民战争史等五个方面的重点问题）等领域，陇上学人成为十分引人注目的代表性人物。改革开放以来，甘肃学者更是如鱼得水，继承并发扬了关陇学人既注重学理求索又崇尚经世致用的优良传统，形成了甘肃学者新的风范。宋代西北学者张载有言："为天地立心，为生民立命，为往圣继绝学，为万世开太平"，此乃中华学人贯通古今、一脉相承的文化使命，其本质正是发源于陇原的《易》之生生不已的刚健精神，《文存》乃此一精神在现代陇上得到了大力弘扬与传承的最佳证明。

《文存》启动于中华人民共和国成立六十周年之际，在选择入编对象时，我们首先注重了两个代表性：一是代表性的学者，二是代表性的成果，欲以此构成一部个案式的甘肃当代学术史，亦以此传先贤学术命脉，为后进立治学标杆。此议为我甘肃省社会科学院首倡，随之得到政界主要领导、学界精英与社会各界广泛认同与政府大力支持，此宏愿因此而得以付诸实施。

为保证选编的权威性，编委会专门成立了由十几位省内人文社会科学领域著名学者组成的专家指导委员会，并通过召开专题会议研讨、发放推荐表格和学术机构、个人举荐等多种方式确定入选者。为使读者对作者的学术成就、治学特色和重要贡献有比较准确和全面的了解，在出版社选配业务精良的责任编辑的同时，编委会为每一卷配备了一位学术编辑，负责选编并撰写前言。由于我院已经完成《甘肃省志·社会科学志》（古代至 1990 年卷，1990 至

2000 年卷）的编辑出版工作，为《文存》的选编提供了坚实的基础和基本依据，加之同行专家对这一时期甘肃人文社会科学发展的研究，使《文存》能够比较充分地反映同期内甘肃人文社会科学的基本状况。

我们的愿望是坚持十年，《文存》年出十卷，到 2019 年中华人民共和国成立七十周年之际达至百卷规模。若经努力此百卷终能完整问世，则从 1949 至 2009 年六十年间陇上学人以"人一之、我十之，人十之、我百之"的甘肃精神献身学术、追求真理的轨迹和脉络或可大体清晰。如此长卷宏图实为新中国六十年间甘肃人文社会科学全部成果的一个缩影，亦为此期间甘肃人文社会科学学术业绩的一次全面检阅，堪作后辈学者学习先贤的范本，是陇上学人献给祖国母亲的一份厚礼。此一理想若能实现，百卷巨著蔚为大观，《文存》和它所承载的学术精神必可存于当代，传之后世，陇上学人和学术亦可因此而无愧于我们所处的伟大时代，并有所报于生养我们的淳厚故土。

因我们眼界和学术水平的局限，选编过程中必定会出现未曾意料的问题，我们衷心期望读者能够及时教正，以使《文存》的后续选编工作日臻完善。

是为序。

2009 年 12 月 26 日

目　录

编选前言

李黑虎先生 1946 年 2 月出生于甘肃兰州一个普通职员家庭里。自幼，李黑虎就有着强烈的求知欲，打入学起，一直是学校品学兼优的好学生。1964 年，李黑虎先生如愿以偿的考入兰州大学政治经济学专业。进入兰州大学后，李黑虎先生以忘我的精神、如饥似渴地投入到各门功课的学习中。其间，他不仅认真钻研马克思主义政治经济学的经典著作，还想方设法阅读了来自西方经济学家的专著。在此基础上，李黑虎先生展开了深层次的独立思辨。

1970 年，李黑虎先生被分配到甘肃省临夏回族自治州的临夏县工作。一年后，被分配到马集公社任宣传干事。不久，又被调任县革委会办公室秘书。除起草县里的一些重要文件外，李黑虎先生的大部分时间是随县领导深入基层搞调查研究。这样的特殊经历，使李黑虎先生对中国社会的基本问题和基本矛盾有了更为深入的了解和认识。

1973 年 1 月，李黑虎先生被直接"空降"到临夏氮肥厂主抓财务核算，之后，为加强刘家峡氮肥厂的经营管理，又奉调任该厂财供股股长。氮肥厂是化工企业，隶属重工业，麻雀虽小，五脏俱全。在这里，李黑虎先生参与了建厂、破土动工、设备安装、人员培训、经济核算、供应和销售的全过程，系统地掌握了企业管理的基本经验。六年的管理经验，也为李黑虎先生以后管理企业打下了坚实的基础。

1978 年 10 月，李黑虎先生被省委宣传部从基层选调入甘肃省社会科学院经济研究所工作，并将工业经济和区域经济确立为重点研究方向。当时正值思想解放大潮汹涌澎湃之时,也正值计划经济向市场经济过渡的转型期,扎实的理论功底加上丰富的社会实践,让李黑虎先生在研究所的工作如虎添翼、游刃有余。李黑虎先生也因此迅速走上副所长、所长的领导岗位,以极大的工作热情与坚实的理论基础,积极投身于当代中国经济学的理论研究与实践工作中,带领甘肃省社会科学院经济研究所的同志,坚持经济理论研究与本省改革实践相结合,以中国西部不发达地区经济开发与发展的理论与应用问题为主的科研方向,积极发挥学科优势和人才优势,重点为本省的改革开放和现代化建设服务,逐步使经济所成为在省内外有影响、有特色、有实力的经济理论研究机构,并在全国地方社会科学研究领域,显示出一定的信誉和竞争力。

李黑虎先生在主持经济研究所工作期间,身兼行政领导和学术带头人,坚持理论与实践相结合,在经济理论问题和实践问题的研究中,取得了丰硕成果。出版专著、论文、研究报告154篇(本),累计160多万字。先后主持或参与主持多项重要研究项目,对策性研究报告多次获省部级以上领导批示和有关部门采用。其中有国家哲学社会科学"七五"规划重点课题《中国西北地区经济发展战略概论》,国家体改委委托课题《中国西部乡镇企业发展研究》,国家科委"七五"规划重点课题《西北地区2000年科学技术发展战略与对策》子课题《西北地区2000年工业科技发展战略与对策》,甘肃省科委"七五"软科学课题《甘肃2000年科学技术发展战略与对策》子项目《甘肃2000年工业科技发展战略与对策》,甘肃省科委软科学课题《甘肃能源问题研究》,甘肃省体改委委托课题《甘肃经济体制改革规划》,甘肃省计委委托课题《甘肃黄河上游地区经济开发战略研究》,甘肃省计委委托课题《甘肃省工业布局与发展规划》等。这些项目的研究成果,均达到了较高的学术水平,一些应用研究项目,在政府部门和企业的决策中,发挥了咨询作用。例如《陕甘川毗邻十二方经济区经济发展战略规划(1989—2000年)》《白银市经济发展战略研究》《甘肃稀土公司发展战略研究》等,以及上述省计委委托的课题研究中提出的建议与对策,均被有关部门、地区、企业所采纳,并取得了效果。主持的大型实证研究报告《甘肃农村交通运输发展战略研究》,受到国家经委综合研究所的高度评价。

研究成果中获国家级奖励的4篇,获省、市级奖励的12篇。其中,担任副主编的《中国工业经济责任制概论》获1987年甘肃省哲学社会科学优秀成果一等奖,北方15省出版社社会科学优秀成果二等奖,1991年获甘肃省委、省政府优秀图书奖;担任副主编的《中国西北地区经济发展战略概论》荣获1994年甘肃省哲学社会科学三等奖;《甘肃2000年工业科技发展战略与对策》荣获1990年甘肃省科技进步二等奖;《甘肃农村电话发展研究》荣获1986—1987年度甘肃省科学技术进步三等奖;《关于西北工业科技发展问题》荣获1990年甘肃省哲学社会科学优秀成果二等奖;《发展·挑战·对策》荣获1987—1989年度甘肃省哲学社会科学优秀成果一等奖;《西北地区产业政策的思考与选择》获中宣部、中央党校、中国社会科学院联合召开的《纪念党的十一届三中全会十周年学术讨论会》优秀论文一等奖;《刘家峡化肥厂在深化改革中完善企业机制》获经济日报、改革杂志社、中央电台、中央电视台改革十年纪念奖;《走向未来的甘肃》获1993年甘肃省科技进步二等奖;《甘肃稀土公司发展战略研究》荣获1993年甘肃省哲学社会科学优秀成果三等奖。

13年来,李黑虎先生坚持理论联系实际,密切关注西部及甘肃省的经济发展、改革和对外开放过程中的重大实际问题。在工业经济发展、工业结构调整、国有企业改革及区域经济发展等领域,发表了一系列有独到见解的研究成果。对于深化企业改革、发展地方经济都起到了重要的推动作用。

1. 为工业经济责任制的推行提出理论依据

党的十一届三中全会以后,我国在进一步改革企业管理体制,扩大企业自主权的基础上,逐步推行经济责任制;工业经济责任制的推行是我国工业经济管理体制改革中的一次重大改革及创新,推动了工业经济的迅速发展。所谓经济责任制,首先是企业对国家实行的经济责任制,然后是建立企业内部的经济责任制。它要求企业的主管部门、企业、车间、班组和职工,都必须层层明确在经济上对国家应负的责任,建立健全企业的生产、技术、经营管理各项专责制和岗位责任制,为国家提供优质适销的产品和更多积累;它要求正确处理国家、企业和职工个人三者利益,把企业、职工的经济责任、经济效果同经济利益联系起来,认真贯彻各尽所能、按劳分配的原则,多劳多得,有奖有罚,克服"吃大锅饭"和平均主义;它要求必须进一步扩大企业经营管理自主权,使企业逐步成为相对独立的经济实体。

为了总结我国工业经济责任制实行中的经验,从中提炼有规律性的经验,更好地指导工业经济责任制的发展,李黑虎先生参与了全国哲学社会科学"六五"规划重点研究项目"中国工业经济责任制",并担任项目研究成果《中国工业经济责任制概论》一书的副主编及撰写工作。书中回顾分析了工业经济责任制的历史演变过程,总结经验教训,指出发展前景。对一些重要的理论问题进行了大胆探索,提出了一些新的看法诸如全民所有制企业生产资料所有权与经营权可以适当分离,企业应当是一个相对独立的商品生产者,在国家法令规定的范围内和计划的指导下,从事生产经营并对企业的盈亏负有责任,既有一定权利,对国家和社会又有一定责任。按劳分配不仅包括对个人消费品的分配而且也包括国家对企业根据其提供的有效劳动的质量和数量的不同,确定其不同的工资基金、奖励基金和福利基金。这本专著对我国工业经管理体制的改革和强化企业自主经营的内部运行机制起到了积极的指导作用，不仅填补了工业经济理论体系中一项空白，而且为工业经济责任制纵深发展提供了新的理论依据。

长期以来，由于中国的经济管理体制存在着集权过多，统得太死的缺陷，因此，企业权限太小，没有独立经营权。而独立经营权是对经济效果承担责任和发挥企业生产经营积极性的前提，没有独立经营权企业就无法真正的承担经济责任，而承担经济责任又是赋于企业独立经营权的根据，不承担经济责任的独立经营权也就失去了意义。李黑虎先生在《试论工业经济责任制》《工业经济责任制与经济体制的改革》等文章中提出，将国家与工业企业内部经济责任制二者并重，强调宏观控制与微观自主发展的有机结合。工业经济责任制是国家管理工业生产实行的一种经济核算的组织形式。其理由是，在社会主义存在商品经济的条件下，在生产资料公有制内部，国家同企业之间的关系，应建立在完成国家计划的前提下，实行独立核算、自负盈亏的基础上，企业同企业之间的关系，应按照等价交换的原则进行经济联系，企业同内部职工之间的关系，应根据民主管理、按劳分配的原则、组织产品的合理分配这三方面的关系，共同构成公有制内部的经济核算体系。经济责任制就是这种经济关系的反映。同时提出了社会主义工业经济责任制的形式多样性以及推行经济责任制的着重点：一是应以改革企业内部管理体制和分配办法为重点；二是在解决企业的权责利相结合的同时，重点要解决如何把企业已有的权责利认真落实到车间、班组和个人；三是抓好定额管理和岗位责任制；四是实行按劳分配的原则，改革奖励制度和工资制度。实行经济责任制时，必须保证企业具有独立经营权和职工民主管理的权力。在国家统一计划的指导下，让企业具有进行独立核算，自负盈亏的经营管理自主权，成为有充分活力的社会经济细胞。实行工业经济责任制，体现了社会主义经济规律的客观要求。它是国家运用经济手段和行政手段,管理企业,提高经济效果的有效途径。

2. 对西北地区经济发展及工业企业改革做出贡献

如果说推行经济责任制的目的在于解决企业与国家的分配关系问题,那么,实行经济责任制过程中普遍出现的"鞭打快牛"现象却是政府决策者们所没有预料到的,企业的生产积极性因此受到了影响。经过 80 年代企业改革的探索,企业通过"放权让利",在产、供、销、人、财、物等方面有了经营自主权,企业活力有所增强。但企业改革局限于经营权,没有资产处置权,传统企业问题没有从根本上解决,企业生产积极性因此受到了影响。如何激发大中型企业活力,李黑虎先生在《试论工业改造的梯级性》《搞活西部边远地区大企业问题初探》《兰州地区大企业面临的挑战及其搞活的途径》等论文中提出,国企改革的正确方向并不是放权让利,而是观念的转变及企业制度的创新;随着我国城市经济体制改革的不断深入,西部地区大企业正面临严重的挑战。主要表现在:与沿海和经济发达地区的企业在技术和信息上的"双重差距"日益增大,后续生产能力严重不足,原有产品市场逐渐萎缩,一些传统产品被迫退出经济发达地区,企业生存的社会环境差。李黑虎先生认为,要增强西部边远地区大企业的活力,应采取以下对策:一是要协调大企业与地方的经济关系。一方面,地方要保护大企业的利益,不能利用自己手中的管理权去侵占大企业的利益,另一方面,大企业要把繁荣地方经济当作自己应尽的责任和义务,支持地方工业的发展。二是要发展地方与企业之间多元横向联合。大企业要大力扶持地方企业,地方企业要积极主动地去吸收和消化大企业的产品和技术。三是增强企业自我发展能力。在生产计划上给大企业以一定的休养生息机会,使之能够把技术改造放到与生产同等重要的地位加以考虑。四是建立以西部市场为主的多元的、全方位开放市场体系。积极参与国际市场的竞争。五是建立新型的合理的企业内部管理体制。主要是把集中制的管理变成分权型的管理，使企业内部各生产单位成为利润中心，使它们能承担对企业的经济责任，又有相应的经济权力和经济利益。这不仅对于企业自身的发展，而且对于我国西部地区的经济振兴，是十分紧迫并且具有深远意义。

针对企业改革长期存在效率低下、发展粗放的问题，李黑虎先生提出：要调整管理经济的组织结构，打破条块分割的界限，打破"大而全""小而全"的模式，组织具有地区特点的专业化协作；通过有计划有步骤的关停并转对现有企业进行改组；提倡多种经营管理方式，扩大企业自主权；实现经济增长模式从粗放型向集约型转变；强化竞争和实现产业政策从选择性、差别性政策到功能性政策的转变。

20世纪90年代初，中国的社会主义工业化进入一个新的发展阶段。如何根据全国国民经济和社会发展的第二步和第三步战略目标，充分利用国家对西部地区能源、矿产资源进行新的大规模开发的契机，充分发挥本地区资源秉赋的优势，建立具有地区特色的产业结构体系，是西北地区经济发展战略中需要认真研究的重大课题。在应用理论研究中，李黑虎先生密切结合实际，为改革开放献计献策，取得了显著成果。特别是围绕西北地区的经济发展，展开了一系列的发展战略研究并提出如下建议：

首先要重视基础设施建设，建立投资环境优化小区。基础设施的建设，应将有限的资金重点用于能源、交通、现代通讯、农业灌溉等几个严重滞后的领域之中，并倾斜在几个有潜力、有前途的小区之中。这些小区或是原有生产要素密集区如省会城市、工矿城市、贸易集散地、创汇型农业基地；或是新建的工业开发区、自由贸易区。为此，中央对西北的投资应增加基础设施建设的比重；地方政府给企业的投资应逐步转向，应优先考虑基础设施建设。优惠的投资政策应在新的开发区和贸易区实行,重点在税率、利率、土地征费上进行改革。其次,工业开发小区试行董事会领导体制。董事会由省计委、财政厅、有关专业厅局和地县以及开发区的主要企业共同组成,它是工业开发区的最高领导机构,直接对省政府负责。第三,劳务输出应作为西北地区发展外向型经济的重要产业。西北过剩劳动力多数文化素质偏低,技术含量较低,本地产业容纳量有限,向东部地区输出又受到就业屏障的限制。西北地区应认清这种形势,把发展劳务输出作为新的重点产业,以初级劳务为主,重点发展服务业与建筑业诸如劳工、农工、护士、保姆等,同时,初级劳务的输出要与高级劳务的输出相结合,才能收到良好的经济效果。第四要调整西北地区的产业结构,发展轻工制造业(如服装、日用工业品等)、农副产品加工业以及军工企业为主的高档消费品产业,发展与西亚北非的互补型经贸关系等。

李黑虎先生通过对西北地区经济一系列的专门研究,提出了许多有预见性、创新性的学术观点和政策主张,为西部区域发展做出了重要贡献。

改革开放以来,我国的民主法制建设得到全面恢复与发展。为加强地方经济立法,1990年7月,李黑虎先生调任甘肃省人大常委会法制工作委员会副主任兼办公室主任,参与地方经济立法工作。期间,还曾为省委常委中心学习小组辅导过"社会主义的计划经济与市场调节"专题,为县委书记经济管理培训班主讲过"中国区域经济管理"等课程,均获得好评。

3. 踔厉风发,书写新华章

1992年,邓小平发表南方谈话后,世界再一次聚焦中国、聚焦深圳。深圳将在中国新一轮改革开放中担负起更大的历史使命。1993年李黑虎先生南下调到深圳这个"真正可以放手干事业的地方"。在之后长达十几年的时间里,先后担任过深圳市投资管理公司总经理助理兼调研部长、深圳市投资管理公司副总经理、深圳市国资办主任、深圳市投资管理公司董事局主席等职，成为深圳国企改革的重要操盘手之一。

建立和完善社会主义市场经济体制，实现公有制与市场经济的有效结合，最重要的就是要使国有企业逐步形成适应市场经济要求的管理体制和经营机制。早在 20 世纪 80 年代初，深圳市就按照小政府、大社会的原则，将一轻局、二轻局等计划经济体制下直接管理企业的政府部门统统撤销。为填补由此形成的空白，市委、市政府于1987 年创造性地组建成立了全国第一家专门管理经营国有资产的机构——深圳市投资管理公司。李黑虎先生进入深圳国有资产管理部门工作时，企业布局结构不尽合理、企业产权主体多元化进展缓慢、企业法人治理结构不健全、国有资产营运监管体系和企业内部有效的激励机制不完善等深层次矛盾和问题亟待解决。令人欣慰的是，具有深厚学术功底和丰富工作经验的李黑虎先生，正确贯彻市委、市政府的改革意图，在深圳市创建国有企业管理新体制改革过程中，李黑虎先生积极参与，并发挥了重要作用。按照市委、市政府"重点突破，整体推进，综合配套，完善框架"的总体思路，以敢为天下先的智慧与勇气，全身心地投入到为深化深圳乃至中国国有企业的改革实践的浪潮中去，并为此做出了突出的贡献。国有企业改革是一个极其复杂的系统工程，科学的组织与管理是搞好这一工作重要的前提条件。为此，在深入推进国企改革的过程中，深圳市创造性地构建起三个层次的国有资产管理体系，对如何有效地解决"政资分离""政企分离"等难题进行了有益的探索。

强化企业管理和监督，建立和完善现代企业制度。一是逐步理顺出资人与企业的关系，提高国有资产营运监管水平。进一步规范组织架构和加强监督管理，明确界定国资委、资产经营管理公司与企业的事权划分,完善考核制度,规范办事程序,真正实现了政府经济管理职能与所有者职能、国有资产管理职能与经营职能、国有资产终极所有权与企业法人财产权的分开;二是进一步理顺企业内部组织结构关系,特别重视解决董事长与总经理的关系问题和监事会形同虚设的问题。

深圳市的国有资产管理体系包括三个管理层次,分别是国资委—资产管理公司—企业。20 世纪 90 年代中后期,以颁布《深圳经济特区国有资产管理条例》、企业领导人员任免权下放和一系列监管制度的实施为标志,"三层次"管理体制实现了制度化、规范化,形成了符合现代企业制度要求、操作上与《公司法》相衔接的国有资产监管体系,在出资人层面实现了管资产与管人、管事相结合。当时,作为第二层次的资产管理公司共有三家,分别是深圳市投资管理公司、深圳市建设投资控股公司和深圳市商贸投资控股公司。资产管理公司与企业的关系不是上级与下级、领导与被领导的关系,而是国有资本出资人(即股东)与企业法人的关系。资产管理公司重点研究本系统的战略规划和把握发展方向,行使委派国有产权代表、做出重大决策和保障国有资产收益等出资人权利。

为了完善支撑"三层次"的国有资产管理新体制,深圳市配套出台了一系列新的管理制度和办法,这也为加强国有资产管理法制化建设,提高相关部门和人员的服务水平和管理水平起到了极大的作用。根据国有企业改革的实际,李黑虎先生经常与大家一起有针对性地组织开展各种形式的调查研究,并先后参与出台了多项影响深远的重要规章制度。《深圳市国有企业财务总监管理办法》为控制企业资金的有效使用和重大事项的决策起到了重要作用。《关于加强国有企业产权转让管理,防止国有资产流失的通知》,对加强政府对产权转让和产权交易的监管,增强国有企业产权交易的透明度与公正性做出明确而具体的规定。《深圳市国有资产管理委员会议事规则》，进一步明确了资产经营公司的年度经营计划、长远发展规划以及经营运作中的重大事项等必须报市国资委讨论决定，确保了政府对国有资产管理的控制权。《国有资产收益预算编制办法》，为建立经营性国有资产收益预算体系做了有益的尝试，有助于加强资产经营公司对国有资金的使用和监管。其他的管理制度还包括：《调整和完善三家资产经营公司规模和运行机制的方案》《50家市属国有大中型企业资债核查情况报告》《完善国有资产管理体制加强国有资产监管的若干意见》《关于深圳市资产评估机构改制的若干规定》《关于市级资产经营公司董事局、经营班子职能分工的暂行规定》《国有企业经营者群体持股的报告》《市属国有企业法定代表人离任审计条例》等一大批配套文件。配合有关部门，做好扶持大型企业集团的工作和企业兼并工作。通过适当调整市属国有企业利润上缴比例，为资产经营公司调整产业结构，加大对重点企业的支持力度创造有利条件。通过努力，深圳市2000年起连续三个年度国有企业总资产报酬率、净资产利润率、资本收益率、销售利润率、获利倍数均居全国第一。

推进产权主体多元化，发展混合所有制。推进产权主体多元化，发展混合所有制，是社会主义初级阶段国有企业改革和发展的必由之路，也是解决国有企业问题的根本出路和主要突破口，因而被很多人视为国有企业改革的雷区之一。

为此，李黑虎先生与大家一起配合深圳市政府有关部门围绕深圳国有企业产权主体普遍比较单一，国有股权比重普遍较大等严重问题，提出一系列产权主体多元化的改革方案。如能源集团、水务集团、燃气集团、公交集团4家大的市属国企，将部分股权通过国际招标形式公开转让给国际国内有实力有影响力的同行企业。其中能源集团市属国有持股75%，央企持股25%；燃气集团市属国有持股60%，港方持股 40%；公交集团市属国有持股 55%，港方主导投资者持股比例为 25% 至 30%，其他投资者占 15% 至 20%；水务集团市属国有持股 55%，外方持股 45%。产权主体的多元化，为企业真正按市场经济规律运作，建立和完善企业法人治理结构，建立健全现代企业制度，造就真正的企业家和优秀的人才等创造了极为有利的条件。

坚持"有所为，有所不为"的方针，加快国有经济布局的战略性调整和企业战略性改组的步伐。按照该进则进，能退即退，进而有为，退而有序的原则，李黑虎先生在工作实践中，按深圳市委、市政府的布局，坚持将深圳市国有经济布局的战略和国有企业的战略改组与产业结构、经济结构优化升级相结合，引导国有企业不断优化产业结构和产品结构，调整主业经营方向，集中优势资源发展重点产业。具体来说，主要是实施了"四个一批"的发展战略。一是发展壮大一批。对于国有经济需要加强的领域，如高新技术、基础设施、能源环保、交通运输、公用事业、金融业等重点产业，通过多种途径和方式，持续增加国有资本投入。同时，依托已形成规模、有拳头产品、主业突出、技术进步、管理先进、发展前景良好的企业集团，通过引进战略投资者、增加资本投入、资产重组等，迅速做大做强。二是整合提高一批。对于国有经济应当收缩战线、整合提高的领域，包括建筑施工、房地产开发、旅游业等，分门别类加以整合，有的保留，有的退出。三是放开搞活一批。参与制定了《关于彻底放活我市国有小企业的若干意见》，对于国有经济应当退出的领域，包括竞争性强的传统工业以及除国家专营以外的、贸易业等，尽可能转让给集体、外资、私营等其他企业和个人。四是关闭破产一批。对于产品无市场、浪费资源、污染严重、技术落后、资产质量低劣、长期亏损、扭亏无望、资不抵债的企业，则坚决予以关闭。协调、配合有关部门加大资本运作力度，为企业注入源源不断的生机与活力。深圳市盐田港集团有限公司，依托优良的自然、区位条件,迅速成长为一个以港口建设投资、综合物流以及港口配套服务业为主的大型企业集团。为增强企业经营活力,盐田港集团在港口码头项目中与香港李嘉诚属下的和记黄埔集团开展了长期的合作。这些年来,市政府每年不仅拥有丰厚的利润回报,盐田港还迅速发展成为全国集装箱吞吐量最大单一港区,成为中国大陆远洋集装箱班轮密度最高的单个集装箱码头,其对深圳乃至珠三角地区经济的拉动作用日益明显。

深圳国际控股是一家在百慕大群岛注册并在香港联合交易所主板上市的有限公司,主要从事提供全程物流及运输配套服务以及相关资产及项目的投资、经营及管理。2000年2月,市投资管理公司成为该公司控股股东后,李黑虎先生即兼任该集团董事局主席。任内,李黑虎先生认真履行战略规划、重大事项把关、干部配备等相关职能,从资源、流程等方面入手,全面提升决策效率和管理水平,为实现企业常青之目标做出了重要贡献。

上任伊始,李黑虎先生即积极支持有关方面,利用深圳投资管理公司所拥有的独特优势,积极构建以物流信息平台支持的现代物流产业平台。加快资产重组,深化业务重整。集团通过多种融资及收购方式,收购了深圳市高速公路股份公司的控股股权,大大加强及提升了本集团的盈利能力及资产质量。2002年,集团在进一步落实上年重组计划的基础上,开展了一系列的股权收购与项目投资于深圳市六大物流园区的西部物流等重点项目,收购了武黄高速公路公司和清连高速公路公司的控股经营权,在南京设立化工物流园区等等。集团基本完成了全新产业结构的搭建,拥有了大量物流基建设施如公路及物流园区的开发经营权,并在物流电子商务领域中有了一定的知名度。由于坚定不移地走扩大物流主业的新路子,深圳国际控股的市场表现如同芝麻开花节节高。到2006年李黑虎卸任时,集团以中国珠三角、长三角和环渤海地区为战略区域的平台已俱雏形,为集团今后的大力快速发展和壮大打下了坚实的基础。

来到深圳后,用李黑虎自己的话说,自己像"坐在疯狂的战车上!"一天到晚地忙个不停,做个不停。这就是深圳的节奏,这就是深圳的精魂。尽管工作繁忙,无暇顾及自己的科研,无法潜心自己的理论研究,但能为深圳的建设做些实践,做些推动,并取得些成果,他感到非常充实,非常满足。"生命不息,奋斗不止。"2006年李黑虎先生办理了退休手续。本来,退休后,是可以宅在家里,看看书,写写字,潜心搞些科研的。但没多久,他就被多家以前跟自己从没有打过交道的民营和外资公司聘为独立董事,开始在新的岗位上发挥余热。这段时间,李黑虎先生本着严谨认真、勤勉尽责、诚实独立的原则,严格按照《公司法》《上市公司治理准则》《独立董事工作制度》等规定行事,李黑虎先生的工作,也得到了各相关公司和股民的高度肯定。

"人的一生,能做好一件事,已经是相当不错的了!"回顾自己的人生,年已七旬的李黑虎先生颇是感慨万千。从曾经的兰州到穆斯林地区的乡下,到如今繁华的国际大都会,一路走来,李黑虎先生用自己的勤奋和汗水,编织着自己精彩的人生;用自己的知识和能力,实践着自己的人生理想……

郝希亮

谈谈当前企业的基本折旧

在实现工业现代化的过程中，用最新技术装备工业部门，既需要新建一批高、精、尖的企业，还需要对现有几十万个企业在充分利用生产能力的基础上，加速更新和改造，而后者在目前具有更为重要的意义。用先进技术来更新改造原有工业设备，首先碰到的是资金问题。按照我国资金管理体制，这部分资金主要是通过折旧基金的形式，逐渐积累起来的。而现行的折旧管理制度，在实现社会主义现代化过程中，却面临着这样几个突出问题：第一，折旧率很低，提取的折旧基金不仅额小，而且大部分又都上缴国家和主管部门，企业所得廖廖无几，办不了多少事情；第二，未使用的固定资产不提折旧，往往造成企业对设备利用情况漠不关心，出现了大量的闲置；第三，相当数量的折旧基金改变了使用方向，没有用于更新改造。上述问题的存在，使我们改变技术落后面貌的工作进展缓慢，绝大部分老企业的设备仍停留在五六十年代的水平上，生产效率很低。在这种情况下，怎么能大量地生产出 70 年代的产品来呢？若长此下去，全面实现工业现代化的宏伟目标就有落空的危险。因此，研究现行基本折旧制度存在的弊病并加以改革，是当前经济管理中亟待解决的问题之一。

一

大家知道，所谓折旧通常是指固定资产由于损耗而转移到产品上的价值。随着产品销售的实现，从中相应收回并积累起这部分货币资金,就形成基本折旧基金。基本折旧基金的提取是否合理,取决于折旧率的制定是否具有科学的依据。按照我国目前广泛采用的使用年限法,基本折旧率的计算公式如下:

年基本折旧率=(原价+清理费−残值)/(预计使用年限×原价)×100%

由于固定资产在报废时支付的清理费用和残值收入一般数额很小,原价在投产前确定之后又不轻易变动,所以,折旧率的高低主要是由固定资产的使用年限来决定。年限愈长折旧率就低;年限愈短折旧率就高,二者依反比例变化。因此正确的预计使用年限,是计算折旧最重要的工作,只有这样,才能如实反映产品成本,保证固定资产的及时更新改造具有正常的资金来源。

现在,经济发达国家的折旧年限都很短,一般只有六七年,像法国的普通工业设备是 8 年,美国的机器设备是 6 年多,日本的钢铁工业才有 4 年。而我国的平均基本折旧年率不到 4%,折旧年限普遍超过 25 年。我省的冶金企业大多数都长达 33 年,化肥企业是 37 年,甚至连电子工业也要 25 年。实践证明,这样的年限没有正确反映固定资产的损耗情况,使得固定资产的周转时间太长。

首先, 现行折旧办法规定的折旧年限只是根据固定资产的有形损耗决定的,但就这点来讲,我们认为也是计算不准确的。从生产过程来看,有形磨损的状况同设备的性能质量有关,质地好的设备经久耐用,一定时期的磨损就小,相反就大;同机器设备的利用率及其负荷程度关系更大,作业时间的长短和工作紧张程度的高低,都能加快或减弱它的磨损;同时和工人的技术熟练程度也有关系,如果工人技术水平不高,或者违犯操作规程,就会使机器设备发生意外损耗;此外,和设备的维护修理也有关系,保养良好,修理及时并合乎技术要求,就能减弱磨损,反之则会加剧磨损。在制定折旧年限的时候,对于这些因素，都是按照它们的一般情况或一定的理论数据来确定的。然而，现实的情况却与我们的估计有很大的出入。

大家清楚，近十来年，由于林彪、"四人帮"压制打击广大职工学习业务技术的积极性，使得本来就很薄弱的技术力量没有得到什么发展，职工队伍的技术素质普遍较差。像兰州市属企业的工人平均技术等级只有二点九级。他们对机器设备的构造性能、流程特点、使用方法缺乏深入系统的了解和熟练的掌握，对新设备、新工艺更是感到陌生。因此，违章操作和强制生产的事情经常发生，对异常变化的情况不能及时判断而迅速正确的排除。加之配件供应不足，修理应付凑合，机件不能吻合，引起不成比例的强制磨转。使得相当一部分机器设备急速衰老，生产能力恢复不起来，已经无法维持到正常使用年限。我省某化工厂的一台锅炉，要求使用 16 年，但因三次烧干，不到 5 年就接近瘫痪，另一台大型压缩机，操作中多次带水、憋压，只用了 7 年，生产能力就不及设计要求的 1/3。某机器厂仅 1978 年申请报废的大小设备就有 235 台。损失价值 64 万多元。同时，这些年来企业管理混乱，检查验收制度遭到破坏，产品质量出现下降，大量的不合格品、次废品设备不断进入工厂。这些设备性能不稳、事故频繁、完好率低，企业普遍反映不如文化大革命前生产的经久耐用。像这样一批数量可观、质量低劣的机器设备，其本身就不可能达到折旧规定的年限。另外，还应看到，随着不久即将出现的国民经济高速发展，企业为争取连年增产，必然要想方设法延长机器设备的使用时间，如增加轮班次数，缩短大、中、小修理的时间，也会提高每班设备的利用系数和紧张程度。从而不可避免地要加重设备的负荷量，加快运转磨损，缩短设备的物理寿命。

从自然力的影响来看，机器设备的物质磨损取决于它的使用情况，同一个设备处在使用过程中磨损小，闲置不用时磨损就大，二者成反比例变化。过去，我们在制定折旧年限时，总认为自然磨损的价值损失较小和在社会主义条件下设备没有经常负荷不足的现象，对自然损耗没有给予足够的重视。实际情况并非如此，目前任何企业都存在着设备暂时不用的情况，一是存放在车间准备替换的设备，二是处在生产过程之外的闲置设备，即通常所说的未使用和不需要的固定资产。

前一种情况的磨损虽然在折旧年限中作了一些考虑，现在看来估计也已偏低。因为随着科学技术的进步，生产过程正在向全盘机械化和自动化方向迈进，专业化与协作化的程度正在提高，固定资产的结构也在发生变化，其中作为能动部分的机器设备所占的比重将会提高，从而为保证连续生产需要交替使用的设备也要相应增多，这样，按过去机器设备状况所考虑的自然损耗就远远不足了。

后一种情况的磨损既没有在折旧年限中考虑，财政部门又明确规定一律不提折旧。由于现在国家对企业使用的固定资产采取免费供应，无偿调拨的办法，加上未使用部分不提折旧，不增加成本，使企业的利润与这部分固定资产利用的好坏挂不起勾来。因此这些年来闲置呆放的现象，不但没有减少，反而逐年增长，占固定资产的比重愈来愈大。据我们在一个企业调查，仅不需要设备就占到全部固定资产的 4%，时间长达五六年，足见其问题的严重性。这些机器设备虽未参加生产活动，然而自然力潜移默化的侵蚀作用，并不因此而减弱，反而加快了设备的生锈、老化和腐朽，而且越是不用，这种磨损越大。况且像房屋、建筑物这类固定资产，不使用时发生的自然磨损和使用中引起的磨损，差别并不悬殊。这样，能够使用 25 年的设备，无论如何再也坚持不到这个年限，只有提前报废。可见，对于这种损耗，如果不在折旧中加以提取，既不利于企业的经济核算，又使这种损失无法获得合理的补偿。事实上，目前这种损失，包括上面谈到的强制磨转造成设备提前报废的损失，企业并未补提足额，计入成本，而是直接冲减了国家资金，保住了自己的盈利水平。这样，不但成本不实，而且企业在固定资产管理上的问题也被掩盖了，社会主义的全民财产蒙受到真正的损失。

其次，现行折旧办法规定的折旧年限没有考虑固定资产的无形损耗，这是造成折旧年限太长的主要原因。根据马克思的分析，无形损耗是指这样两种情况：（一）构造相同的设备能以更便宜的方法再生产出来了，从而使原有设备发生贬值；（二）一种新的、更完善设备的出现和普遍推广，使得原有设备的经济效能相对降低，而引起的相应贬值。旧设备之所以在价格低或效率高的设备大量使用后发生了贬值，就是因为它的价值不是由当初实际花费的劳动时间，而是由它自身再生产或较良机器再生产的劳动时间决定的。这种客观的必然过程，在社会主义经济中依然存在，它使得旧设备在其机械性能没有遭受到任何损失的情况下，也要造成部分价值的损失。

在第一种情况下，新、旧设备的技术水平和经济效果是相同的，一般不影响旧设备的继续使用。但因设备的价值贬低了，转移到产品中的价值也要依比例减少，可是为了保证原投资量的完整无损，旧设备提取的折旧费不变，因此使用旧设备的企业产品成本相对就高，利润也相对下降，造成部分经济损失。值得指出的是，当新设备的价值随着制造部门劳动生产率的提高而逐渐降低，降到旧设备在较短时期内继续使用而支付的大修理费用以下时，从经济上看，再使用旧设备就不划算，也应缩短使用年限，提前更换。但是我们的折旧制度规定，不到年限，设备不增值不变形。因此，企业对设备往往是不惜工本反复修理使用，以至大修理费超过新设备价值的情况屡见不鲜。有的设备除了外壳，里面的机件全部多次更换，累计修理费用已经二倍三倍于设备的原价；有的一、二次的大修理费就能买下一台新的。比如，某工厂的一台热交换器，六年中两次的大修理费已经超过新设备的价值，可仍在继续使用。这样做的结果，不但浪费了国家资财，而且人为地拖长了固定资产的使用年限。

在第二种情况下，新、旧设备的技术水平已经不同，新设备的经济效能更高。比如能增加产量，改进质量，降低消耗，使用新材料等等。这时旧设备的继续使用就处在不利地位，必然是消耗大，费用高，造成社会活劳动和物化劳动的浪费，妨碍社会劳动生产率的进一步提高，还影响到给它们提供原材料或使用其产品的企业生产不能迅速发展。面对这种情况，我们不能容许陈旧设备给社会造成的浪费，也不能一味强调物尽其用，等到旧设备磨损完了再去更换，那样，表面上看是省了几个钱，却造成广大老企业技术停滞不前，劳动生产率不能提高，无法求得真正的节约。所以从经济上看，有必要用新设备来替换旧设备。只要提前更换带来的经济效益，大于旧设备淘汰造成的损失，就应该更换。就是在目前国家穷，设备少的情况下，遵循缩短基本建设战线，充实现有基础的原则，对影响国民经济全局的重点部门和企业，尽快采用新技术装备，仍是刻不容缓的。它们劳动生产率的提高，成本的降低和产品质量的提高，必将推动其他部门技术和生产的进一步发展，特别是农业生产资料的生产，能加速实现农业现代化。也只有在这样的基础上，才能尽快提高人民群众的物质文化生活水平。

技术进步是无形损耗的物质基础。今天，世界科学技术随着原子能、电子计算技术的出现，正以前所未有的速度向前发展。它们从出现到实际运用的时间也越来越短，从而使机器设备出现了急速变化的趋势，像经济发达国家的新一代设备，大致每经五六年就要出现一次。因此无形损耗的波及范围在扩大，间隔时间在缩短，迫使资本主义国家竞相采用加速折旧法，多次缩短折旧年限，并采用新的"余额递减法"，在最初几年就收回大部分投资。这种形势，要求我们不能墨守成规，延用老技术、旧设备，而要尽可能快、尽可能多地采用现代化技术和设备，提高工厂的技术装备水平。否则将是一步一趋地跟在经济发达国家后面爬行。作"等距离赛跑"，不可能在本世纪末赶上或者超过世界先进水平。

由此可见，提前更换受到无形损耗打击的设备，对发展社会主义经济是必要的、有益的。这种在旧设备还能使用而提前退废的情况，必然造成使用年限的缩短，并带来其残余价值的损失。这种余值损失，在不能通过设备的转移降级使用收回时，乃是技术进步条件下，产品社会必要耗费的组成部分，必须从折旧中得到补偿。所以折旧应全面反映设备的有形损耗和无形损耗的实际情况。考虑无形损耗，折旧年限就不能按设备寿命来确定，必须按它的实际可用年限来确定，保证在较短的时期内收回固定资产的全部价值。现行的折旧办法不考虑无形损耗，折旧年限自然太长。

最后，按现行折旧管理办法，提取的基本折旧基金通过三条渠道进行分成，即国家、主管部门和企业。其中一半上缴国家作为财政收入，用于新的基建投资，并未用于固定资产的更新。留给企业的折旧基金，即使到了 25 年的时间，也因资金不足无法更新全部设备，只有继续延长使用，50 年后才可办到，故折旧年限显得更长。

综上所述，现行的折旧年限规定太长，基本折旧率明显偏低。它使国家的投资不能全部收回，技术发展停滞不前，已经与现代化的大生产和科学技术的飞跃很不适应，阻碍着生产力的迅速发展。为此，必须进行调整，提高基本折旧率。这次提高折旧率，既是设备物质磨损的要求，更主要的是考虑无形损耗使设备年限缩短的结果。我们设想，在目前的基础上，把使用年限缩短 50%，年折旧率由 4%提高到 8%，即达到 60 年代初资本主义国家最长的标准折旧年限。只有这样,才能使设备的更新改造有足够的资金,提前采用现代化技术真正得以实现。也有利于新技术新设备的研究、发明和推广应用。特别是当设备已经到了使用年限,因不再提取折旧,企业还是乐意继续使用;即使退废,也能以优惠价格支援地方和社队企业。人们担心折旧提高后会引起成本上升和财政收入下降,我们认为不一定。因为决定成本的因素很多,不只折旧一项,且折旧目前在成本中占的比重很小,虽然折旧绝对额增大了,但因采用了先进技术设备,产量增加,单位产品的分摊额则会相对下降,何况新设备还会节省原材料消耗,也使分摊额下降,所以不一定会提高成本。相反,从长远观点看,因劳动生产率普遍提高,财政收入还会增加。

在提高折旧率的同时,对未使用和不需要的固定资产也应提取基本折旧。为了保护社会主义公有制不受危害,就不能仅依据设备是否进入生产过程而作为计提折旧的界限。只要它的价值进入账面,企业就应该在保管、使用和发挥效益方面负完全的经济责任,根据设备实际存在的损耗提取折旧。这样,自然损耗才能得到合理补偿,并有助于促使企业挖掘设备潜力,把过多的占用尽快调拨出去,早日发挥作用。

二

提高基本折旧率,仅是折旧制度改革的一个方面,如果不注意折旧基金的合理使用,再多的资金也是无法保证设备的更新改造。折旧既然体现着固定资产的价值损耗,提取的折旧基金的经济本质自然就属于补偿性质的资金,它的使命是保证固定资产的简单再生产,主要应该用于设备的更新和房屋建筑物的重建以及技术改造。由于固定资产使用年限很长,折旧基金的提取和它的实物补偿并不同时进行,这样在若干年内积储的折旧提成必然形成一种暂时的闲置,因此在固定资产更换之前，还可以作为积累基金的一项来源，用于扩建新建，起到扩大再生产的作用。但是，不能据此而混淆基本折旧基金的本质，把它看成既是补偿基金，又是积累基金，而在使用过程中平分秋色，甚至颠倒主次，盲目追求扩大投资。因为折旧基金是"老本"，有多少能用于积累基金，取决于固定资产再生产的规模和速度。当哪一年设备更新的数量比较小时，用作积累的数量就多，而在比较集中更新的年份，其数量就少，甚至没有。不顾实际一味用于积累，则会蚕蚀"老本"，将来仍要还账。因此必须坚持在满足更新需要之后，尚有长余的情况下方可用于扩大再生产。只有这样，才能真正达到既保证现有生产的稳步发展，又充分发挥折旧基金作用的目的。特别在当前大部分老企业已到周期性的更新改造时期，国民经济处于调整、改革、整顿、提高的阶段，更加应当注意这点。但是，我们认为现在折旧基金的使用违背了这样的原则。

第一，折旧基金的使用偏离了资金方向。现在，不管企业每年更新的实际需要，只要提取折旧，首先上缴国家一半，加上地方或主管部门的再集中，最后留归企业的数量有限。在此基础上形成的企业更新改造资金，又未全部用于设备的更新和技术改造，而是被四面侵吞，多方挤占，尤以基本建设为甚。上级部门安排基建投资有意留缺口；合理的基建超支不予追加；或以"项目同意，资金自筹"的指示支持下面搞基建，这些做法迫使企业用更改资金来支付。企业内部为追求扩大生产规模也经常发生计划外乱搞基建的现象。据有关部门估计，目前有将近 1/2 的更改资金被用于基本建设，说明它已经变成了扩大基本建设规模的机动财力，可见问题的严重性。另外，只要设备、厂房还能坚持使用，企业往往不惜将更改资金挪作他用，如修道路、搞加固、办农场等等，都从这里开支。如此层层侵占，真正用在设备更新和技术改造方面的资金就少得可怜。结果造成更新欠账，老底子上拼设备的现象异常严重。

第二，现行折旧基金的管理办法采取的是先缴后拨的行政管理办法。集中上来的资金在实际下拨过程中，大部分用于改建、扩建等基本建设项目，有的主管部门甚至用于买汽车、修宿舍的非生产性开支，因而使老企业急需的更改资金无法得到保证。同时，下拨资金仍然采用无偿供给的办法，要多要少，用好用坏，企业不负任何经济责任；而分配部门一般与企业在经济上并无直接利害关系，也是拨完款了事，并不认真追究使用后的经济效果。因此普遍出现了争项目，争资金的现象，造成需要的企业拿不到资金，不需要的企业又多占着资金，苦乐不均，也助长了企业依赖国家的等靠思想。

第三，更改资金的使用盲目性多计划性少，没有按照统筹兼顾的原则办事。由于在思想上并不明确折旧基金的性质，管理上是一种吃大锅饭的作法，加上形成的固定资产占用又无赏罚，因此乱花资金不计效果的现象非常严重。有的部门和企业，未经周密调查，随意安排项目。如我省的小化肥厂修建煤球车间（每个约需 35 万元），由于主管部门并未深入摸底，匆忙决定。结果，大家争设备、抢材料，互相牵扯，使工程一拖几年无法按期收尾，形成资金呆滞；有些车间刚建成，厂子就下马，变成无用投资。也有的部门和企业不顾实际需要，过多购置设备，造成积压浪费。普遍的情况是，使用没有长远规划，不作通盘考虑而是应付眼前需要，零敲碎打支用，使着看，花完算。因此，虽然更改资金花了不少，固定资产显著增加，但利润相应增长不大，甚至减少。我省某工业部门，1971 年到 1976 年的固定资产增长了 65.6%，而固定资产利润率反而下降了 33.5%。这一上一下正是当前不少企业使用更改资金的缩影。

由此可见，目前折旧基金在使用上违背了它的经济性质，管理上没有利用客观经济规律。造成资金四分五散，使企业对固定资产的使用和管理的权责分离，经济核算观念淡漠，资金使用效果很差，多花钱少办事，甚至花了钱不办事，造成社会人力物力的巨大浪费，因此也需要进行改革。我们建议将基本折旧基金全部留归企业支配。折旧基金是老本，并非一年中新创造的价值，从理论上讲不应上缴国家作为财政收入，坚持上缴则会使财政收入发生虚假性。资金使用的好坏主要在于发挥企业自身的积极性和主动性，要调动这种内在动力，必须扩大企业的权力，就是说要把固定资产更新改造的权力下放给企业。现在强调企业是独立核算单位，但却把多一半折旧基金交给上级安排，这就与独立核算发生了矛盾，成了半拉子经济核算。这样，虽然企业自己清楚地知道什么机器设备应该更新改造，但因资金留用太少而不能及时进行，挫伤了企业的积极性，助长了对国家的依赖性；国家虽然掌握了相当数量的折旧基金，但因大部分搞了基建，使老企业急需的更新改造资金得不到保证。何况全国的企业成千上万，企业内部的事又是千差万别，国家鞭长莫及，情况生疏，必然容易形成按长官意志办事和瞎指挥的作风，不可能准确及时地做出安排，反而容易在下拨过程中造成浪费。因此我们认为基本折旧基金全部留归企业要比三家分成为好。为了解决新企业的折旧基金一时用不完，老企业的折旧基金有时不够用的矛盾，我们主张企业提取的折旧基金全部存入国家专门银行，互相调剂使用。当企业需要更新改造时，在自己存款内提取使用，其多余部分即可作为贷款来源。若企业更改需要的资金超出了自己的存款范围，可直接向银行申请短期有息贷款，到期保证归还，否则利息加倍。这样用经济办法来管理更改资金，扩大了企业的经济权力，便于企业主动全面地安排本单位的更新改造，及时解决生产上的薄弱环节，还增加了企业的经济责任，使企业再也不能动辄就向国家张口伸手乱要资金，因为向银行借款要付利息，必然促使企业精打细算地使用每一个铜板，并把使用和经济效果紧密联系起来,作到少花钱多办事。同时,也充分发挥了银行对企业的监督作用,防止更改资金偏离使用方向,保证设备的更新以及挖潜、革新、改造有充足的资金,从而真正达到加速实现工业现代化的目的。

原文刊于《甘肃社会科学》1979 年第 2 期

抓紧企业整顿　加速物资周转

当前，工业战线一方面由于生产能力与物资供应不足的矛盾十分尖锐，迫使我们采取关、停、并、转的果断措施，对工业内部作适当调整和整顿；另一方面许多企业又普遍存在着物资超储积压的浪费现象，积压材料数量惊人、调度不灵、处理迟缓；甚至一边在清理，一边又产生；而且积压和脱节并存，有的材料多余，有的材料不足，与当前形势尖锐对立。这是仅就超储积压来说的，其实，许多企业的正常储备也不合理。物资储备是否合理，衡量的尺度是库存周转期。周转期短而又能保证生产需要则为先进合理。目前国外企业的库存周转期很短，中小厂矿接近于零，物资储备极少。而我们不少企业的周转期通常都在一二百天以上，往往大于供应间隔期，物资在仓库睡觉的时间太长。这种物资周转缓慢、超储积压严重并在继续上升的状况，已经成为经营管理中的薄弱环节，直接影响社会主义现代化建设的顺利进行。

首先，延缓流动资金的周转速度。企业的流动资金是原材料、在产品和产成品的货币表现，这些物资的运动决定着资金的运动。由于原材料储备通常在流动资金中占最大比重，达到 75% 左右，因而对资金周转有决定性的作用。目前，我省许多工业企业占用的超储积压物资高达库存总量的 30% 以上，以致 1/3 的流动资金滞而不动，整个周转速度明显降低。马克思说：由于资金的周转速度不同，"再生产的规模也会以极不相同的程度扩大或缩小。"（《资本论》第 2 卷第 43 页）

这就是说，用同样多的资金，生产的产品却比别人少，获得的利润也要少，造成国家有限的资金被浪费。现在我们进行四化建设，需要大量资金，如果全国每个国营企业都把占用流动资金恢复到历史最好水平，一年要少占资金一百多亿元，腾出的资金就可以作为社会积累资金的来源之一，用于扩大再生产。现在情况恰恰相反，这就使国民经济建设的步伐只好减慢。其次，阻碍生产的发展。一定时期内社会的物资有限，流通过程的物资越多，投入生产过程的物资就越少，社会生产的规模也就越小。这个单位多占，别的单位就要少用，你有的我没有，我有的你缺少，互相牵扯，造成开工不足，停工减产，妨碍国民经济计划的顺利实现和人民生活水平的提高。特别是对一些急需物资，迫使国家不得不靠进口解决，浪费外汇，影响引进速度。再次，不合理的储备增加企业的运输费用和管理费用，以及向银行申请贷款支付的大量利息，都将增加产品成本，降低财务成果，并使银行信贷资金周转不灵。最后，物资长期不用，锈蚀霉烂，自然损耗严重；或因新材料的出现而成为"过时货"，不得不削价、报废处理，给企业和国家财富造成损失。积压又不处理，还使整个国民经济物资供应不平衡的矛盾显得更加突出，人为地制造紧张。

库存积压而又不足，是我国经济管理水平低下的突出反映。它由多方面的原因造成。第一，计划工作的缺点所致。近年来，国民经济计划处于半无政府状态，比例严重失调，生产建设的发展脱离物力的平衡，加之认为物资留点缺口有助于调动企业的主观能动性，供应指标就往往少于产量指标。碰上某些地方对国家计划再层层加码，物资层层扣押，缺口更大。这样就逼得企业四处奔走，到处挂钩，见货就抓，多多益善，使库存迅速上升，反而超过计划需要量。另外，计划和定货脱节，生产计划下达太晚，订货会议更迟，为了进行生产而预定的材料有很大的盲目性，常因生产任务的变更，或形成积压，或远远不足。

　　第二，物资供应制度不合理，流通渠道不畅通。长期以来，我们受社会主义制度下的生产资料不是商品，不应该在市场流通的理论的影响，对物资分配管得过死，不论主次巨细，都按统一计划进行调拨，由物资部门独家经营，用一套行政管理办法分往千家万户。企业需用物资要经过名目繁多的申请报表和层层的审批手续，一是时间太长，二是计划随时有被削减或砍掉的危险，特别是临时急用物资，因需提前但无计划而不予供应。这样，企业不得不多备无患，不常用的也要储，该少储的要多储，形成了企业仓库"多而全"的状况。同时，由于社会产需衔接不好、不是按需生产，而是以产定销，物资部门的有些进货就不合用户需要，供货时却作硬性搭配，结果货不对路，造成积压。

　　第三，企业经营管理松、散、乱，统一计划、统一订货、统一分配、统一调度、统一管理的物资管理制度没有实行。一些企业的经济工作人员对编制物资计划采取不负责任的态度，粗估冒算，宽打窄用，以致实际进货大于实际消耗。有的见到新货就买，进厂后无法使用搁置起来。使用中领料大张口，用料大撒手，余料不退库，又得加大储备来应付。对于社会上的紧张稀缺物资，企业喜欢抢购囤积、以期换料，加重了库存。还有的企业至今车间、班组层层设库，分散储备，货到地头死。相当多的企业没有定期经常盘点仓库，家底不清，影响及时调度利用。

　　第四，流动资金的无偿供应。无偿占用的资金使用的好坏，同企业的发展和个人的经济利益是没有直接联系的，因而企业缺乏经济核算的头脑，对资金使用的经济效果漠不关心。加上货多不求人的思想在企业中普遍存在，银行超定额贷款息率低而不变，企业宁愿材料长期积压在库，也不积极处理调拨。多年来，核库利库工作大都靠外力推动进行，而企业不能主动、经常地搞好合理库存和利库工作，这是很重要的一个原因。

物资周转缓慢，同我国进行四个现代化建设需要大量物资而国家又很穷的现状发生的矛盾，必须尽快加以解决。解决的基本原则，是用最小的库存周转量，保证生产正常地持续进行。马克思说，流通时间最好等于零。要做到这一步很不容易，但是只要我们努力做好各方面的工作，将会朝着这个方向发展。库存量的大小，主要是由供应间隔期和平均日耗量决定的。供应间隔期是指两次材料供应的间隔天数，它的长短与流通渠道的畅通、流通环节的多少、运距的远近等有密切关系；而平均日耗量则是正常生产每日需要材料的数量，它的大小是由材料单耗的高低和生产任务的大小来决定。供应间隔期越短，日耗量越低，库存储备就越少，反之就越多。由于前者和企业外部的供应条件关系很大，后者主要取决于企业内部的生产条件和管理水平；外部条件和内部条件实际上又是国民经济管理和企业管理的反映，它们相互依存，相互制约，以致相互转化。因此，要使供应间隔期和平均日耗量都达到最低水平，必须同时在国民经济管理和企业管理两方面寻求最佳途径。

一、改革当前的物资管理体制，把计划调节和市场调节结合起来，扩大流通渠道，达到供产销的紧密衔接。目前我国生产力的发展水平还很低下，生产资料的生产不能充分满足社会需要，因此还不能取消计划分配物资的制度。但是，企业所需物资成千上万种，如果仍像过去那样统统纳入国家计划分配，实践证明，不但管不了，而且有碍生产的发展和充分调动企业的积极性去加强物资管理。应该在承认现阶段存在商品货币关系的前提下，正确利用市场，通过价值规律的作用，把物资工作做活，以达到保证生产、降低库存的目的。我们认为，凡关系国计民生的重要物资仍应实行计划分配，以保证国民经济主要比例的平衡，其余物资，再不需要层层申请报批，而应进入市场，直接购销。对计划分配物资要搞好供求平衡，在物资不足的情况下，宁肯压缩生产，也不留下缺口，并注意留有余地。其中那些耗量大、经常使用的原材料、燃料，允许产销双方直接挂钩，以经济合同的形式，建立长期联系，定点直达供应。产需直接见面后，使供货单位有可能对消费单位实行不间断地均衡送货，缩短供应间隔期，增加供应次数；减少中转环节，防止层层剥皮，降低流通中的损耗和运杂费的开支，便于供货单位根据用户需要的规格品种不断改进产品和提高质量，更加符合生产的需要。对违犯合同的单位，应追究经济责任，负责赔偿损失。至于企业消费量小，不常用的计划分配物资，宜由当地物资部门按计划统一组织进货，再依企业分配量，发给供应票，根据生产进度的需要，允许随时就近提货。这样，可以避免企业因需要量低于发货量对这些物资造成的超定额储备。

进入市场的物资，采用两种形式交易：一是物资企业经销，二是企业自产自销，以前者为上。之所以仍以物资部门经销为主，是因为在社会分工越来越细的前提下，每个企业对其他企业的依赖程度越来越大，如果都靠企业一一从销货单位取得生产资料，既不符合社会化大生产分工协作的要求，还会使采购人员满天飞的现象更加严重，造成人力物力的极大浪费和混乱。因此必须充分发挥独立于生产部门之外的销售部门的作用，按照经济规律办事。根据我国的现状，先要把物资供应单位全部企业化，承担经济责任；再组织专业销售公司，把各地区相继建立的不同行业的供应机构合并起来，划归物资部门；同时按经济区域增设灵活机动的经销网点。在此基础上，凡比较重要的物资，由物资企业根据市场的需要，会同工业部门，签订产销合同，组织收购。经销时，对重点需要，由企业和物资部门签订供需合同，保证供应；一般需要由物资部门核实供应，送料到厂；供应充足的零星物资敞开销售，用户要多少，买多少。为了解决供需不平衡的矛盾，应当允许物资企业在国家规定的范围内采用浮动价格进行调节。

实行这种办法,减化手续,方便用户,提高效率,有利于企业根据生产需要,就地就近随时购买材料,少储或者不储;有利于物资企业根据用户需要,统一加工,成形供应,合理套裁,分斤破两,节约使用材料,避免企业经常出现的大材小用、优材劣用、整材零用的浪费现象。这样以销定产,还能迫使不合用的物资减产、改产和停产,逐步杜绝积压的货源。至于物资部门不经销的物资,由企业自己定价,自己销售,或交物资企业代售。

上述改革,给企业加强物资管理创造了很好的外部条件,必然大大缩短供应间隔期,使库存迅速降低。虽然它有时也可能使物资部门的库存增加,但这是正常现象。目前,只有中间流通环节的库存有所增加,几十万个企业的库存才能降低,从而整个社会库存才能出现大幅度下降的局面,使有限的物资充分发挥作用。

二、降低定额储备,扩大企业物权,用经济的办法加强物资管理。物资供应体制等方面的改革,虽然是一个急迫需要进行的工作,但外部条件必须和内部条件结合起来,才能最终达到降低库存,加速周转的目的。何况外部条件的改革尚需时日,而企业内部的整顿和一些改革又可单独进行,它的良好效果的取得,反过来又能促进外部条件改革的进行。因此我们不应该消极等待外部条件的变化,而应紧密配合,扎扎实实加强企业管理,向管理要潜力,要物资。当前,对企业的库存物资来说,第一步要"清",第二步"核",第三步在清和核的基础上"利",与此同时,还要采取有力措施,巩固取得的成果。

"清",就是发动群众深入细致地清查仓库。库内库外,账内账外,大大小小,一个不漏。通过清库,明白各类物资到底有多少,结束企业家底长期不清的糊涂状况。

"核",是在清库的基础上核定先进合理的库存周转定额。库存周转定额不是一成不变的,随着生产的发展和管理方式的变化,其数量和构成也在变化。因此，对那些库存定额没有或不完善的企业需要立即核定，即使过去有了定额的企业也仍然需要不断修订。核定中应该掌握这样的原则：定点供应的物资储备期短些，不定点供应的储备期长些；市场采购的短些，统一订货的长些；产地近的短些，距离远的长些；通用材料短些，专用材料长些。同时，重新查定物资消耗定额。大家知道，在工业产品中各种材料的价值占有很大的比重，一般都在70%以上，因此，降低储备定额，在很大程度上取决于材料的节约。在其他条件不变的情况下，材料消耗定额愈低，储备数额就愈少，定额偏高，必然引起积压。然而我们恰恰在燃料动力和原材料的消耗定额方面漏洞最多，损失浪费相当严重。虽然在粉碎"四人帮"后有所好转，但从全国来看，还有55%的主要工业产品没有恢复到历史最好水平。据粗略估计，只要冶金、电力行业的重点企业把燃料、电力消耗指标恢复到历史最好水平，一年可节约燃料100万吨，电力120亿度。机械行业的重点企业把钢材利用率只要提高4.2%，即可节约钢材近50万吨。可见，这里蕴藏着巨大的潜力，大有压缩的可能。为此，必须根据历史资料，对照同类先进企业或国外水平，采用先进技术操作方法和最完善的工艺过程，制定切实可行的先进消耗定额，保证以最小的物资消耗来完成和超额完成国家计划。如果企业能在这方面取得显著成绩，库存过多的面貌就会大大改观，从而使物资供应紧张而浪费又很严重的现象彻底改变，才能用有限的物资生产出更多的产品来满足社会和人民生活的需要。

"利"，就是在清和核的过程中将划出的超储积压物资，通过多种形式在国民经济中加以充分利用，在不增加产量的情况下，向工业战线提供更多的物质材料，将死物变成活物。最近几年许多企业的超定额储备不断增加，超过了库存总量的1/3，动员出这部分数量可观的内部潜力，这不仅在国家下达分配计划时，要以此顶替指标，要求企业订货做到先利库后订货,还需要加强和健全有关的部门,千方百计修复改制,因材设计加以利用,更重要的是允许企业有自行销售多余物资的权力。国家不但不应该限制和干涉,还应提供各种方便,积极协助企业进行处理。比如召开物资交流会,设置固定的展销场所,帮助企业把积压物资,不管是统配部管的,还是三类物资,统统搬入市场,自由定价,自己设摊,或委托物资部门代销,只要不是卖给私人,即可当场交易。对实在处理不了的,可以回炉重制,免得占用仓库,增加管理费用。

库存再合理,处理多余物资再积极,如果企业物资的供、管、用不能密切配合统一,混乱的局面就不能彻底扭转。这除了实行严格的计划供应制外,还必须把企业内部的采购、验收、保管、耗用、领退等物资管理制度建立在合同制的基础上。财务和供销,供销和仓库,仓库和车间都要订立内部合同,明确责任,分清是非。财务给供销下达储备资金,供销将资金指标分配到各仓库,仓库按消耗定额给车间送料,车间按定额落实到班组、个人。环环紧扣,层层落实,互相制约,谁影响物资周转,谁负责任。这样一来,既便于及时分析超额积压的原因,有针对性地采取改进措施;也便于把节约与浪费和奖惩制度结合在一起。对于节约了定额指标,并将节约回收物资用于生产或减少供应指标的车间和个人,应该在节约价值内按一定的比例发给单项奖;超耗损失浪费的,则应给予经济制裁,减发综合奖金。各级经济管理人员,对加速物资周转做出贡献的,同样也要给以物质鼓励,相反,因玩忽职守造成严重积压和损失浪费的,要追究经济责任,给以处分。这种经济办法和严格计划的结合,正是巩固物资整顿成绩的有力措施。

三、加强银行的监督作用,利用信贷政策,控制材料库存。变定额流动资金由无偿使用为有偿使用,变超额贷款由低息为高息,变超定额贷款中物资积压部分的息率不变为随着占用时间的延长而加码的一整套赏罚分明的经济政策。这样,定额收息可以防止核资中的宽打窄用,超定额高息可以避免大量的物资压在仓库,而加码收息的作法则可督促企业对积压物资尽快处理。这种办法,在实行利润留成制后,奖金和福利基金要从利润提取的前提下,物资库存的大小直接和企业以及职工个人的经济利益挂起了钩。库存大,付息多,利润少,企业支配的发展基金、福利基金就少,奖金也少,个人所得就受影响;反之,企业和个人收益都多。这必将促使企业主动加强经营管理,节约使用资金,争取最低的库存储备,加快物资周转。

原文刊于《甘肃社会科学》1979 年第 4 期

会计事务公司探析

会计如何为社会服务,这是经济体制改革提出的一个新问题。在探索的道路上,各地纷纷出现的会计事务公司,可作为解决问题的一种好形式。为此,从理论与实践的结合上,探讨这种组织的性质,产生的原因,具有的特点,发展的方向,将对健全和完善它,更好地适应财政经济管理和四化建设的需要有着积极的作用。根据对兰州会计事务公司的调查,我们就以上问题谈点粗浅看法。

一

会计事务公司是经政府批准,具有法人地位,为企事业和政府部门服务的跨行业跨地区的事业单位,一般在省会计学会的领导下开展工作。当前,与会计事务公司性质相近的还有一种组织形式,就是会计师事务所。虽然它们同属从会计角度为社会提供劳务、进行服务的组织,但前者在业务范围和人员组成方面却有自己的特点。从工作内容看,会计师事务所主要承担单位的查账、财会制度的设计、担任会计顾问等。而会计事务公司除承办以上任务外,还搞经济咨询,并兼顾会计学会的部分工作,诸如培训财会人员、替单位招聘会计、编印翻译各种财会书籍、发行学会刊物、组织会计人员出外学习和考察等,因此,它是一个具有双重业务性质的组织。从人员构成看,会计师事务所基本上由会计师组成。而会计事务公司的人员结构却呈多元性:既有正式职员,又有特约职员。正式职员中,有国家干部身份的财会人员、已退职退休尚有工作能力的财会人员，还有新吸收的热爱财会工作的青年。特约职员中，有在职干部，也有退休退职人员。整个职工队伍中，有取得证书的会计师，有一般的会计师，也有经验丰富的财务工作者，水平带有层次性。由此不难看出，会计事务公司在目前阶段有它一定的优越性。第一，能够适应基层单位对会计工作多方面的需求。它不仅付出知识、提供劳务替受托单位办理一切与会计有关的业务，而且还替单位考核、选拔和培养人才，为提高整个财会队伍的智能水平服务。因而，其业务范围较大，基本上能满足企事业单位对社会会计服务的要求。第二，便于集中人才。人才"供不应求"的现象在财会界十分严重，但由于不合理的管理体制，积压浪费的现象也相当普遍，人才的潜力是丰富的。会计事务公司是跨行业跨地区的组织，容易打破部门所有制的限制，吸收一部分高水平的人才，组织社会的力量来为社会服务，这对促进经济的发展和财会人才的成长都是非常有利的。第三，能够起到观察会计工作质量的"窗口"作用。会计事务公司通过对基层单位经常性的各种服务，就能详细准确地掌握各行业、各部门财会工作的问题、弊病和动态，反映各种财经政策在实践中的贯彻执行情况，进而为政府各部门提供符合实际情况的有价值的咨询意见，补充经济计划工作的不足。同时，由于掌握第一手丰富资料，也便于会计理论和政策的研究尽快取得成果，便于直接推广、运用。

二

任何新事物的出现都要具有一定的社会政治经济条件。会计事务公司的产生也不例外，它是近年来我国经济生活中对外开放、对内搞活经济的需要，有其一定的客观必然性。

(一)企业责权利结合的内在要求

长期以来,在统收统支、产品包销、盈亏包揽的经济管理体制下,会计工作始终处在不受人重视的地位。随着国民经济管理体制的改革,企业在供产销、人财物上有了一定的自主权,它以相对独立的商品生产者的地位从事生产经营活动,在生产经营、经济效果、经济利益方面统一了起来。这就要求一切经济管理工作必须从取得最大经济效果的直接目的来安排,就要生产成本低廉、符合社会需要的优质产品,加速资金的循环和周转。于是,会计工作也要跟着发生相应的变化,即从事后算账转到事前控制;从经济领域转向技术领域;从生产领域转向销售领域;从反映情况转到参与决策;从提供信息转到加强监督。这一切仅靠企业内部的力量那是远远不够的。一是受行政隶属关系的约束,有些问题不便处理。二是现代化的大生产使得企业的经营业务复杂,管理范围扩大,要求越来越高,必须依靠大量的具有一定水平的管理人才方能做好这件工作。但我国企业管理水平低,人才缺乏,个别企业不可能集中大量的各类人才,就是能集中,也不见得经济合理。 三是决策不仅需要内部丰富的资料,而且还要企业外部的各种情报资料。四是企业内部的决策方案,有的意见分歧,有的或已失败,急需有第三者帮助分析判断。于是,为完成企业无法完成的事情,在社会上建立一个为企业决策提供各种数据资料和调研方案的服务机构就是顺理成章的事了。

(二)多种经济成分存在和大力发展集体经济的需要

近年来,我国的集体经济发展很快,个体经济也有相当数量,中外合资企业从无到有,股份公司、联营和个人投资也已出现。这些劳动人民的集体和个体经济以及其他经济,都是在自愿互利的条件下,靠契约、合同、协议建立起来的。国家没有也不可能有一套成熟的规章制度和收益分配方法,强制它们执行,而需要根据企业的性质和特点，设计不同的制度和办法。同时，其管理人员要得到本单位劳动者或股东的信任，以及所纳捐税得到政府的认可，也都需要社会公证机构为其签证各种会计报表。为了保护企业合法的经济权益，保护投资者的利益，也需要一个对法律负责的"超脱"机构出来工作。另外，大量涌现的集体小企业、街道工厂、小商店无不希望有人能帮助它们建账、协编报表、加强财务管理、提高核算水平。

（三）解决经济纠纷和加强对经济领域违法犯罪活动监督的需要

随着企业自主权的扩大，行政事业单位财务包干的实行，国家与企业、企业与企业之间的矛盾就会有所增多，甚至可能尖锐和激化。这并不是说在统收统支的体制下这种矛盾就不存在，而主要是由财政机关用冲资金、列营业外的办法给掩盖了。社会主义现阶段，企业利益与国家利益在根本上是一致的，但并不否认在具体利益上的矛盾和冲突，特别是收益直接影响企业和职工利益的时候。因此，为了保护企业利益，又不使局部利益冲击全体人民的整体利益，必然需要一个"中介人"来仲裁、调解这些矛盾，使个别企业的非法手段受到抑制，保证国家和企业合法的经济利益。由于旧的思想意识的影响，经济领域违法犯罪活动依然存在。制定严密的法规和加强严格的监督是解决问题的重要手段。但是，有些经济犯罪已经由企业内部波及到企业外部，由一般干部牵涉到领导干部，只靠本单位已不好解决，需要外部的机构插手帮助。同时，司法机关在对罪犯进行依法审判之前，需要认定罪行的大小，由于其会计业务生疏，对会计制度的变化不熟悉，也很需要有人帮助鉴定罪行。

（四）尽快提高财会人员理论和业务水平的需要

我国财务管理薄弱、经济核算水平低的重要原因之一是财会队伍质量低。受过专业教育的人员大多年老体弱，接近退休，大量的青年同志知识贫乏、业务生疏。据统计，全国会计人员中，受过高等教育的仅占 5%,中等教育的占 14%,各种短期培训的占 33%,将近一半人没有受过系统培训。国民经济搞活以后,对财会人员提出了更高的要求,提高他们的智能水平,将是提高经济效益的重要途径。但是,靠正规院校培养,远不能满足需要,据说,全国在校的财会大学生,连企事业单位起码的自然减员都无法补充。以我国现有的人力、财力,正规教育又不可能大力发展。而靠企业本身,特别是中小企业,又受师资、教材、校舍等条件的限制,迟迟兴办不起来。因此,大家渴望有一个专门机构能把各方面的优势和力量集中起来,走社会办学的道路,在短期内解决问题。会计事务公司正可利用联系面广的长处,实现大家的愿望。

(五)企业会计向社会会计转化是经济发展的必然趋势

现代化大生产的发展,专业化分工愈来愈细,各种经济活动之间的社会联系日益广泛,协作日益紧密。于是,与之相应的经济管理也就越来越带有全社会的性质。如果仍把它们局限在一个个的企业之中,就无法适应经济发展的需要,只有管理也实行社会化,其专业的职能作用才能得到最大的发挥。我们按经济规律办事,借助会计提供全面准确的经济数据和资料,就必须使会计工作社会化。此外,社会主义公有制经济,需要有代表全社会利益的会计对单位的经济活动进行监督,使它符合社会主义的生产目的。可见,建立社会会计是社会主义制度下生产的社会化和生产资料公有制对经济管理的客观要求决定的。社会会计应该具有反映、监督、服务的职能。目前没有一个比较合适的部门能够很好完成上述职能,必须重新建立。会计事务公司正是适应"服务"职能的要求出现的,是实现企业会计向社会会计转化的具体组织措施。

三

新的组织形式应该具有符合经济规律的新特点，才能保证其作用的充分发挥。从兰州会计事务公司的实践看，应该具备以下几方面的特点：

第一，在隶属关系上应具有较大的独立性。独立性是由公司的性质和工作的特点决定的。社会各单位对公司的基本要求是公正、客观、保守秘密。中外合资企业中，外国投资者又直接要求与民间的"中立的"会计事务组织打交道。会计事务公司只有处境比较超脱，摆脱不必要的干扰和影响，有独立自主履行职责的权力，才能坚持按制度办事，对法律对政策对事实负责，满足社会各方对公司的要求。因此，我们认为，会计事务公司以不采取"官办"的形式为好，也不能依附任何大型企事业单位，而应在会计学会这样的群众团体领导下去开展工作比较适宜。

第二，贯彻自收自支和按劳分配的原则。公司既然是一个为社会服务的事业单位，就不能强调以利润为中心，从长远的观点看，应该作到自收自支，以便克服依赖性，有效地开展业务。但从实际的情况看，在公司开办初期，以及其后相当长的一段时间内，还不能过分强调自收自支。过分强调，对今后事业的发展不利，容易形成只顾眼前工作和收益，忽视长远工作的倾向，如培训高级人才、出外考察等。忽视本公司人员的智力投资，公司的进一步发展和提高将受到直接影响。因此，在会计事务公司开办初期，国家给予一定的资助是必要的。为了加强核算，公司必须收费，而不能由国家包干经费，无偿替企业服务，那样就无法取得好的效果。收费的标准要适中，过高，会使企业望而却步，达不到为社会服务的目的；过低，收不敷出，也影响公司的发展。在公司职工内部的分配上，要废除"吃大锅饭"和平均主义的作法,按照每个人的水平能力,工作量的大小,实行有差别的浮动工资制。大部分劳动表现好的,按年加薪3~5元,年终分红,对公司做出重大贡献者,还发特殊酬劳金;担任职务的有职务津贴。对消极怠工者,除受到经济上的惩罚外,直至解聘。只有赏罚分明,才能真正保证公司自收自支原则的实现。

第三,坚持内行领导的原则。组织一个精明强干的领导班子就成为公司的首要任务。这个班子的人选应该考虑文化教育程度、工作能力、事业心、创新精神、坚持真理的原则性和健康状况等。像兰州会计事务公司的最高决策机构——管理委员会,就是由一批精通财会理论和有丰富实践经验的专家内行组成的,其中既有政府部门主管财会工作的业务领导,也有大专院校的理论教员,还有实际部门的会计师,这样的领导系统,必然反映灵敏,判断准确,工作效率高。

四

会计事务公司的历史仅仅只有两年,尚属初创阶段。虽然取得了一定的成绩,毕竟是个雏形,问题和矛盾依然很多。下一步它究竟应向什么方向发展,怎样向高级阶段过渡,这是大家十分关心的问题。我们认为,会计事务公司的高级阶段,应当是一个有一定权威的带研究性质的咨询机构,并兼顾会计人员的培训考核和职称评定工作,其中心职能是经济咨询。为什么要这样看待问题呢?因为,我们既要发挥会计事务公司的优点和特长,又要防止和其他一些机构的职能重复、冲突。目前国家正在酝酿成立审计机构,审计机构和会计事务公司都是实现会计向社会转化所采取的具体组织措施。审计是从会计中独立出来的监督体系,主要检查企事业单位是否遵守国家的方针、政策,有无违反财经纪律的现象等。至于整个经营方面,审计是无法解决的。因此,会计事务公司就不能把"监督"作为自己的主要工作内容，而应以审计不便涉猎的会计服务作为工作的侧重点，建立会计管理的服务体系，为各单位提供经济咨询，调解经济纠纷，协助各级经济法庭和检察机关开展工作，设计会计制度，代办会计业务；参与会计人员的考核、定级、确定职称，认可会计人员的业务水平；出版学会刊物，编纂资料，开展省外以至国际间的会计交往。只有这样，会计事务公司和审计机构，才能既坚持它们的共性，即从外部对企事业财会工作进行加强和补充，又保持它们的合理分工，相辅相成，共同发挥好社会会计的作用。

根据目前会计事务公司开办中存在的主要问题，为达到上述目的，需要做好以下三方面的工作：

第一，首先要把公司办成一个研究中心。这种研究不是基础理论的研究，而主要是会计理论的应用研究、政策研究。只有成为这样一个理论联系实际的研究中心，公司才能适应各种新情况，提出有深度、有见解的咨询意见，受到委托单位的重视。

第二，必须广泛网罗人才。一是以各种方式吸收业务水平高的人参加公司工作，既可吸收专职的，也可聘请兼职的；二是不但吸收会计人才，还应吸收与会计联系密切的其他人才，诸如财政、税收、经济法等多方面的人才；这种人才多以兼职为好，这是建立智能结构合理的管理人才队伍的需要。抓好多方面人才的组织和建设，加强各咨询行业的横向联系，建立联合"会诊"制度，以促进社会会计服务工作向广度和深度发展。

第三，要把公司办成资料和情报中心。信息迟钝、耳目不灵是我们许多经济工作失败的重要原因。准确的信息，既需要灵敏的情报网，也离不开历史的和现实的大量资料。离开这些条件，决策就可能是片面的、甚至是错误的；会计研究工作也无法深入进行下去，整个公司的工作就缺乏科学性。目前，大部分会计事务公司这方面工作还都十分薄弱,没有作为自己的"基本建设"去抓,这是不行的。对于主要靠智能为社会服务的会计事务公司来说,人和资料就是它的"固定资产",必须一开始就抓紧建设,才能适应各种情况的变化,使其不断发展壮大。建立资料情报中心,一要收集当前各个企业的情况;二要搜集国外研究的成果和动态;三要整理建国 30 年来的财会资料。

总之,人才是关键,资料是条件,研究是手段。有了丰富的情报资料,才能充分发挥人才的作用,人才作用的充分发挥,才能提出有价值的研究报告和咨询意见,达到为社会服务,提高经济效益的目的。

原文刊于《财贸经济》1983 年第 1 期

试谈农产品成本核算

农产品成本核算,是经济核算的中心内容,是用经济手段管理农业经济和提高社队经营管理水平的重要工具。当前我国农村中,认真搞好农产品成本核算的并不多,致使经营管理比较混乱,浪费大、成本高,资金周转困难,增产不增收,甚至增产减收,出现高产穷队的奇怪现象。我们要建设现代化的农业,使农民尽快富裕起来,一要提高农业生产力,二要实行科学管理,用最少的物化劳动和活劳动消耗,取得最大的经济效益,就必须核算农产品成本。

一

开展农产品成本核算工作,有以下几方面的好处:

第一,可以贯彻执行勤俭办社方针,不断提高经济效益。社会主义建设和人民生活的改善,需要农村提供越来越多的农产品,但是,不能只顾高产,不讲成本。高产不一定都使成本降低,当费用增长的速度大于产量增长的速度时,成本反而会升高。成本过高,使社员在增产的基础上无法尽快富裕起来,社队公共积累不能随之提高,势必影响社员群众的劳动积极性,影响农业扩大再生产。通过加强成本核算,增产节约同时抓,才能更好地贯彻勤俭办社方针,使社队以有限的资金办更多的事情,取得尽可能大的经济效益。

第二,可以找到农业生产成本升高的原因,提出降低成本的途径,加强和改善社队经营管理工作。农产品成本是表示农业生产经营状况的一个综合性经济指标,物资消耗是否合理,固定资产的利用程度、技术措施是否得当,劳力安排是否科学,经营管理是否健全,这些都能在成本上得到反映。通过对同一生产队不同年度或同一年度不同生产队之间农产品单位成本的对比分析,就能发现成本上升或下降的情况,进而寻找原因,及时提出改进措施,不断改善和加强社队经营管理。

第三,可以促使农作物合理布局,使社队因地制宜,扬长避短,趋利避害。不能因地制宜种植作物,是许多社队增产不能增收的重要原因之一。之所以如此,就是因为缺乏科学的经济资料来论证这一问题。通过成本核算,就能提供各种农产品的成本,百元投资的收入率和盈利率,经过对比分析,就能有把握地适当调整作物种植计划。同时,国家规划农业生产合理布局时,要看什么作物在什么地区成本最低、产量最高,这样才能充分发挥各地的自然优势,而各地的农产品成本资料,能够帮助国家有效地进行这一工作。

第四,可以为国家制定和调整农产品价格,逐步缩小工农产品剪刀差,提供可靠的经济依据。农产品价格订得过高,会加重国家和干部负担,减少国家积累;相反,如果订得过低,又使社队无法积累,社员减少收入,影响社员的生产积极性,不利于农业生产的发展。只有在农产品的社会成本的基础上,制订价格,才能克服以上矛盾,逐步缩小剪刀差。

总之,搞好农产品成本核算,能够全面地考核社队在农产品上的物化劳动和活劳动的消耗,科学地、有效地利用社队内部的人力、物力、财力和自然资源,以最小的劳动消耗取得最大的经济效益。

既然如此,为什么成本核算竟成了农业经营管理中的薄弱环节,在许多地方还是空白点呢?原因是多方面的,除了江青反革命集团的干扰破坏外,农产品成本核算的特殊性是一个不可忽视的重要原因。

这些特点是：

（一）V 的不稳定性

根据马克思关于商品价值构成的原理来看，农产品成本就是生产农产品的物化劳动消耗 C 和农业劳动者为自己的劳动所创造的价值 V 的货币表现。但是，在这里社员的劳动报酬，不同于国营企业职工的工资。国家对工资规定有统一的等级标准，等量的活劳动支出就能获得相同的报酬，因而能正确计算成本，并比较不同企业的工作成果。而农村社队实行工分制，加上自然条件的制约，社员的劳动报酬无法事先确定，而是随着年成、积累分配比例等因素的变化，不断波动。加之各个社队工分标准各异，工分值大小不一，就使同一生产单位不同年度和同一年度不同生产单位之间，有着不同的劳动报酬。这种差异，使等量的劳动支出具有不同的报酬，因而农产品成本中的活劳动消耗的计算就成了一个相当特殊和复杂的问题。

（二）空间差异性和时间差异性

农业生产受自然条件的制约大，由于各个地区、各个地块的气候土壤条件各异，技术措施和投资不同，同一年中，同一种作物具有不同的单产和成本，呈现出明显的空间差异性。在不同年度中，由于气候条件的变化，投资和技术措施的改变，同一地区、同一地块上的同种作物的单产和成本也不一样，呈现出明显的时间差异性。这两种差异，使我们在计划中设想的各种经济效果不一定都能达到，从而影响到成本指标的准确性。

（三）成本计算的复杂性

我国农业生产水平低，商品率也低。各地生产的农产品，除少部分上交国家外，大部分自产自用。这除了社员的生活资料外，还有一部分生产资料，它们不经过流通而直接进入农业再生产过程，因而正确估价这些产品的价格就是一个复杂问题。再如几种作物共同耗费的费用如何合理分摊,农田基本建设投资如何核计成本,跨年度作物如何分摊生产费用等,都较复杂。

以上特点虽然给社队开展农产品成本核算工作带来一定困难,但不能由此得出农产品成本无必要或无法开展的错误结论,只要我们思想上重视,并进行认真的实验和研究,这项工作是能够迅速开展起来的,也是能够搞好的。

二

为了搞好农产品的成本核算, 就需要不断研究解决农产品成本核算中的各种问题:

(一)关于活劳动消耗的估价问题

这是迄今为止争论最大的关键问题。一种意见认为,我们农业劳动力资源过剩,成本中计算活劳动消耗,没有多大现实意义;且活劳动消耗以什么标准进行估价的问题至今未妥善解决, 社队也无法实施;同时,节约成本主要是节约物化劳动,因而否定活劳动消耗计入成本,主张进行只计物资消耗的不完全成本核算。这种意见欠妥,因为,活劳动是生产中的决定性因素,只有活劳动才能创造产品价值,节约活劳动有利于挖掘劳动力的潜力, 向农业生产的广度和深度进军。我国工农产品比价不合理,原因之一就是农产品成本中没有包括活劳动消耗。只有把活劳动消耗计入产品成本,才能正确反映生产农产品的社会必要劳动量,为国家制订农产品价格提供可靠的依据,也便于改善农村的经营管理。

但是,如何对活劳动消耗计价呢? 历来存在着两种截然对立的观点,我们是同意按统一标准估价,而不同意按实际劳动报酬计价。这是因为,社队劳动报酬标准的差异性,使等量的劳动支出具有不同的报酬,因而用实际劳动报酬计算农产品成本,仅仅在同一年中同一个生产单位内部各种农产品之间,实际与计划成本之间可以进行比较,而不同生产单位在同一年度,以及同一年度不同生产单位之间,农产品成本就失去了可比性,不利于寻找降低成本的正确途径。再者,实际劳动日值与社员为自己劳动部分创造的价值往往不一致。自然条件优越,收成较好,分配比例大的社队,劳动日值就可能大于劳动力再生产的价值,把部分利润划了过来;而条件差,收成不好,分配比例小的社队,劳动日值就可能小于劳动力再生产的价值,把应该出现的亏损掩盖了起来。这样,就有可能出现一种反常现象,生产好收入高的社队,成本也高,生产差收入低的社队,成本也低,从而造成农产品成本的虚假性。

采用统一标准估价的办法,就能避免以上问题。在统一标准估价上,有人主张按农场工人平均日工资估价,有人主张按一个地区社队平均报酬估价,有人甚至主张用农民作临时工的工资估价,凡此种种我们认为都不妥当。应该根据农产品成本中 V 的经济实质,把统一标准估价建立在这样的理论依据上:第一,等量的劳动消耗获得等量的货币表现;第二,以货币表现的活劳动消耗与劳动者为自己的劳动部分所创造的价值相符合。为此,我们认为,按照一般社员平均生活水平估价比较合理。因为,V 既然体现的是保证劳动消耗的正常补偿,而保证劳动者的消费,即保证劳动力再生产所需要的物资、文化及其他生活资料的数量,也就是劳动消耗的正常补偿。当然,劳动力再生产所必须的物质文化生活资料,不仅指劳动者本人那一部分,而且包括他们的家属,即未参加工作的子女和不能工作的老人的消费。同时,这种估价方法,既没有实际劳动报酬中包含的利润和亏损,也没有受级差收益的影响。因此,活劳动消耗按照社员平均生活水平估价,既是保证劳动力正常再生产的消费需要,也使实际形成的劳动消耗在农产品成本中得到正确反映。

要按照社员平均生活水平去估价活劳动消耗，一要确定标准劳动日，二要确定标准劳动日负担的必需生活费用，即标准劳动日值。标准劳动日，在一个地区或全国都应有一个统一的计算标准，办法是，选择一些正常出勤的中等劳动力，用他们的全年出勤天数去除总工分，求出每天每人工分数，再用这个工分数去除10（这是一个中等劳动力干一天所得的10分，即标准劳动日），即得出标准劳动日系数。用此系数去乘某作物实际消耗的劳动日数，即得到该作物所消耗的标准劳动日数。

计算标准劳动日值，就要对社员的实际生活水平进行调查，一般来说，应选择有代表性的县、社队和个人，资料应以近几年的为主。把调查的各典型户社员全年生活总费用（包括吃、穿、住房、燃料、文化娱乐、医药及日常生活用品），被各典型户参加集体生产劳动所得的标准劳动日和社员家庭副业生产用工的总和去除，即得出每个标准劳动日所必需的生活费用，也就是标准劳动日值。计算标准劳动日值之所以把家庭副业用工也计算在内，是因为在计算社员消费时，已经包括了家庭副业的收入在内，这部分产品既然支付了劳动，而且也要进行再生产，当然也就需要负担相应的必需生活费用。活劳动估价有了这样一个统一的标准尺度，就能换算出各种作物实际消耗劳动工日的价值，达到各种成本能够相互比较、评价的目的，为国家制定农产品价格和进行农业区域规划提供可靠的依据。

（二）关于固定资产折旧问题

固定资产是社队进行生产的重要物质手段，但它的有计划更新补偿，并未得到社队的普遍重视。目前许多社队都是从公积金中来补偿固定资产的损耗的，但公积金又是扩大再生产的资金来源，因此，两者一锅煮，固定资产损耗的补偿在公积金中到底占多大比重，就没有一个科学的界限，只能凭经验来估计，结果造成一些地方固定资损耗得不到补偿的情况越来越严重，在有些年份，社员的收入表现得忽高忽低。这样，不但农产品的成本带有一定的虚假性，而且长此下去，吃了老本也不知道。一般地说来，公积金是扩大再生产的资金来源，折旧基金是固定资产简单再生产的资金来源，二者是有区别的。为了使固定资产及时得到更新并提高其利用率，应当实行折旧制度。鉴于目前社队的固定资产不太多，对房屋和大中型农机具以及役畜等应使用单项折旧率，其他的按使用年限的长短，实行分类综合折旧率。为了加强对固定资产的管理，已提足折旧继续使用的固定资产，不再提取折旧费，而对管理不善、尚未提足折旧而提前报废的固定资产，必须补提足额。在实行了折旧制度以后，为了不影响社员生活水平，公积金提留比例可适当降低。

（三）关于自产自用产品的作价和间接费用的分摊问题

农业内部自产自用的产品，有农业生产的主产品，也有主产品的副产品，如麦草等。对于副产品的作价，人们一般是忽略不计。按照成本核算的要求，凡进入再生产过程的一切物化劳动和活劳动，都应当计入产品成本；凡出售主产品的副产品的收入，都应减少总成本。由于现在不少副产品的价格还很高，因此，对自产自用的副产品都应作价核算，按当地国家收购价格水平或分给社员的价格计算，纳入农产品成本。而对分配给社员个人和用于社队企业生产上的副产品，以同样的价格从农产品总成本中扣除，借以保证产品成本的真实性。

对于几种作物共同耗用的费用，一般应根据间接费用消耗的性质和特点，采用不同的分配标准进行分摊。如肥料、水费、机耕费等可按作物受益面积分摊；畜力费可按畜耕面积或畜工数分摊；管理费可按农作物的收入比例来分摊。具体分摊方法，可用生产用工比例法，即以生产用工为标准，分摊间接费用消耗；也可用工作数量比例法，即以工作量为标准分摊间接费用消耗；还可用直接生产费用比例法，

即按各作物直接费用占总费用比例分摊间接费用。只有合理分摊共同费用，才有助于正确进行农产品的成本核算和分析。

（四）农田基本建设用工问题

农田基建属于扩大再生产，一般用工多、时间长、当年不受益，投产后则长期发挥效益。可是，它们的劳动用工都参加当年收益分配，如果一次计入成本，会引起农产品成本的暴涨暴落，应当合理分摊。分摊的标准，应以农田基本建设的效益而论，凡当年能受益的基建项目的人工费，应一次按作物面积分摊计入当年农产品成本；而当年不能受益的农田基建项目的人工费，则应分年摊入农产品成本。

三

农产品成本核算是一项复杂细致的新工作，当前如何着手开展这方面的工作呢？我们认为，应当立足现有基础，逐步开展，取得经验，全面推开。鉴于我省过去没有很好开展过这方面的工作，社队干部管理水平低，财会队伍力量薄弱，各项会计制度也不健全，核算资料不完备。所以，农产品的成本核算必须从这个实际出发来安排，开始实行时不能要求过高过急，而要本着由粗到细，由低到高，由局部到全面，逐步提高的原则来办。在核算内容上，目前宜先进行不完全成本的核算，即只核算农产品在经营过程中的各种物资耗费，包括种子、肥料、农药、机械作业、固定资产折旧、排灌作业以及管理费等，待水平提高后，再计算包括活劳动报酬在内的完全成本。在核算对象上，可以先算主要产品的成本，条件具备，再算全部农产品的成本。或者是主要作物单独核算，一般作物综合核算。在核算方法上，可以采用账内算费用，账外算成本的办法，也可用账内既算费用又算成本的办法。管理水平和财会人员业务水平低的用前者，较高的用后者。在成本形态上，宜采用多种成本形态。因为农产品成本虽然反映着经营过程中的各种耗费,但由于农业受自然条件影响很大,不同的自然条件影响着生产过程中活劳动和物化劳动的消耗和后果,因此在利用成本考察生产队的经营成果时,要考虑自然条件对成本的影响,采用多种农产品成本形态。不同形态的农产品成本反映着不同空间和不同时间范围内的单位产品劳动耗费情况,内容不同,作用也不同。从空间范围看,为了掌握社队生产某种农产品的经济效果的大小,应计算整个社队生产这种农作物的单位成本,即用全年产量去除该产品的全部支出,通过不同年度成本的分析比较,可以寻找降低成本的途径。可是,社队的生产发展是不平衡的,特别是在实行联产责任制后,各作业单位的经济效果很不一致。为了便于正确寻找先进和落后的经验教训,更加合理地组织生产,还需要计算各作业单位生产同一种产品的成本。另外,由于社队的土地有山有川,有好有坏,土质、肥力、灌溉条件不同,加上经营管理的方法和措施不一,不同地块上的产量和成本自然不同。只有分别计算不同地块的地块成本,才能具体确切地反映生产某一作物的经济效果,从而为改善经营管理和改进技术措施提出更加具体可靠的资料。从时间差异性看,仅仅一年的成本不足以说明问题,往往带有局限性和片面性。这就需要计算生产队、作业组、地块的阶段成本,比如二年、三年、五年的平均成本。这样计算的成本有较大的概括性和代表性,能反映一定空间范围内一定时期的一般成本状况,能对指导农业生产,改进技术措施,提高管理水平起到具有远见性的作用。

为了搞好农产品成本核算工作,还必须建立必要的原始记录。这是成本核算的基础,原始资料不全,成本核算无法进行,原始资料不准,成本就会虚假,失去指导生产的意义。要建立必要的管理制度,特别是定额管理。定额既是考核人力、物力、财力消耗的依据,也是分摊间接费的重要依据。有了定额,成本核算才具有科学性,定额科学先进，成本核算工作的水平才能不断提高。要建立"农产品成本登记簿"，按作物设专页，按成本要素分别登记。它可以使现行的会计科目不变，易学易懂，不牵扯账内倒账转账，便于立即开展工作，即使一时算错，也不至于搞乱账务和年终分配。

原文刊于《甘肃农业经济问题》，甘肃人民出版社 1983 年 10 月

试论工业生产经济责任制

一、为什么要推行经济责任制

十一届三中全会以来，工交战线经济体制改革，主要进行了以利润留成为主的扩权试点。这对调动职工的积极性、搞活经济、发展生产起了积极作用。但是，它并没有解决现行经济体制存在的根本弊病，其他改革也没有与它同步、配套。随着经济进一步调整和发展，原存在的问题和新矛盾，也就逐步显现出来：

（一）利润包干指标有鞭打快牛的情况

对试点扩权企业包干的基数利润，一般是采取"环比"的方法来确定的。谁在本年度获得利润多，那么下一个年度它的基数利润也就水涨船高。扩权试点的第一年，对企业的刺激作用比较大，同时带有"恢复"性质，所以利润完成的实际水平也就比较高。以后年度依此为基数包干，给企业留的余地就很小，要超就非常吃力。另一方面，这几年来企业的经济关系和生产条件都有所变化。比如，原材料价格有的涨了价，有的还要靠议价收购，工厂产品的价格却保持原价。在这种情况下，确定基数利润时，本应将这些因素剔除，但实际上没有这样做，致使利润包干指标偏高，直接影响了国家、企业和职工之间的经济利益的分配，也造成了企业之间"苦乐不均"。

（二）权、责、利没有很好结合

这三方面的关系是非常密切的，应该同步、协调改革。问题是扩权试点由于未能配套,受到财政、税制、银行、物资、价格、劳动工资等现行体制的限制,使企业的自主权不能完全实现。许多方面国家仍然统得太多,管得过死。在这种情况下,要企业承担一定的经济责任,实现一定的经济利益,显然是没有保证的。

(三)企业的包袱太重,上层建筑与经济基础不相适应的矛盾比较突出

现在企业基本上没有从"小而全"、"大而全"的状态中摆脱出来,机构臃肿,效率低能,人浮于事的现象仍然十分严重。企业负担的非生产性开支有增无减,特别是扩权试点单位,这部分负担又从国家转嫁到企业。一些企业的利润留成的绝大部分都花费在这方面了。

(四)企业内部严重存在着"吃大锅饭"和平均主义的现象

这主要表现在三方面:一是发放资金存在着平均主义和滥发的现象。不能起到鞭策后进、鼓励先进的作用。二是少劳不少得。三是基本工资动不得。长期以来职工劳动的好坏只能在奖金的限度内奖罚。而奖金的数额一般占工资额的10%左右。对职工的劳动积极性刺激作用不大,而基本工资是"旱涝保收",所以一些劳动很差的工人依靠基本工资的铁饭碗,坐吃社会主义。这些情况极大地影响了按劳分配原则的贯彻和实现。

利润留成为主的扩权试点,在一定程度上使企业经营效果同职工的经济利益联系起来,但对上述四方面的问题并没有解决。要巩固已有的改革成果,并把改革继续推向前进,不解决这些问题是不行的。

如何解决这些矛盾呢?农业生产推行联产计酬等各种形式的生产责任制,调动广大农民积极性,使一些贫困落后地区的面貌在较短时间内得到改观,出现了高级合作化后20多年来少有的向上发展景象。财贸战线结合自身的特点,推行经营包干责任制的实践,对于加

速商品流通,活跃市场是一条新路子。联产计酬责任制之所以能发挥这么大的作用,主要是它具有以下三个优点:

第一,在"包"字上狠下功夫,能较好地体现国家、集体和个人三方面利益的正确结合。第二,由于它是以生产责任制为基础,能较好地体现权、责、利的正确结合,所以可以调动每个劳动者当家作主的积极性,那种干活"大呼隆"的情况可以得到较好克服。第三,由于它是联产计酬,使经营效果同劳动报酬直接挂钩,是较好体现按劳分配原则的具体分配形式。在过去的分配形式下,劳动者只管出工干活,不问成本效果,往往是出了杀牛力,办了鸡毛事。在计时工资条件下,个人分配份额在一定时期内是相对固定的,无法激发人们主人翁的责任感,去关心、热爱、保护和发展自己的集体经济,实质是没有找到实行按劳分配的具体形式。实行联产计酬,劳动者以劳动的凝结形态(或物化形态)作为按劳分配的尺度,使"劳"与"得"得到了直观的具体结合,"看得见,摸得着",这就解决了干多干少,干好干坏一个样的弊病,使增产增收获得了持久的内在动力。

可见,联产计酬的生产责任制所要解决的不仅仅是经营管理形式,实质上是对生产关系的调整和完善。由于这种调整,使它更加适合当前我国生产力的状况,所以能促进生产力的迅速发展。这就为解决工交战线改革中所遇到的实际难题找到了一个突破口。因此,工业经济体制改革要进一步巩固和发展,推行联产计酬生产责任制是势在必行。

二、当前推行经济责任制的着重点

工业企业经济责任制是社会主义商品经济条件下,国家管理工业生产的一种经济核算组织形式。它是按照一定的经济关系,组织企业的生产经营和分配活动,以国家、集体和个人三方面利益结合为动力,使经济权利、经济责任、经济利益正确结合,以各种经济杠杆和各种技术经济指标为手段,以最小的劳动消耗取得最大的经济效果为目的的企业经营管理体制。由于它的推行加强了生产经营管理,使企业的经济效果与职工的经济利益直接结合,所以它能调动企业及其广大职工的积极性和主动性,提高企业的劳动生产率和经济效益,从而促进生产的迅速发展。

国营工业企业的生产资料是由代表全民的国家来管理的,但它又是由各个不同企业占有、使用。企业根据社会需要,在国家计划指导下进行生产,从事独立经营。在这里,所有权和使用权是分开的。从全民所有制的整体来看,每一个企业都是全民所有制的组成部分,企业和职工都是生产资料的主人;从个别企业来看,任何一个企业又都不是生产资料的直接所有者,只是独立使用者。在"供给制"体制下,全民所有的生产资料由企业无偿使用。这是否认社会主义全民所有制经济内部还存在商品经济的做法。根据经济核算的要求,它应该实行有偿使用的原则。在社会主义生产资料公有制内部,国家同企业之间的关系,应建立在完成国家规定任务的条件下,进行独立核算,自负盈亏的基础上;企业之间的关系,应按照等价交换的原则进行经济联系,承担为分工协作提供产品、劳务等社会经济责任;企业同内部职工之间的关系,应根据民主管理和按劳分配的原则,由职工群众当家作主,组织产品的合理分配,使国家、企业和职工的物质利益得到不断增长。这三方面的经济关系,共同构成公有制内部的经济核算体系。经济责任制就是这种经济关系的反映。

经济责任制还是借助经济杠杆和经济力量来管理企业的一种方法。用行政办法管理企业还是需要的,但它应该逐步过渡到按照经济办法来管理,借助各种经济杠杆和机制,如价格、利润、利息、工资、核算、统计、计划、成本、定额等等来协调、指挥和调节经济活动。其中根本之点，是正确运用物质利益机制。经济责任就是一种物质利益的责任。它不同于政治责任。其主要区别在于经济责任必然要引起经济后果，引起物质利益的变化。经济责任制就是强调以物质利益为基础，以物质利益为内在动力，推动企业自觉地改善经营管理，不断提高生产经营的经济效果，促进生产发展。因此，在实行经济责任制时，必须使企业和职工的经济利益同企业生产经营的经济效果直接结合起来，反对"吃大锅饭"。

实行经济责任制时，必须保证企业具有独立经营权和职工民主管理的权力。在国家统一计划的指导下，让企业具有进行独立核算、自负盈亏的经营管理自主权，成为有充分活力的社会经济细胞。

由上述可见，经济责任制包括：企业独立经营权、企业对提高生产经营的经济效果的经济责任和企业职工的经济利益同企业经济效果的直接结合。也即通常所说的权、责、利的结合。这三方面内容，是互相联系的。独立经营权是对经济效果承担责任和发挥企业生产经营积极性的前提，没有独立经营权企业就无法真正的承担经济责任，而承担经济责任又是赋于企业独立经营权的根据，不承担经济责任的独立经营权也就失去了意义。经济利益是承担经济责任的必然结果，也是企业承担经济责任的动力。如果经济责任不体现在经济利益上，承担经济责任就不能保证。

推行经济责任制，必须从实际出发，结合工业自身特点：第一，工业生产是现代化大生产，各个企业甚至企业内部的各个工段、班组及个人，是在社会或工厂的分工协作体系中进行生产劳动，社会制约性比较大。所以，国家对企业规定生产任务和包干利润时，必须主要由社会协调外部协作条件，保证为企业提供必需的原材料、动力、劳务等。第二，工业企业的生产条件是国家提供的，它有义务完成国家规定的产品、劳务和利润计划，以推动整个社会的扩大再生产。企业的剩余产品要兼顾国家、集体、个人三者利益，并以国家多得为前提。第三，工厂产品是劳动者分工协作的共同结晶，是"我们的产品"。其分配要照顾"左邻右舍"。虽然工业企业的经济效果是共同努力的结果，但是各个工段、班组和个人由于地位和职责不同，只能各负其责。因此，必须建立严格的岗位责任制。第四，工业生产过程和劳动过程是统一的，生产过程的各个环节可以采用现代化的计量手段加以测定，充分利用各种技术经济指标，考核产品数量、质量、消耗，使工人的劳动数量和质量同考核的经济效果直接结合，并进行严格的计量、统计、核算和监督。这些特点，决定了工交战线推行经济责任制，内容上要比农业丰富得多，形式上也具有自己的特点。

当前，根据工业特点和工业调整的实际步骤，经济责任制的具体内容和作法应是：

1. 国家对企业实行生产和财政任务包干。国家应明确规定企业在一定时期内应完成的主要产品品种、产量、质量、成本和利润基数任务。此项任务确定后，如果企业生产条件不是因为国家新增投资而发生的变化，就应一定几年不变。已经实行扩大自主权的企业，应继续按照试点办法实行基数利润留成增长利润分成。亏损企业、微利企业可以实行减亏包干或利润包干、超亏不补，盈余归己。有条件的小企业要逐步实行自负盈亏，以税代利。此外，还应有计划有步骤地在大中城市按行业实行利润包干。这可叫"初次性包干"，主要解决国家与企业之间的关系。

2. 企业内部对车间实行"第二次包干"，把全厂的总包干任务，分解下达各车间。厂部实行统一核算，自负盈亏，对车间则要求建成为基本核算单位，进行独立核算，按厂内价格考核盈亏，使权、责、利落实到车间。对于临时性和突击性的工作，可实行单项任务承包。各科室与车间，生产车间与辅助车间都要有明确的经济责任，克服企业内部"吃大锅饭"的现象,解决车间之间的平均主义。

3. 车间对工段、班组和个人,一般采用下达作业任务书的方式,将产品产量、质量、消耗指标(要视实际情况,任务指标可增可减)落实到班组和个人。这可谓"第三次包干"。车间内部的包干要有所成效,关键在于抓好定额管理和岗位责任制,加强班组经济核算。把责任制、考核制和奖惩制结合起来。有的企业采用分解指标,百分制考核,计分计奖,效果比较好。在有条件的生产车间和岗位,采用计件工资制或小集体超额计件制,能较好地克服职工之间吃大锅饭和平均主义。在不能实行计件工资的部门,实行浮动工资,对于打破铁饭碗更有显著作用。

4. 在有关企业之间也应明确经济责任,使原料厂与生产厂,主机厂与配件厂,生产单位与运输单位,科研机构与生产厂矿,以及各级经济组织之间,都应签订合同,使各个环节围绕着协作任务,开展增产节约、增收节支。

在推行经济责任制的过程中,必须坚持从实际出发,因地制宜。在当前来说,工作的侧重点应是:

(一)应以改革企业内部管理体制和分配办法为重点

扩权试点企业的实践说明,前一时期的改革主要解决了国家与企业、企业与企业之间的关系,但并没有解决企业"吃二锅饭"和内部平均主义的问题。这个重点正是从这个实际出发确定的。

(二)在继续解决企业的权责利相结合的同时,重点要解决如何把企业已有的权责利认真落实到车间、班组和个人

实质上就是要很好解决职工当家作主,职工如何参加民主管理企业的问题。企业扩权是比较复杂的问题,首先要考虑外部条件是否具备。在经济调整时期,扩权要为调整服务,有利于加强宏观经济的统一领导与微观经济搞活相结合。如果只顾一头,扩权就可能冲击调

整,或是纸上谈兵,不能落实。所以,把重点放在解决工人当家作主要现实得多,通过工人发扬主人翁精神,把自己的利益同工厂紧紧联系在一起。通过生产经营效果与工人分配收入直接挂钩,让人人看得见,摸得到,直观具体化。

(三)上述企业内外经济责任,以及企业内部三次性包干,重点在"第三次包干",这是落实经济责任制的基础,也是全厂包干的核心

在这里,关键是要抓好定额管理和岗位责任制,创造条件推动计件工资和浮动工资制。

(四)根据按劳分配的原则,重点在解决企业内部的平均主义,实行有奖有罚

这是社会主义分配原则的生动体现。所以,实行经济责任制时,要相应地改革奖励制度和工资制度,使经济利益真正体现按劳分配,以调动每个职工的积极性。

三、有关经济责任制的几个问题

(一)包干指标

"包"是经济责任制的基本特征。实行包干,使目标更加明确,责任更加清楚,且又简便易行,因而在激发人们积极性和创造性,促进增产增收方面能够收到速效。"包"牵涉到各方面的经济利益,必须正确规定"包"的指标和内容。利润作为企业经营活动的最终反映,应该成为"包"的主要指标,但是只包利润,有可能鼓励企业盲目追求高利产品,出现品种减少,质量下降的现象。因此,在"包"的指标上,既要有主指标,还必须配以副指标,根据不同企业、不同需要、不同的经营管理水平予以取舍。一般说来,与宏观经济关系比较大的生产活动,像提供能源、提供主要原材料的大中型骨干企业,约束要严。除利润外,还应有产量、品种、质量和合同执行指标,以保证国民经济有计划

按比例发展;任务饱满,外部协作条件较好的企业,可以只包利润或产量与质量指标;生产长线产品的企业,为了避免盲目生产,适量控制和压缩一部分生产能力是必要的。对它们在包利润指标外,还应包成本降低额、原材料消耗定额以及资金占用率等指标;任务严重不足、协作条件很差的企业,只包利润,以广开门路,找米下锅;亏损企业,在限期扭亏的前提下,实行亏损包干、减亏留用、超亏不补的办法。

包的时间,宜长不宜短。时间太短,可能发生拼设备、搞突击的现象,不利于改革的进行;同时也应具有延续性,不要中断。包干任务应贯彻稳步持续有所提高的方针。

(二)定额和岗位责任制

定额是实行经济责任制的依据,但目前普遍存在着"乱、低、旧、松"的倾向。有的企业没有定额或定额严重不全;有的把定额一压再压;有的企业定额虽然符合设计标准,但多年来设备添置、技术提高、工艺改进,定额并未相应改变;还有的随便调整定额,既可执行,也可不执行。因此,它在促进增产增收方面的积极作用远远没有发挥出来。定额是企业及其职工在一定时间内关于人力、物力、财力利用方面所应遵守的标准。凡实行经济责任制的企业,必须建立完整的技术经济定额体系,包括劳动定额、原材料消耗定额、设备利用定额、资金占用定额和费用定额等。这样,职工在生产活动中才能有具体的奋斗目标,包干才有科学的基础。定额也不能过高,过高会挫伤群众积极性。正确的原则,应根据企业的生产设备、劳动者的技术水平和熟练程度、管理水平等客观条件,参考本企业历史最好水平、同行业先进水平以及部颁标准,结合目前实际水平,制定一个大多数劳动者经过努力才能完成和超额完成的先进合理定额。它既反映已达到的水平,又反映进一步提高的积极因素,这样基础上的联产、联利计酬才有积极意义。定额一经制定，要相对稳定，切忌年年加码，鞭打快牛的作法使职工多劳不能多得，积极性不可能持久。与此同时，企业还应搞好原始记录；装配准确的计量器具，保证经济数据的真实可靠；制定合理的厂内计划价格，确保内部结算的正确性和经济责任制划分的合理性。

企业的经济责任制是一个完整的体系，不可能生产一线实行，而二线、三线不贯彻。由于二线和三线涉及面广，工作性质不同，应具体分析，采取不同办法。凡能计算经济效果的部门，如供销、财务，应下达定额，实行经济责任制。对不能计算经济效果的部门，包括各级领导干部，就要实行严格的各类岗位责任制。把企业的生产任务或各类工作的有关规定、要求，具体落实到这些部门以及每一个人，使他们的权、责、利更好地结合起来，促进全厂任务的完成。

(三)计件工资与浮动工资

目前，国营企业主要采用计时工资制。由于它是以劳动的潜在形态来反映工人可能提供的劳动数量和质量，在人们觉悟水平没有提高的情况下，往往不利于充分调动职工的劳动积极性，它不管企业和个人是否完成生产任务，这部分收入则旱涝保收，成了铁饭碗。劳动报酬和劳动成果脱节，使得同工不同酬、同酬不同工的矛盾尖锐，生产职工纷纷要求向二线、三线流动，技术水平提高缓慢。

计件工资是现阶段较计时工资更为优越的一种工资制度。因为它从劳动的凝结形态来计算报酬，较准确地反映了工人提供的劳动数量和质量，是克服平均主义的一种有效形式。过去认为，计件工资只适应于简单粗笨、相互联系不甚紧密的工种。这种观点过于机械。从目前看，一些机械化程度高、连续生产但能分出节奏的企业，同样实行了计件工资，取得了好效果。因此，生产任务饱满，协作供应条件有保证，产品销售顺畅，有先进合理定额的企业，凡能计量的工作都可以实行计件工资。计件工资有直接计件和超额计件,考虑多年习惯和定额尚不健全的情况,超额计件可能更为妥贴。

凡是不能计件的地方,应推行浮动工资制。根据各地实践情况,浮动工资有三种形式:(1)全浮动,即全部基本工资和奖金的浮动,根据企业经营效果及个人贡献大小、技术水平,重新进行分配;(2)半浮动,即保留基本工资的大部分,其余部分加上应得奖金作为浮动工资,按贡献大小进行分配;(3)小浮动,即基本工资不动,只是奖金浮动。浮动工资制是对原工资制度的一项重大改革,是贯彻按劳分配原则的更好形式,有许多优越性。它打破了固定工资的上限和下限,职工劳动好坏,企业盈亏多少,都直接影响个人收入,因此它有助于克服平均主义,改变吃大锅饭的现象。它使职工所得与其提供的成果多少、经济效益大小直接挂钩,调动了职工生产的积极性和创造性,不断提高劳动生产率。它把劳动量与经济效果结合起来,从而使每个职工既是劳动者,又是管理者,从根本上改变过去工人搞生产,干部搞管理的不合理现象,它有利于促使职工走向艰苦工作岗位,钻研技术。由于浮动的幅度,既取决于个人劳动好坏,还取决于整个企业经营效果的大小,因此与计件工资比较,它利于职工、班组、车间之间的团结、协作和配合,共同全面完成国家任务。浮动工资的三种形式各有利弊,适应不同的企业和车间。对宜于制定个人或小集体定额的,适应全浮动;对自动化联动化程度高、生产连续性、整体性强的企业,适宜半浮动;而企业的行政、后勤部门,小浮动比较合理。

(四)奖金问题

奖金是对超额劳动的报酬,在先进合理的定额基础上,付出的有效劳动越多,产量增加,消耗降低,品种增多,质量提高,综合起来表现的企业盈利增加时,个人所得就应随之增大。仅完成定额,不能得奖。现在许多企业奖金与必要劳动挂起了钩。因此完成定额、甚至有意压低定额后同样得奖。这样奖金鼓励超额劳动的作用越来越小。至于奖金以何形式发放,国家不宜硬性规定,应根据劳动和生产的特点,各时期的主攻方向来确定。比如超产奖、节约奖、质量奖、成本降低奖等单项奖。综合奖并不是唯一、最好的奖励形式。

超产有奖,减亏能否得奖,这是一个现实问题。政策性亏损,往往是为了满足国民经济某一方面的需要,而造成平均先进成本高于国家售价而发生的,它的减少,说明职工提供了超额劳动,降低了成本,减少了国家补贴数额,等于增加了利润。所以按减亏的幅度以一定的比例提奖无可争议。经营性亏损是由于企业经营管理不善造成的,但对那些长期亏损企业,并非单纯是职工不努力的缘故,往往存在一些历史的、客观的原因。如,设备不配套、未形成生产能力、技术工艺落后、协作条件很差,等等。要减少亏损,必然要在挖掘潜力、加强企业管理上下功夫,职工为改变面貌同样付出了更多劳动,因此给奖是有必要的,利于这些企业早日扭亏为盈。

(五)经济合同和经济立法

由于经济责任制强调了集体和个人利益,就有可能出现本位主义、弄虚作假、损公肥私、违法乱纪的现象,以及不执行生产计划,破坏社会再生产的顺利进行。为此,必须把相互联系的单位之间的权利和义务、相互承担的经济责任用签订合同的方式固定下来,以保证经济责任制的顺利推行。要充分发挥经济合同的组织、联系和制约作用,建立一个严密的合同体系,包括国家与企业、企业与企业、企业与个人的合同制。国家与企业的合同,主要是一次性包干的内容,有产量、品种、质量、利润和合同订货期,以及企业的产品方面、生产规模和国家为企业提供的生产条件。这样,便于明确国家与企业的经济责任,减少计划管理的盲目性。企业与企业之间的合同,主要是供应、销售、运输、加工、租赁等方面的合同,以保证双方外部生产条件的畅通。企业内部的经济合同,是指企业与车间、车间之间、车间与个人之间的合同。包括供应条件,产品和劳务的数量与质量,工艺技术条件、供应时间等。这样,才能把企业的任务协调地层层落实到车间、班组和个人。完整的合同体系才能把企业的外部与内部,内部的各环节联系起来,使得上下左右协调经营活动,从而保证企业各项经济指标的顺利实现。为了巩固和保证经济合同的顺利执行,还必须借助上层建筑的力量,建立健全经济立法和经济司法,增强人们在经济生活中遵守法律的观念和习惯。无论企业和个人,凡在实际经济活动中违犯了经济法律和条例,就构成犯法行为,应受到法律的制裁。只有这样,随意撕毁合同、片面执行合同的现象才能有效制止,才能避免经济活动中混乱现象的发生,使工业生产经济责任制充分发挥作用,取得最理想的经济效果。

原文刊于《甘肃社会科学》1981年第4期

试论所有权和经营权的辩证关系

正确处理国家同企业的关系,具体地讲就是要使全民所有制的企业,从过去作为国家行政机构附属物的地位解放出来,变成相对独立的商品生产者,在国家计划的统一领导下,能动而自主地从事生产经营活动。这就涉及对社会主义国家所有制的理解和对国家所有制形式的运用问题。

传统的观点认为,国家作为全民的代表,既是全民所有制企业生产资料的所有者,也是全民企业的经营者,即直接指挥、组织企业的生产、供应和销售活动。否则,全民所有制企业的性质就会改变。按照这种所有权与经营权统一的观点,要扩大全民企业的自主权,实行自负盈亏,让企业成为独立的经济实体,是不可能的。因此,弄清所有权与经营权的关系,是正确处理国家与企业经济关系的理论基础。所有权与经营权之间的变动,将会引起社会主义生产关系的变化,因此所有者与经营者之间的关系问题又是经济体制改革的核心问题。

所有制是指人们在生产资料占有上形成的关系。所有制不单是一个生产资料的归属问题,还有生产资料的归谁占有、归谁支配、归谁使用等问题。与此相应,所有制中也就存在着四个因素:所有权、占有权、支配权和使用权。通常,我们习惯把后三个因素统称为经营管理权。在社会主义社会,全民所有制企业中同样包括有生产资料的所有权和经营权,其中,起决定作用的是所有权。

所有权是指与生产过程相分离的生产条件的从属关系。由于它同生产过程相分离,只具有法律上的意义,因此马克思又把这种单纯的所有权称为法律上的所有权。所有权是不能让渡的。在社会主义社会,它只能由代表全体人民利益的社会中心来掌握,在现阶段,则必须由起着社会中心作用的国家来掌握。

经营权是指生产条件在使用过程中形成的生产关系。生产资料的经营权,分为社会生产经营权和企业生产经营权两部分。社会生产经营权是指对全社会范围生产的组织、指导、控制和调节的权力,这个权力无法由代表局部利益的部门和企业来掌握,只能由代表全体人民利益的国家来掌握。而企业生产经营权是指对企业内部生产经营活动的指挥、监督、运筹和决策的权力,这种微观权力应归企业。

经营权划分为宏观的社会生产经营权和微观的企业生产经营权,表明生产资料的所有权和经营权在一定程度上是可以分离的。就是说,国家在掌握所有全民企业的前提下,在对社会生产进行组织、指导和调节的基础上,除对重要的关系国计民生的大企业,国家可以直接经营(但企业也要有相当的经营自主权)外,对于绝大多数的中小型企业,应当让它们独立自主地行使经营管理权,并且使企业和职工的经济利益与生产经营的成果相联系。这种以经济利益为主要内容的所有权与经营权的相对分离,就是现阶段全民所有制的基本特点,它具体表现为生产资料所有者同经营者在责、权、利三方面关系的统一,以及企业内部责、权、利的统一。

全民所有制内部生产资料所有权和经营权的分离,以及企业握有经营权,这是社会生产力发展的必然,是商品生产中不同主体的不同物质利益的要求。

第一,它是生产力发展和生产社会化的结果。社会主义从事的生产是社会化的大生产,社会化的生产是在高度分工基础上的专业化生产,因此,各个企业的生产条件有着各自的特殊性,相互之间差别较大,企业生产活动和市场的联系越来越密切,经营管理的要求越来越细、越严。生产的发展和分工的加深,经济联系的复杂化,使得生产资料所有者的国家,直接插手庞杂纷繁的企业日常活动越来越困难,即使借助现代计算技术,也不能把握各种各样的具体经济过程,恰当地做出反应。事实上,事无巨细都由国家集中决策,国家管得越多越细,表面上是加强了管理与调节,实际上由于力不胜任,必然出现瞎指挥,给经济发展带来损失。多年来,正是由于我们把国民经济作为一个大工厂来管理,国家把宏观和微观的经营权统统掌握在自己手里,企业缺乏经济活力,尽管我们的社会主义制度比资本主义制度优越得多,却难以创造出比资本主义更高的劳动生产率。因此,只有使所有权与经营权分离,把决策权在一定程度上分散化,使企业在市场不断变化的情况下,有权直接处理生产经营活动中出现的问题,企业才能进行正常的生产活动,调动企业搞活经济的积极性,适应社会经济活动日趋复杂化的趋势,不断提高经济效率。

第二,它是由全民所有制企业的地位和性质决定的。现阶段的社会主义经济是有计划的商品经济,全民所有制企业不仅是统一的国民经济的基层生产单位,同时也是一个独立的商品生产者。作为商品生产者,各个企业必须通过市场、通过买卖发生联系,尊重商品经济的基本规律,即价值规律的要求,从而,必然要求商品生产者理应具有的权利和义务。如果企业仅仅是国家行政机关命令的执行单位,没有起码的经营权,那么,商品货币关系就无法发挥其积极的作用,不同企业的联合、劳动者之间的劳动差别和利益差别也无法实现,市场机制也只能是形式主义地存在。只有赋予各个企业必要的经营管理权,社会主义商品经济的细胞才能活跃起来,有计划的商品经济才能顺利发展。

全民所有制企业作为相对独立的商品生产者,它必须对社会承担一定的责任。这种责任归根到底就是要求它们把自己所占用的那部分生产资料和劳动力，管理好、经营好，并按照其占用的资金数量为社会创造和提供相应数量的利润。只有完成这个任务，才算尽到了社会责任。如果企业发生亏损或贡献缴纳低于其占用资金相应利润数额，就是没有尽到社会责任，只能由企业自己抵偿，不能转嫁于社会。正是要使企业负起这种盈亏的责任，所以，企业不能无偿占有国家的生产资料，国家也不能无偿调拨企业的产品。国家为了使企业真正负起上述盈亏责任，就必须赋予它们权力，这些权力就是企业作为商品生产者为实现其职能所必需的，即我们所说的经营决策权。

在社会主义全民所有制中，参加生产的主体是国家、企业和劳动者个人，三者利益在根本上是一致的，但不同的主体有不同的物质利益要求，即仍然存在着各自相对独立的物质利益。人们对物质利益的追求，是通过对生产资料所有制的关系来实现的。当存在不同主体的不同物质利益要求时，就会出现所有权与经营权的分离，通过对生产资料所有、占有、支配、使用，来分别实现他们各自的物质利益。国家代表全社会的共同利益，国家的利益主要是通过对生产资料的所有权来实现的。为了实现社会的共同利益，国家就不应该把主要精力放在直接指挥企业具体的生产经营活动上，而应该通过规划、计划、立法、司法和经济政策管理协调整个社会经济活动，实现社会的共同利益和全局利益。企业的利益主要是通过对生产资料的占有支配，通过其产品在市场上实现的程度来实现的。至于劳动者个人利益，则主要是通过对生产资料的使用来实现的。这种不同主体对不同物质利益的要求，就形成了全民所有制内部所有权与经营权的相对分离。

所有权与经营权的分离是否会改变全民所有制的性质呢？不会的。这是因为：其一，所有权与经营权的分离，并非社会主义全民所有制特有的现象。不论哪种所有制，生产资料所有权与经营权的分离，都不会改变该种所有制的性质。比如，地主把土地租给农民耕种，并没有否定封建所有制，资本家雇佣经理替他们经营生产，经理虽然掌握着经营权，但并不能改变企业的资本主义性质。事实上，判断一种所有制是否发生变化，主要看能否以其所有权获得相应的经济利益。社会主义现阶段，国家能够通过它对企业生产资料的所有权对企业的产品进行扣除，集中大部分企业利润用于社会的公共需求。可见，所有权与经营权的分离并没有改变全民所有制的性质。其二，社会主义经济内部所有权与经营权的分离，同私有制下所有权与经营权的分离是有原则区别的。在私有制下，它反映的是两个私有者之间的关系，因此，它们的根本利益是对立的。而社会主义公有制下，分离的双方是同一个所有者，它们之间既有分离的一面，又有统一的一面，国家只是代表全体劳动人民委托企业直接经营管理，授于它们占有权、使用权和支配权，而不是把企业看成是不同的所有者，把这些权力让渡出去。所以，全民所有制"两权"的分离，并不是截然分开，而是相对分离。所有权决定经营管理权，把经营权交给企业，并不等于企业的活动不受任何约束，也不是说国家一点也不控制企业的活动。企业的经营权，是它作为商品生产者赖以出现在市场上的必要的权力。正是由于生产资料的所有权与经营权能够适当分开，我们才能进一步具体划分国家和企业的权限，明确国家的经济职能和企业的经营自主权。可见，两权相对分开，绝不会影响社会主义所有制的性质，不但不会，反而是社会主义全民所有制不断完善，并向更高级的全民所有制经济过渡的必不可少的环节。

原文刊于《理论学习》1985年第4期

国家与企业之间经济关系的演变与改革

在经济体制的诸关系中,国家与企业的关系是主要关系。正确处理国家与企业的关系,也就成为经济体制改革的中心环节。长期以来,由于我们没有抓住经济体制中这个中心环节,所以,十一届三中全会以前的体制改革也就没有取得实质性突破。纵观中国工业经济管理体制的演变,深入研究体制弊病的症结所在,总结过去改革中的经验教训,寻找出正确处理国家与企业经济关系的基本原则,才有可能创造出一条适合中国国情的工业管理体制改革的道路。

一、我国工业管理体制的形成与变革

工业管理体制是国家和工业企业管理权限划分的制度,是由国家管理工业企业的理论原则和具体制度、机构设置等构成的体系,是国家和工业企业经济关系的集中表现,是社会主义生产关系在工业领域中的具体反映。在社会主义制度下,工业管理体制实际上是由国家的计划管理体制、财政管理体制、劳动工资制度等管理制度在工业领域中的特殊内容和形式所组成的。研究新型的工业管理制度——工业经济责任制,必须对我国过去的工业管理制度进行全面的评价和探讨,分析它对生产力的适应程度及其存在的弊端,加深对改革必要性和必然性的理解,正确认识工业经济责任制的优越性。

（一）我国工业管理体制的形成与发展

30 多年来,我国工业管理体制经历了一个复杂、曲折的演变过程。从它的形成、变革、完善来看，大体可分为三个阶段。

（1）高度集中阶段（1949—1956年）

建国伊始，我们没收了官僚资本主义企业，把它改成国营企业，我国国营工业管理就开始集中统一起来。当时，由于旧社会造成的通货膨胀，也由于帝国主义对我国的封锁，为了争取财政经济状况根本好转，国家不得不在全国范围内实行中央统一管理，统一领导的方针规定：国营企业的利润和折旧基金，均归中央人民政府所有；一切财政开支统一由中央财政部拨付；企业所需的生产资料由大区负责平衡，企业由各大行政区管理，各地国营贸易机构的物资统归中央贸易部指挥调度；从财政、贸易等方面开始形成了高度统一的工业管理体制。这个时期可以说是工业集中统一管理的雏型时期。

从1953年至1957年，是我国工业管理集中统一体制的成熟时期。这一时期，学习苏联管理工业的模式，进一步加强了中央集中统一领导。1954年后，国营工业企业基本上改由中央主管各部直接管理。中央各部直属大型工业企业由1953年的2800多个猛增到1957年的9300多个，占全民所有制企业总数的16%、总产值的50%。

随着国营工业企业上交国家集中管理，国家和企业的经济关系也相应地发生了一系列变化。在物资调配方面，形成以中央各部"条条为主"的计划管理体制。重要的生产资料归国家计委和中央各部统一分配，国营企业的主要生产资料统一由国家分配，产品由国家包销。在财政收入中，中央支配的约占75%，地方财权过小，无力兴办必要的地方事业，企业财权更小，利润和基本折旧基金全部上缴国家。基本建设方面，绝大多数项目由中央各部采取指令性的形式下达，基建投资的90%左右由中央直接安排。劳动工资方面，逐步扩大统包统配，向"能进不能出"、"铁饭碗"发展。地方和企业不能自行增加职工。职工工资，全国实行统一管理办法，地方和企业无权变动。

至此，一个由中央高度集权的工业管理体制完全形成。其特点是，实行以部门为主的垂直的"条条"管理，运用一套行政手段，将企业的人、财、物、供、产、销纳入中央的统一计划。

第一个五年计划期间所以形成上述工业管理体制，是有其社会历史根源的。从内因看，一是我国是一个长期受封建主义统治的国家，封建残余顽固地影响着体制。像家长制、封建等级制思想、自给自足的小农经济思想等等，在工业管理体制中就表现为热衷于把什么都统起来，实行高度集中，习惯用行政层次和行政手段管理经济，排斥商品货币关系，等等。二是受解放区和革命根据地原有经济体制的影响。革命根据地和解放区长期被分割被包围，逐步形成自我体系、自给自足和供给制的传统。这个传统一直影响到了工业管理体制，表现为供给制、统购统销、大而全、小而全等。从外因来看，是受了苏联模式的影响。当时，我们缺乏建设社会主义的系统的现成的经验，把苏联式高度集权、以行政管理为主的体制，作为唯一可行的、可资借鉴的体制。因此，在工业交通、基本建设、计划、物资分配、劳动工资管理体制等方面，照搬了苏联模式。这样，苏联模式中的主要弊病，如国家集中过多、对企业管得太死、政企职责不分等，也就搬进了我们的体制。

尽管如此，这一管理体制由于能集中全国力量保证重点建设，对有限的财力、物力和技术力量统一分配，便于搞好综合平衡和协作关系，因而，保证了一批现代化工业骨干企业的建立和社会主义改造的顺利进行。这五年中，工业生产平均每年递增18%，国民收入增长5.3%。就说明当时的体制基本适应客观需要，促进了生产力发展。

但是，随着经济发展，这种以"条条"为主的集中统一管理体制，越来越突出地暴露出许多不适应生产力发展的弊病：其一，中央集权过多，往往把一些适宜地方管理的企业划给中央，限制和削弱了地方工业的发展。其二,地方和企业的财权很小,地方企业的盈利大部分上缴国家,企业负责人的权力很小,权责分离,影响地方和企业的积极性。其三,以条条为主的垂直领导,割断了不同部门企业横向之间正常的经济联系。

(2)以分权为特点的曲折改革阶段(1957—1978年)

针对上述国家统得过多、过死的状况,毛泽东同志于1956年4月在《论十大关系》中,以苏联的经验教训为借鉴,就如何正确处理国家与企业的经济关系,作了明确阐述:第一,中央管得太多,卡得太死,不利于调动地方和企业的积极性,"应当在巩固中央统一领导的前提下,扩大一点地方的权力,给地方更多的独立性,让地方办更多的事情。"第二,国营企业应当有一定的独立性和自主权。给企业一定的自主权,这是毛泽东同志首先提出来的。他认为"把什么东西都统统集中在中央或省市,不给工厂一点权力,一点机动的余地,一点利益,恐怕不妥","不能只顾一头,必须兼顾国家、集体和个人三个方面。"根据这一精神,国家准备从1958年起,对经济管理体制进行有秩序的改革。但是由于复杂的原因,改革始终未能取得实质性进展,只是把权力的法码在中央和地方的天平上来回调整。这一阶段大体可划分为三个时期:

"块块"为主的管理体制形成时期,即1958年到1960年的大跃进时期。当时,对工业管理体制进行了一次以扩大地方权限为中心内容的改革,也即第一次大放权。除了一些重要的、特殊性质的企业外,87%的中央企业都下放给了地方管理。这样,一部分仍归中央管理的,以行业归口;一部分划归地方的,按行政区划管理,形成"条条"和"块块"相结合的管理格局,随即成了我国全民所有制经济管理的基本形式。以后工业经济管理体制虽经改革,但只在"条条"、"块块"方面移位,始终未能突破高度集权的模式。随着"块块"为主管理体制的建立,中央把大部分权力下放给了地方。地方可以调整本地的工农业生产指标,可以自己投资进行建设;物资权增大,可以调剂使用;重要产品的超产部分可以支配一部分;大部分的财政收支划给地方支配。与此同时,企业也实行了利润留成制度,可将大部分留成资金用于生产性开支;对不超过工资总额5%的部分,可用于奖励和福利补助。这是1978年以前企业得到的最大一次财权。

这次以经济权力下放为中心的改革措施,对克服中央管得太多、卡得太死的缺点起到了一定作用,在一定程度上调动了地方和企业的积极性。但同时也产生了另一方面的弊病:其一,中央下放的权力并没有给企业,大部分给了地方,企业由条条管变为块块管,仍然处于基本无权的地位。其二,对企业仍然是统收统支、统购包销、盈利亏损一个样。其三,块块为主形成了地方自给性体制,条块矛盾增多,各地向中央争投资、争物资,形成一种投资饥饿症,重复建设、盲目生产的现象十分严重,加上当时共产风、瞎指挥的影响,造成国民经济比例失调,工农业生产大幅度下降。这三年中工业发展速度降为3.8%。

恢复中央集权时期。这一时期指1961—1965年国民经济调整期间。当时针对1958年下放过头造成的混乱,重新强调"统一领导,分级管理",出现了第一次大收权。在地方管理的企业中,凡产品需要在全国范围统一调度的重点企业,重新收归中央管理,中央直属企业由1961年的2400多个到1965年增长到一万多个。1962年又取消了利润留成制度,恢复了企业基金制度。这样,大体又恢复了1957年中央集中以"条条为主"的体制,有些方面甚至比1957年集中程度还要高。在集中了国家必要的权力之后,中央决定改革工业管理体制,试图扩大企业经营自主权。1964年8月以后办起了汽车、烟草等13个托拉斯,实行独立经济核算,恢复利润留成办法。所有这些改革措施,对迅速摆脱国民经济的困境,起到了积极作用。工业生产以每年

18.9%的速度递增,各种技术经济指标都恢复或超过历史最好水平。这一时期工业管理体制的缺陷是,条条的权力过于集中,企业的自主权仍未被重视,对地方和企业的利益也照顾不够。就是说,原来体制中存在的问题并没有得到解决。

"块块"为主管理体制的鼎盛时期。这是指从1966年开始的十年动乱时期。由于林彪、江青反革命集团的干扰破坏,工业七十条、托拉斯等一些行之有效的措施统统被否定;加之备战要求,强调各地自成体系,于是进行了一次比1958年规模更大的权力下放运动。中央各部几乎把所有的直属企业,包括鞍钢、第一汽车制造厂这样一些大型骨干企业统统下放给地方,使中央企业由一万多个锐减到1978年的1600多个,在工业总产值中只占6%。同时,通过物资、财政、基本建设投资大包干的办法,让地方扩大财权、物权、投资权,扩大地方计划管理权。地方五小企业的产品归地方分配,地方企业的基本折旧基金全部留给地方支配。

这次改革形成了地区自给、既散又死的"块块为主"的工业经济管理体制。它虽然在某种程度上促进了地、县工业的发展,但带来的弊端却是严重的。其一,助长了地方狭隘的本位主义。由于全国的统一计划、生产布局、物资平衡在这个时期失去了控制,割裂了部门之间、地区之间有机的经济联系,阻碍了竞争,带来了严重的分散现象,拉长了基本战线,造成了人、财、物的大量浪费。其二,忽视了中央必要的集中,削弱了中央对地方的领导和控制。其三,大型骨干企业下放后,企业"婆婆"增多,形成多头领导,捆住了企业手脚;加之地方缺乏熟练的专业干部,瞎指挥和官僚主义作风严重,企业无法按照经济规律办事。因此,十年动乱期间,整个经济再度陷入混乱,工业经济效益很差,全国工业企业的资金利润率在1976年仅为1965年的一半,亏损企业达1/3以上。实践证明,这次改革是一次失败的尝试。

总之，从 1958—1978 年的 20 年中，由于左倾指导思想的干扰，我们在探索适合中国国情的工业管理体制方面始终没有寻找到一条正确的途径，历次改革始终是在中央与地方权力的划分上做文章，未注意运用经济组织、经济杠杆、经济法规来管理经济，未认真处理国家与企业的经济关系，企业权力过小，不论中央管企业，还是地方管企业，都没能跳出用行政办法管理企业的老圈子，自然也不可能给企业应有的经营管理自主权。因为没有抓住体制本身的症结所在，也就不可能对工业经济管理体制的改革带来实质性的变化，只能重复"一统就死、一死就叫、一叫就放、一放就乱、一乱又统"的恶性循环。

（3）以扩大企业自主权为特点的改革阶段（1979 年以来）

党的十一届三中全会以来，在指导思想上实现了拨乱反正，工业管理的理论和实践有了新的突破。认识到单纯在"条条"、"块块"关系上做文章，在中央集权和地方分权上打主意，不能解决工业管理体制中固有的弊病，主张扩大企业经营管理权力，正确处理企业和国家的经济利益，增强企业活力。因此，1978 年对国营工业企业实行企业基金办法，1979 年实行利润留成和盈亏包干办法，1980 年进一步扩大企业自主权，试行以税代利、自负盈亏办法，到 1984 年，已实行了完全的以税代利。改革使企业显示出前所未有的活力，工业生产得到了迅速发展。

（二）我国过去工业管理体制的特点和弊病

我国过去工业管理体制的基本特点是，国家用行政办法直接管理企业的生产经营活动，忽视以至排斥市场机制作用。具体表现在四大统一上：

（1）计划上的大包揽。不论大中型国营企业，还是小型地方企业，都没有计划权。它们的生产任务和基本建设，统由主管部门代为制订，用指令性计划下达，企业只能遵照执行。（2）物资上的大统配。企业生产、建设所需要的原材料和设备,统统由中央有关部门按计划分配供应;企业的产品也统统按国家规定的价格由商业部门包销或由物资部门收购。(3)财务上的大包干。企业财务实行不讲经济核算的统收统支、统负盈亏,即国营企业实现的利润统统上缴国家,亏损由国家负责拨补,需要的各种资金由国家无偿供给,国家直接控制国营企业的财务分配权。(4)劳资上的统包统配。企业需要的劳动力由国家劳动部门计划调配,职工的工资水平由国家统一规定。

管理体制四方面的高度统一,使国家管得过多、过细、过死,使企业在经营管理中处于无权、无责、无利的境地,带来以下几方面的弊病:

第一,企业成了各级行政机构的附属物,同发展商品生产的要求不相适应。在这种体制下,企业失去了相对独立的商品生产者的地位,一切生产活动都要听从中央或者地方行政机构的指挥。这些行政机构,虽然可以直接处理企业的人、财、物,指挥企业的供、产、销,但对企业的盈亏不承担任何责任。企业作为社会主义的经济细胞,有发展商品生产的责任,却缺乏计划、物资、财务、人事等方面必要的自主经营权。这种责与权的相互脱节,使企业很难从事商品生产和商品交换活动。

第二,割裂了行政系统、行政区划、经济组织之间横向的内在的经济联系,无法适应社会化大生产的要求。社会化大生产是一个有机的整体,各系统、各环节、各企业之间都是密切分工协作的关系。在商品生产的条件下,这种关系主要表现为企业之间的产销关系,而这种产销关系则通过它们之间的横向联系来实现。由于我们的企业是按"条条"、"块块"管理的,它们都是一种纵向的管理体系,因而,企业之间、行业之间、地区之间的横向内在经济联系,往往被企业纵向的"条条"、"块块"的管理体制所割裂,这影响了社会化大生产顺利实现和社会经济效益的提高。不仅如此，横向联系的梗阻，又迫使各部门、各地区力求自成体系，不实行专业化协作，搞"大而全"、"小而全"，重复生产、重复建设，封闭的体系由此而生，致使我国企业的技术进步和劳动生产率的提高受到严重阻碍。

第三，社会生产与社会需求脱节，无法满足消费者不断增长和变化的需求。由于企业的生产是国家通过指令性计划直接安排的，国家的计划又是脱离市场机制的，因此，不可能对复杂多变的社会需求做出精确反映。按照这种计划进行的生产，往往容易出现货不对路，一面产品积压，一面供不应求。同时，由于国家计划上的大包揽，使生产产品的企业对其生产任务不负任何经济责任，它考虑的只是如何完成上级计划指标，而不考虑产品的价值是否能实现，使用价值是否适合消费者的需要；加之企业也无产品销售权，无权根据市场的需要随时调节生产。因此，使本来就脱离市场需求的生产计划更加难以变化，整个国民经济处于被动状态，即需求与消费要服从生产，而不能对生产施加影响，供、产、销脱节的情况日趋严重。

第四，形成了企业吃国家"大锅饭"、职工吃企业"大锅饭"的局面，造成企业和个人不讲经济效益，责权利相互脱节，无法调动企业内部动力。国营企业作为创造国民收入的主要单位，对其实现的经营成果，不享受直接参与分配的权力，纯收入统统上交国家，基本折旧也全部和大部上交国家。企业对其经营性亏损，无论是主观原因还是客观原因造成的，都不直接承担经济补偿责任。它们所需的各种资金，都由国家无偿地供给。这样，就形成了企业吃国家"大锅饭"的弊病。与此同时，企业的职工一经录用，终身有位，不管企业盈亏，工资照发。这样，又形成了职工个人吃企业"大锅饭"的弊病。"大锅饭"使企业的责、权、利完全脱钩，企业和个人可以不关心市场，不管质量、成本、品种和技术进步。

总之,长达 30 年之久的企业无责、无权、无利的工业管理体制,从本质上讲,否定了国营企业相对独立的商品生产者存在的必要性,不承认或忽视了企业局部的经济利益,不承认企业经营和利益上的差别,把不论什么类型和规模的企业都变成了国家行政机构的附属物。因此,使它们处于外无压力、内无动力、更无活力的境地之中,束缚着工业生产力的发展。

二、国家与企业关系的改革

我国原来的工业管理体制,不符合社会主义经济发展的客观规律,与用最小的劳动消耗取得最大经济效果的经济要求相违背,严重影响着社会主义有计划商品经济的发展。多年来,虽然对这种体制作了多次变动,但都是从处理中央和地方的经济关系出发,没有在解决国家和企业经济关系这个关键问题上寻找出路,变来变去,都未切中实弊。改革经济管理体制,就是调整和改善各方面的经济关系。在全民所有制的经济中,有中央和地方的关系,国家和企业的关系,企业与企业的关系,企业与职工个人的关系,其中,国家与企业的经济关系是诸关系中最主要的关系。这个关系处理好了,才有助于其他关系的处理,调动各方面的积极性,为四化建设服务。因此,必须把改革的着眼点放在国家与企业经济关系的调整上。

(一)改革的理论依据

正确处理国家同企业的关系,具体讲,就是要使全民所有制的企业,从过去作为国家行政机构附属物的地位中解放出来,变成相对独立的商品生产者,在国家计划的统一领导下,能动而自主地从事生产经营活动。这就涉及到对社会主义全民所有制的理解和全民所有制形式的运用问题。按照传统观点,国家作为全民的代表,既是全民所有制企业生产资料的所有者,也是全民企业的经营者,即直接指挥、组织企业生产、供应和销售的活动。否则，全民所有制企业的性质就会改变。按照这种所有权与经营权统一的观点，要扩大全民企业的自主权，实行自负盈亏，让企业成为相对独立的经营实体，是不可能的。弄清所有权与经营权的关系，是正确处理国家与企业经济关系的理论根据。所有权与经营权之间的变动，将会引起社会主义生产关系的变化。因此，所有者与经营者之间的关系问题，是经济体制改革的核心问题。

所有制是指人们在生产资料占有上形成的生产关系。所有制不单是生产资料的归属问题，还有归谁占有、归谁支配、归谁使用的问题。与此相应，所有制中就存在着四个因素：所有权、占有权、支配权和使用权，通常我们把后三个因素统称为经营管理权。社会主义的全民所有制同样包括生产资料的所有权和经营权，其中，起决定作用的是所有权。

所有权是指与生产过程相分离的生产条件的从属关系。由于它同生产过程相分离，只具有法律上的意义，因此马克思又把这种单纯的所有权称为法律上的所有权。所有权是不能让渡的。在社会主义社会，它只能由代表全体人民利益的社会中心来掌握，在现阶段，只由起着社会中心作用的国家来掌握。

经营权是指生产条件在使用过程中形成的生产关系。生产资料的经营权分为社会生产经营权和企业生产经营权两个部分。社会生产经营权是指对全社会范围生产的组织、指导、控制和调节的权力，这个权力无法由代表局部利益的部门或企业来掌握，只能由代表全民利益的国家来掌握。而企业生产经营权是指对企业内部生产经营活动的指挥、监督、运筹和决策的权力，这种微观权力应归企业。

经营权划分为宏观的社会生产经营权和微观的企业生产经营权，表明生产资料的所有权和经营权在一定程度上是可以分离的。就是说，国家在掌握全民企业所有权的前提下，在宏观方面对社会生产进行组织、指导和调节的基础上，除对重要的关系国计民生的大企业，国家可以直接经营（但企业也要有相应的经营自主权）外，对于绝大多数的中小型企业，应当让它们独立自主地行使经营管理权，并且使企业和职工的经济利益与生产经营的成果相联系。这种以经济利益为主要内容的所有权与经营权的相对分离，就是现阶段全民所有制的基本特点，它具体表现为生产资料所有者同经营者通过协调责、权、利三方面关系达到的对立统一，以及企业内部通过层层分解达到责、权、利的对立统一。

全民所有制内部生产资料所有权和经营权的分离，企业握有经营权，这是社会生产力发展的结果，是商品生产中不同主体对物质利益的不同要求。

第一，它是生产力发展和生产社会化的结果。社会主义社会从事的生产是社会化的大生产，社会化的生产在高度分工基础上的专业化生产。因此，各个企业的生产条件有着各自的特殊性，相互之间差别较大，企业生产活动和市场的联系密切，经营管理的要求越来越细、越严。生产发展和分工的加深，经济联系的复杂化，使得国家直接插手庞杂纷繁的全民企业日常活动越来越困难，即使借助现代计算技术，也不能把握各种各样的具体经济过程，恰当地作出反应。事无巨细地都由国家集中决策，国家管理得越多越细，表面上是加强管理与调节，实际上由于力不胜任，必然出现瞎指挥，给经济发展带来损失。多年来，正是由于我们把国民经济作为一个大工厂来管理，国家把宏观的和微观的经营权统统掌握在自己手里，企业缺乏经济活力，尽管社会主义制度比资本主义制度优越得多，这种优越性却未能充分发挥出来。因此，只有使所有权与经营权分离，使决策权在一定程度上分散化，使企业在市场不断变化的情况下，有权直接处理生产经营活动中出现的问题,企业才能进行积极的生产活动,适应社会经济活动日趋复杂化的趋势,不断提高经济效益。

第二,它是由我国现阶段社会主义经济的性质决定的。现阶段的社会主义经济是有计划的商品经济。全民所有制企业不仅是统一的国民经济的基层生产单位,同时也是相对独立的商品生产者。作为商品生产者,各个企业必须通过市场、通过买卖发生联系,尊重商品经济的基本规律——价值规律的要求,从而,必然要求商品生产者理应具有的权利和义务。如果企业仅仅是国家行政机关命令的执行单位,没有起码的经营权,那么,商品货币关系就无法发挥其积极的作用,不同企业的联合劳动之间的劳动差别和利益差别也无法实现,市场机制也只能形式主义地存在。只有赋于各个企业必要的经营管理权,社会主义商品经济的细胞才能活跃起来,有计划的商品经济才能顺利发展。

既然全民所有制企业是相对独立的商品生产者,它们就必须对社会承担一定的责任。这种责任归根到底就是要求它们把自己所占用的那部分生产资料和劳动力,管理好、经营好,并按照其占用的资金数量为社会创造和提供相应数量的利润。只有完成这个任务,才算尽到了社会责任。如果企业发生亏损或低于其占用资金应贡献的利润数额,没有尽到社会责任,就只能由企业自己抵偿,不能转嫁于社会。正是要使企业负起这种盈亏的责任,所以,企业不能无偿占有国家的生产资料,国家也不能无偿调拨企业的产品。国家为了使企业真正负起上述盈亏责任,就必须赋予它们权力,这些权力就是企业作为商品的代表者实现其意志所必需的,既我们所说的经营决策权。

在社会主义全民所有制中,形成生产过程的主体是国家、企业和劳动者个人。三者的利益在根本上虽是一致的,但不同的主体有不同的物质利益要求,即仍然存在着各自相对独立的物质利益。人们对物质利益的追求,是通过对生产资料所有制的关系来实现的。当存在不同主体的不同物质利益要求时,就会出现所有权与经营权的分离,通过对生产资料所有、占有、支配、使用,来分别实现各自的物质利益。国家代表全社会的共同利益,国家的利益主要是通过对生产资料的所有权来实现的。为了实现社会的共同利益,国家就不应该把主要精力放在直接指挥企业具体的生产经营活动上,而应该通过规划、计划、立法、司法和经济政策去管理协调整个社会经济活动,来实现社会的共同利益和全局利益。企业的利益主要是通过对生产资料的占有、支配,通过其产品在市场上实现的程度来实现的。至于劳动者个人利益,则主要是通过对生产资料的使用来实现的。这种不同主体对不同物质利益的要求,就形成了全民所有制内部所有权与经营权的相对分离。

社会主义经济内部所有权与经营权的分离,同私有制下所有权与经营权的分离是有原则区别的。在私有制下,它反映的是两个私有者之间的关系,它们的根本利益是对立的。在社会主义公有制下,分离的双方是同一个所有者,它们之间既有分离的一面,又有统一的一面;国家只是代表全体劳动人民委托企业直接经营管理,授于它们占有权、使用权和支配权,而不是把这些权力让渡出去。所以,全民所有制"两权"的分离,并不是截然分开,而是相对分离。所有权决定经营管理权。把经营权交给企业,并不等于企业的活动不受任何约束,国家一点也不控制企业的活动。企业的经营权,只是它作为商品生产者赖以出现在市场上的必要的权力。正是由于生产资料的所有权与经营权能够适当分开,我们在改革中才能进一步具体划分国家和企业的权限,明确国家的经济职能和企业的经营自主权,实现决策结构在宏观和微观两个方面的最优结合,促进生产力的迅速发展。

所有权与经营权的分离是否改变全民所有制的性质呢? 不会的。

这是因为：其一，所有权与经营权的分离，并非社会主义全民所有制特有的现象，不论哪种所有制，生产资料所有权与经营权的分离，都不会改变该种所有制的性质。比如，地主把土地租给农民耕种，并没有否定封建所有制。资本家雇用经理替他们经营生产，经理虽然掌握着经营权，但并不能改变企业的资本主义性质。事实上，判断一种所有制是否发生变化，主要看能否以其所有权获得相应的经济利益。社会主义现阶段，国家能够通过它对企业生产资料的所有权，对企业的产品进行扣除，集中大部分的企业利润用于社会的公共需求。可见，所有权与经营权的分离并没有改变全民所有制的性质。其二，企业的经营权虽然由企业自主进行，但社会主义企业拥有的经营权同资本主义企业完全独立的经营权还是有很大区别的。社会主义企业的经营活动受社会经营权的制约，比如通过法的形式规定企业的经营目的、生产方向，以及应完成的净产值等，这样，就有利于把企业的经营活动纳入社会生产的整体，使它具有全民的公共性。总之，当生产资料的所有权与经营权相对分离后，不影响全民所有制的性质。不但不会，反而是社会主义全民所有制不断完善，并向更高级的全民所有制经济过渡的必不可少的环节。

（二）改革的主要内容

生产资料所有权与经营权的相对分离，意味着国家和企业在国民经济生产中的地位和作用是不一样的。在全民所有制经济关系的完整体系中，国家处于主导地位，它是通过规划、指导、调节、监督和服务，来发挥其主导作用的；企业是经营的主体，处于基础的地位，它是通过作为自主经营、自负盈亏的商品生产者来实现其基础作用的。因此，我们应该根据国家和企业所处的地位，按照所有权与经营权分离的原则，正确划分国家和企业的经济权限，把应属于企业的权力归还给企业。这是调动企业生产经营积极性的重要方面，是解放企业的生产力,也是改革国家与企业关系的主要内容。

社会主义的经济体制,既要使宏观经济保持平衡,又要使微观经济充分活跃,使二者有机地结合起来。划分国家与企业的决策权必须遵循以下原则。

第一,宏观经济决策权属于国家,微观经济决策权基本属于企业。

第二,扩大再生产的决策权大部分归国家,简单再生产及部分扩大再生产的权力归企业。关系当前宏观经济平衡,又关系未来国民经济发展方向、经济结构、技术进步的扩大再生产权由国家掌握。企业内部的更新改造、内含挖潜以及一部分外延性扩大再生产的决策权,由企业自主安排,以发挥企业的主动精神,灵活地适应不断变化的情况。

第三,分配权国家可以控制的多一些,生产权要更多地下放给企业。国家的决策权主要体现在剩余产品的分配上。企业创造的纯收入主要用于增加工资、社会福利事业和扩大再生产投资,它们分配是否得当,关系宏观经济能否保持平衡,因此主要应由国家控制。同时,为了发挥国家用经济手段调节经济过程的作用,也需要把大部分纯收入集中在国家手中。至于企业在生产方面的决策权,国家则不宜过多干涉。

根据国家与企业分权的原则,扩大企业的经营管理自主权,应该包括人财物和产供销各个方面,以保证企业在生产、流通、分配和消费领域的活动能正常进行,取得最好的经济效果。企业权力的完整性,是为了适应它相对独立商品生产者的地位。从生产过程看,企业要做好生产力三要素的最佳结合,就必须有对固定资产、流动资金的增减权和劳动力的选择使用权。从流通过程看,企业为使产品能迅速进入市场销售,设备、材料能及时购进,就应该有在国家指导下,选择生产资料的权力和产品买卖的权力。从分配过程来看,为了满足企业自身利益的需要,就应该有在完成上缴税利的任务后,留用其余利润的权力,并根据国家的有关规定,用于职工个人消费和企业发展。从再生产全过程看,社会主义企业的生产是扩大再生产,它应该具有根据自己经济力量和市场需要的变化不断进行扩大再生产的权力。企业只有具备这些在生产资料的占有、支配和使用方面的权力之后,才会成为真正的相对独立的商品生产者。

国营企业的经营管理自主权,具体表现在计划、销售、价格、物资、资金、工资奖金、人事等各方面,概括来讲有如下几种:

经济计划权。企业在国家计划指导下,应该有权按照市场需要,根据企业的生产能力和原材料的供应状况制订自己的生产经营计划。在计划执行过程中,随着供需情况的变化调整企业计划;对于国家指令性计划外的产品的产量、品种、规格,应有企业自己的计划权和调整权。同时,企业应有权同其他企业签订经济合同,以保证其计划的实现和产品的销售。国家应尽可能运用经济杠杆,引导企业实现国家计划,以便使国家计划与企业计划结合起来,使社会的共同意志与企业的意志能够很好地协调一致。

资金支配权。企业应当有权支配和运用占用的资金来实现自己的经济计划。企业对其创造的纯收入,在上缴国家规定的税利后,有权留用其余的部分,用于企业的生产发展以及职工的福利和奖励。有权运用基本折旧基金对固定资产进行技术改造,允许企业将基本折旧基金、大修理基金、生产发展基金捆在一起统筹安排,以解决更新改造、技术进步方面的关键问题。经过批准,企业还应该有权处理多余的,不适用的固定资产。同时,还应当允许企业在国家的监督下,运用资金以扩大再生产。

生产资料和产品的购销权。企业应当有权根据生产需要选购原材料和机器设备,通过市场采购物资;也应该有权销售指令性计划外自己生产的产品,诸如企业分成的产品、国家计划外超产的产品、试制的新产品、购销部门不收购的产品以及库存积压产品;同时,企业在购销生产资料和自己的产品时,按国家规定的幅度,对一些产品有自行定价的权力。有的企业还应有对外贸易的权力。这些权力都是企业进入流通领域时所必需的。

劳动工资和人事权。企业应当有权根据自己的特点选择工资形式,根据企业的生产经营状况和各个劳动者贡献的大小,对工资和奖金作出具体的规定;还应当有权按照生产的特点和实际需要,自行确定机构设置和人员配备;有权任命中层领导干部;有公开招工、择优录用的权力,可以处分乃至开除违犯劳动纪律,造成重大经济损失的职工。

企业经营管理的自主权是一个完整的体系。上述几个方面的权力虽然各有一定的作用,但它们之间都是相互依存、相互促进的。对于不同的企业来说,各种权力的大小多少又有所不同,全民所有制企业只是相对独立的商品生产者,它们的权力同它们的责任一样,也是相对的。企业生产经营自主权的大小,要应由它对国家所承担的经济责任来决定,即以责定权。企业对盈亏承担的责任越大,其经营自主权相对就应该越大;反之,经营自主权就应该较小。总之,企业的权力,要有利于使它成为相对独立的经济实体,有利于不断提高自身的素质和经济活力,有利于实行盈亏责任制或自负盈亏。

在企业经营管理自主权中,最基本最主要的是财权。财权集中地体现了企业的经济利益。这是因为:其一,国家把一定数量的固定资金和流动资金交给企业,企业就必须按它所占用的资金数量,为国家创造和提供相应数量的利润。在保证国家主体利益的同时,企业也应有自己的经济利益,按照完成任务好坏,有差别地留用一定的利润。企业只有增进国家的利益,才能取得自己的利益,只有保证自己的利润,才能促进国家和企业利益的不断增长。其二,全民所有制的企业在进行相互之间的经济交往时,根据等价交换的原则,也要求个别劳动消耗较低的企业有自己的经济利益。其三,企业相对独立的地位决定着职工个人的收入和集体福利,不仅取决于职工个人劳动的质和量,同时还取决于企业生产经营的好与坏。生产经营好,盈利多的企业,职工收入和集体福利就应该多;反之,则应当少。可见,从实行按劳分配的原则来讲,也必须承认全民所有制企业有独立的经济利益。这种由国家与企业之间、企业与企业之间、企业与个人之间经济关系形成的企业自身的经济利益,正是全民所有制企业相对独立商品生产者地位的体现。只有承认并赋于企业独立的经济利益,承认各个企业由于经营好坏不同而形成的经济利益上的差别,才能使价值规律通过对经济利益的调节来有效地发挥作用,促进企业改进技术,改善管理,推动生产力的更大发展。经济利益是责任和权力的结合点。企业承担的任何责任,归根到底是保证和促进社会的共同利益,即表现为创造和提供一定数量的利润的责任。而权力,归根到底是为了保障这种共同利益给予企业必需的权力,以及在保证共同利益前提下企业和职工取得相应经济利益的权力。权、责、利三者关系中,利是基础,是扩大企业自主权中的物质内容,没有企业的经济利益,没有保证这种利益的财权,就无法实现企业经济责任、经济权力、经济利益的统一,其他的一切权力就失去了实际意义。可见,扩权中财权是首要的权力。利润留成权是财权的具体体现。因此,在扩权中,首先要扩大这方面的权力。利润留成权应当是企业自主权的核心。

当然,企业只有利润留成权,而无其他方面的权力,或者其他方面的权力不能与之配套,这个权力也是难以真正实现的。比如,企业不能根据市场的需要安排生产,没有物权买不到需要的物资,没有销售权积压的产品卖不出去,都影响企业利润的实现。因此,扩权中既

要从实际出发注意它的层次性,更要重视权力之间的同步配套性。在扩大企业财权的同时,也适当扩大其他经营管理方面的权力。

(三)扩大企业自主权与工业经济责任制

扩权同工业经济责任制是既有联系又有区别而又相互制约的关系。一般来讲,扩权是工业经济责任制的前提和准备,工业经济责任制是扩权的继续和完善。

工业经济责任制是责、权、利相结合的经营管理制度。推行这个制度,自然需要企业拥有一定的经营自主权,独立的经济利益和明确的经济责任。没有企业权力这个前提条件,责任制就无从谈及。扩大企业自主权正是给企业创造了这个条件,因而才有可能实行经济责任制。权利和义务总是相互联系的。正如马克思所说:"没有无义务的权力,也没有无权力的义务"[①],自主权仅是一种手段,其目的是为了发挥企业改善经营管理的主动性和劳动者关心企业经营成果的积极性,明确自己的经济责任,更好地完成企业所承担的各项任务。但是,权力自身不可能自觉地保证义务的完成。没有一套制度来协调处理权利、义务、利益之间的关系,就有可能发生滥用权力而不履行义务的现象。因此,要使扩大的权力有益于保证义务的完成,也就必须实行责权利相结合的经济责任制度,以法定形式来处理好它们之间的关系。

企业的经营自主权不仅是一个质的概念,而且也有量的概念,对不同的全民所有制企业其经营自主权应该有所不同。那些有关国家经济命脉和与人民生活密切相关的大型骨干企业,国家下达给企业的指令性产品计划较多,相应地许多外部条件要国家来保证,企业的

---

①《马克思恩格斯全集》第16卷,第16页。

自主权相对就应当小些。那些规模小、资金不多、供产销以市场调节为主的企业,自主权就应该大些。而其他大多数企业,其自主权就应当介乎上述二者之间。这些权力在量上的差别,也只有通过不同形式的工业经济责任制才能得到恰当的反映和体现。

从我国的实际情况来看,赋予企业经营管理自主权有两方面的含义:一是还权,二是扩权。还权是把集中在主管部门的企业最基本的权力归还给企业,而扩权是随着整个国民经济体制的改革和社会主义商品生产的发展,进一步扩大企业自主经营的权力。这不是一蹴而就能够解决的,而是需要经过实践逐步完成的,也就是要通过不同形式的经济责任制来实现。国家自 1979 年下达在试点企业扩大自主权的通知,直到 1984 年 5 月才公布《关于进一步扩大国营企业自主权的暂行规定》,正说明了扩权实践过程中的阶段性。

只有在随着工业经济责任制的形成、发展、成熟、完善的过程中,企业的自主权才能由部分到全面、单一到整体、最终扩大到一个相对独立商品生产者应拥有的一切权力。因此,企业权力的扩大是逐步完成的。首先,实行利润留成责任制,相应扩大企业在利润留成、产品销售方面的权力;接着推行经营承包责任制,扩大计划安排、扩大再生产、人事劳动等方面的权力;最后实行以税代利、自负盈亏责任制,打破部门、地区的条块束缚,进一步扩大企业应当具备的一切经营管理权力,使它真正能在国家计划的指导下,独立地进行生产经营活动。

三、建立国家与企业经济责任制的原则

国家与国营工业企业的经济关系,是工业经济责任制包含的最主要关系,也是城市经济体制改革的首要问题。国家与企业经济关系的实质,是解决企业吃国家大锅饭的问题。正确解决这一问题,才有助于妥善解决企业与职工之间的关系,即职工吃企业大锅饭的问题。

要正确处理国家与企业的经济关系,必须坚持国家、企业、职工个人利益三兼顾原则,责、权、利统一原则,不同企业利益差别性原则,责任双向性原则。

(一)国家、企业、职工三兼顾原则

经济责任制中国家与企业的关系,可以分解为生产资料的所有者与占用者、使用者的关系,也就是宏观管理与微观经营者、企业劳动者之间的关系。正确处理国家与企业之间的关系,主要是正确处理国家、企业和职工三者之间的经济利益关系。要处理好这一关系,必须坚持国家、企业、职工三兼顾原则。三兼顾原则包括四个方面的内容:(1)在计划管理中,国家既要从全局和长远利益出发,考虑国家的利益和需要,同时也要根据企业的实际与可能,进行统筹兼顾、合理安排;(2)企业在生产经营中,既要保证国家计划任务的实现,又要根据自己的生产能力和市场要求,生产计划外产品,行使经营自主权;(3)在对企业盈利进行分配时,做到"国家得大头,企业得中头,职工得小头";(4)当国家利益与企业、职工个人利益发生矛盾时,应该把国家利益放在首位,企业和个人利益必须服从国家利益。

三兼顾原则是处理国家与企业关系的基本原则。这一原则是由国家、企业和个人三者在社会主义再生产中所处的地位,以及三者的利益具有统一性和差别性的内在联系所决定的。

第一,国家、企业和个人在社会主义再生产中的地位、作用的一致性。社会主义物质再生产和社会主义生产关系再生产,是由国家、企业和职工这三个主体同时采取不同的方式进行才得以实现的。国家是全民所有的生产资料的代表者,担负着在全社会范围内组织、协调联合劳动,控制全社会再生产的重大比例关系,实现有计划生产,以满足社会全体成员日益增长的多种需要的职能。国家利益集中代表了全体人民和全社会的总体长远利益,维护、尊重和实现这一利益,就是保护、发展全民所有制的生产资料。国家利益的实现过程,就是社会主义生产关系和社会物质再生产相统一的过程。然而,全社会的联合劳动都是由许多局部的企业的联合劳动构成的,企业是社会主义经济细胞,是社会生产的基层单位,是全社会范围联合劳动,整个国民经济按比例、有计划发展的基础。企业的任务在于生产丰富多样的产品,满足全体社会成员的需要,不断巩固和壮大全民所有制物质基础。企业的联合劳动和任务是由企业职工来完成的,职工的劳动是社会总劳动的一部分,是为实现企业和社会主义再生产服务的。因此,从社会主义再生产过程来看,职工—企业—国家是一个不可分割的整体;从联合劳动的类型来看,岗位联合劳动—企业经营联合劳动—国家组织管理社会联合劳动,也是一个有机整体。这种有机联系表明,国家、企业和职工的管理、经营和劳动的最终目标是一致的,国家、企业和职工之间不存在根本利害冲突,它们的经济利益具有一致性,建立在根本利益上的一致性是实行三兼顾原则的首要依据。

第二,国家、企业和职工利益的相互制约性。在工业经济责任制中,存在着国家利益、企业利益和职工利益这样的经济利益结构,这是生产资料全民所有制在经济利益上的反映及实现方式。国家是生产资料所有者,它的利益就是全民和全局利益;企业是生产资料的占有者,它必须对国家交付的生产资料及其经营效果负责,它的利益是同国家要求的自负盈亏联系的,是局部的本位利益;职工是生产资料的直接使用者,在完成国家下达给企业,然后分解给岗位的各种经济、技术指标的前提下,用自己的劳动"交换"企业分配的个人收入,职工利益主要是个人利益。在工业经济责任制中,这三种利益既是不可分割的,又是相互制约的。利益不可分就是利益结构的整体性。国家利益中包括了企业、职工的利益;任何经济活动都能体现国家、企业和职工的利益关系;无整体的局部和无局部的整体,都是不存在的。利益的相互制约是利益结构整体性的另一种表现形式，即三者利益的矛盾统一性。当国家利益受到损害时，企业和职工的长远利益也将受到损害；当企业和个人利益受到损害或不能实现时，国家和整体利益也或迟或早地要受到影响。在一定的经济利益分配中，必须保持一个适度比例，如果比例不当，企业、个人多了，国家所得自然就少了。可见，三兼顾原则是国家、企业和职工利益内在矛盾统一性的外在形式。

第三，国家、企业和职工利益的特殊性。由于国家，企业和职工在社会主义生产关系，在社会物质再生产中所处的地位不同，因而，它们的利益又具有特殊性。国家在全社会范围内对全部生产资料和劳动力进行分配、计划和管理，不断扩大社会主义物质生产部门，从事文化、科学、教育建设，建立社会储备和福利，维持国家机构和军队等等，所负使命重大，所需资金财力甚多。因此，在处理三者利益关系时，要把国家利益放在第一，在分配数量方面，要保证国家多得，占的比例大。企业是相对独立的生产经营者，肩负着完成国家计划，自负盈亏地从事生产经营的任务，不仅要不断扩大再生产，还要不断为国家提供积累，同时，要增加企业利润留成，在发展生产的基础上来逐步改善职工生活，提高职工收入水平。因此，企业利益是联系国家和个人利益的中介，是国家利益和个人利益的基础。在处理国家、企业和个人的经济利益关系时，企业利益要放在次于国家的重要位置上，在利润分配上，要保证得"中头"。职工个人利益无论在范围上、在作用及数量上，都比国家和企业要小要少，因而在企业利润分配中只能占"小头"。三者在利益方面的特殊性是三兼顾原则中区别对待、实行有差别性处理的依据。

在实行国家与企业的经济责任制中，三者利益的矛盾是经常出现的，忽视国家利益或损害企业、职工利益的情况都是有的。运用三兼顾原则,对于解决这些矛盾,协调三者之间的关系,能起到很好的作用。

(二)责权利统一原则

责权利统一是工业经济责任制的重要特征,也是处理国家与企业之间关系的准则。所谓责权利统一,包括以下几层含义:国家和企业都有各自的经济权力,各自的经济责任和经济利益;国家与企业的不同的责、权、利要相互适应,有什么样的经济责任,就应拥有什么样的经济权力,就该得到什么样的经济利益;责、权、利三者不可分割,有责有权无利不行,有责无权无利也不行。责权利统一是国家与企业之间的对立统一关系的反映。

在工业经济责任制实行过程中,造成国家与企业之间责权利的矛盾,主要有两个方面的原因:一是工业经济管理体制改革是逐步进行的,给企业"松绑"、放权、扩权,有一个由小到大,由少到多的过程。这个过程既同经济体制改革的过程一致,也跟人们对这一问题的认识过程一致。长期以来,在国家与企业关系中存在的主要问题是国家权大责小,企业责大权小,因而扩权、"松绑"就成为解决这一矛盾的关键。但是,扩权又不能一下扩得很大,"松绑"也不是国家撒手不管,究竟扩到什么程度,只能在探索中寻找它们的适合度。改革以前主要存在着责权利分离的矛盾,改革过程中则主要是责权利不适应的矛盾。其二是还没有建立宏观决策责任制前,国家主管部门容易滥用经济权力,甚至动用行政权力不适当地干预企业经营,即使造成经济损失,也不承担经济责任,因而挫伤了企业和职工的积极性。解决国家与企业之间的关系,使责权利的矛盾统一起来,一个重要措施就是要建立宏观决策责任制。宏观决策责任制是避免失当干预和失误决策的责任制度,是主管部门,包括部、局等与企业有隶属关系的管理机构,对企业的计划、管理等方面负责,使其对企业的管理权力与其对企业应负的责任协调起来，它应包括在工业经济责任制的体系中。

当然，在贯彻责权利原则中，也应该防止责权利之间不对应的情况。无论是责大权小，或者是责小权大都是不允许的。在实行工业经济责任制过程中，曾出现过两种倾向，一是国家（主要是主管部门）不放权，使企业权小或无权，影响自主经营；二是企业与国家争利，出现责与利不适应的情况。遵循责权利统一的原则，有助于克服种种责权利相矛盾的状况，使国家与企业之间的关系建立在具有制约力的基础上。

（三）不同企业的利益差别性原则

由于各个企业占有生产资料的数量、质量不同，生产规模，产品性质以及经营水平等方面存在差异，因而在处理国家与企业之间的关系时，应该贯彻不同企业的利益差别性原则。利益差别性原则就是国家对不同企业采取不同的税种、税率，实行有区别的留利以及其他不同的工资、奖励等经济政策，以鼓励先进，鞭策后进，促进或限制某些部门或产品的发展，就是利用经济手段实现社会主义基本经济规律的要求，使国民经济有计划、按比例地发展。

实行利益差别性原则是处理不同企业同国家关系的正确原则。这一原则首先承认各个企业的差别，因而实行区别对待的方针，对于因客观条件优越而形成级差收入的企业，国家要通过税收等手段收缴、剔除；对于靠企业主观素质而提高经济效益的企业，要鼓励它们先富起来，其职工工资、奖金也应高于一般企业，允许一部分经营好的企业及其内部劳动好的职工先富起来，是利益差别性原则的重要方面。这一原则，是处理国家与企业间经济关系的实事求是的原则。

应当指出，一部分企业先富起来是在不平衡中实现的，不同企业致富程度和时间都是不同的。正如胡耀邦同志指出的，"富是波浪式前进的。"①要承认这个差别,要允许有差别,彻底打破那种企业之间的平均主义"大锅饭"。企业之间、个人之间收入的差别,是建立在劳动差别和经营差别的基础上,建立在管理人员和生产人员个人积极性的发挥上,而不能依赖优越劳动条件的占有等外部客观条件上。所以,用利益差别性原则处理好横向左邻右舍的经济关系,是处理好国家与企业关系的重要一环。

(四)责任双向性原则

在全民所有制企业内部,国家同企业的关系是二重的。国家一方面以政权身份,行使它对社会经济组织、生产经营单位的管理职能,另一方面又以生产资料所有者的身份来行使上述权力。国家的双重职能性质体现在计划管理、工商行政管理等宏观控制和调节之中,也体现在征收企业剩余产品的关系之中。特别是企业向国家上缴的剩余产品中,它实际上是由两部分组成,其中一小部分是国家以政权身份,为了维护国家机器的运转,向企业强行征收的一部分税收,这一部分相当于过去的工商税,它同集体企业上缴的税收的性质是一样的,是每一个生产单位向国家必尽的义务。另一部分是国家以生产资料所有者的身份,行使对生产资料的所有权,向生产资料的经营单位收缴的剩余产品。由于全民所有制企业归全体人民所有,作为生产资料所有者代表的国家,就有权把自己企业的大部分利润收缴上来,用于全社会的需要。过去,这一部分是以上缴利润的形式体现的,利改税后,改为各种税收,形式虽然发生了变化,其实质是一样的。

由于国家的政权身份和所有者身份这两种身份,在国家同企业发生关系时,除了有领导与被领导的关系外,还因为企业是相对独立

①《人民日报》1984年4月16日。

的商品生产者，国家同自己的企业发生关系时，也是商品货币的关系。目前我们强调企业与企业之间的经济关系是商品货币关系，实际上是因为国家与企业的关系中有商品货币关系存在的缘故，如果这个关系是单纯的产品关系，企业与企业之间的商品货币关系也就没有存在的基础。我们强调解决好了国家与企业的关系之后，企业与企业的经济关系就能迎刃而解，正是这个道理。

既然国家同企业之间有商品关系，国家对自己的企业又采取不同的决策方法，有的企业，国家对其生产规模、经营目标和技术改造的决策成分大；有的企业，国家决策的成分小。因此，不但要求不同企业向国家承担不同的责任，同时也应当要求，当国家的决策、指挥失误，如下达的指令性产品计划不符合市场的需要，应该给企业提供的进行正常生产活动的物质技术条件无法实现，从而给企业造成经济损失时，代表国家对企业管理的部门就应当承担相应的经济责任。这种国家与企业之间经济责任上的双向性原则，与它们利益上的整体与局部性，权力上的集权与分权性是一致的、统一的，共同组成了国家与企业责、权、利的协调完整的体系。责任上的双向性，要求企业的主管机关和有关业务部门，改变过去那种认为只有自己管理企业才是最理想的观念，从而把能下放给企业的权力尽量下放给企业；同时，建立主管领导机关和领导者本人的经济责任制。凡在领导企业中做出成绩的单位和领导，就应给以必要的奖励，反之，则应当受到一定的经济惩罚。

为了使企业对自己经营管理的经济效益负责，在企业与国家之间以及企业内部，必须建立严格的经济责任制，根据它们决策权力的大小，实行不同程度的盈亏负责制。

原文载于《中国工业经济责任制概论》甘肃人民出版社 1986 年版

试论利改税制度及其完善

一

利益的正确分配是经济责任制的主要内容。分配得当,符合社会主义生产关系的要求,就能激发企业的动力和活力,促进生产的发展;分配不当,则会挫伤企业的积极性,束缚生产的发展。国营企业实行以税代利,其实质就是剩余产品在国家、企业、个人之间按照什么原则和方式进行分配的问题。正因为这种形式使企业纯收入的分配,既服从了国家计划经济和宏观决策的需要,又适应了企业相对独立的商品生产者的地位,符合社会主义生产关系的要求,因此,尽管只是把上缴利润改为上缴所得税,却使工业经济责任制和其他经济体制的改革发生了深刻变化,带来了许多好处:

第一,保证了国家财政收入的稳定增长。这几年,国家的财政收入并未随着企业生产的增长而上升,以 1982 年与 1978 年相比,国营民用工业总产值每年递增 6.1%,实现利润每年递增 5.3%,而上交国家的利润却递减 1.5%。企业上缴利润由过去占财政收入的一半降为现在的三分之一左右。企业入库利润不到实现利润的一半。国家财政赤字,企业相对宽裕,近 5 年中企业的留利达到 420 亿元,留利水平由 1980 年的 11.9%,上升到 1981 年的 13.2%,1982 年又上升到 15%。这样,国家财力在很大程度上失去了稳固的基础,不能有效地保证国家集中财力的需要,影响重点建设的发展。而以税代利具有强制性和固定性。国家首先通过所得税把企业利润拿走一部分,这部分的比重将由过去占国家预算收入的50%上升到80%,从而使财政收入的大部分得到法律的保障,再加上税后利润与企业的分成,就使企业剩余产品的大部分掌握到国家手里,保证了国家财政收入的及时、稳妥、可靠,维护了社会整体利益的需要,并有助于处理好国家、企业、劳动者个人三者利益的结合。

第二,有利于完善企业内部的经济责任制,推动企业向真正相对独立的经济实体过渡。由于税种和税率把国家和企业的分配关系用法律的形式固定了下来,使企业享有经济法人的地位,企业按照规定的税种税率依法纳税后,可以自行支配税后利润,企业就成为真正有经营自主权、对物质利益有支配权的经济实体。同时,当企业经济利益和职工奖金多少由企业上缴国家所得税后剩余利润的多少所决定的时候,企业已无法从改变利润留成基数和分成比例上获得非分收入,这就使企业和职工的经济利益与企业经营效果有更进一步的直接联系。从而迫使企业认真做好各项基础工作,尽快提高企业素质,必然大大推动企业内部经济责任制的完善和发展。

第三,有利于建立健全企业外部的经济责任制,逐步形成完整的经济责任制体系。工业经济责任制并非单指企业内部的经济责任制,它还包括企业与国家和企业与企业之间的经济责任制这三层内容。利改税使企业利润和财政收入之间确立了水涨船高的关系,因此,提高企业经济效益是国家、企业和职工共同关心的问题。这将促使国家通过其经济主管部门加强对企业生产和经营的保证作用,包括各种客观条件的提供和物质、资金的供应,以及提高计划的科学性和综合平衡的水平,从而使国家和企业之间的经济责任制趋于完善。利改税也促使企业相互之间的关系发生变化,纳税后的企业在经营上有了一定的独立自主权,取得了法人的地位,则经济合同就有了法律基础,建立和健全企业之间的经济责任制也就有了可靠的保证。以上两方面的变化，无疑都有助于形成经济责任制的完整体系。

第四，推动了经济体制的改革。工业经济体制改革的重点和落脚点是国营企业，但由于在企业利润上的"分配"关系，各方面都给企业施加直接和间接的不必要干预，包括违反经济规律的经济干预和行政干预，加之企业没有真正的经营自主权，实际上并不承担多少经济责任，从而使一些经济改革措施无法贯彻落实。利改税明确了国家和企业在经济上单纯的法的关系，这样，纳税后的企业，容易摆脱条条块块的羁绊，以相对独立的经济组织的身份，在国家计划指导下，独立自主地按照社会化大生产发展的需要组织生产和流通，搞好企业的横向联合和专业化协作改组。不仅如此，国营企业上缴所得税，也使国营企业同集体企业及其他经济实体在所得税方面置于同等地位，这就有利于发挥优势，保护竞争。与此同时，劳动工资、流通体制、价格体制等方面的改革，也才能因企业有承担经济责任的保障条件而被企业接受。

二

虽然利改税是利润留成制度的进一步完善和发展，但它毕竟不是完整意义上的以税代利，而是以税代利的第一步，是实行税利并存的初级阶段，还带有利润留成的尾巴；加之近年利改税试点的经验大多是在中小企业取得的，因此，全面推行以来就有许多顾及不到的问题，存在一定的缺欠。

从税制本身来看：

1. 仍然没有消除企业之间的平均主义和苦乐不均现象。生产价高利大产品的企业，从中多得了非自己主观努力而带来的利益，而生产价低利小产品的企业，显然吃亏，企业之间苦乐不均的问题依然存在。特别是前者在现实经济中多为大型(中央)企业,后者多为中小(地方)企业。因此,利改税后地方中小企业的苦衷较多。这种情况的存在,又导致了另一方面的问题,即利大大干、利小小干的倾向。为了多得利润,一些企业和地方专找价高利大的产品生产,结果,盲目投资,重复建设,浪费资源和材料,冲击国家计划和市场的现象就不能有效地得到制止,工业企业的产品结构和工业组织结构的改革也受到直接的影响。

2. 税收的经济杠杆作用没有得到充分发挥。税收的经济杠杆作用是就整个税收来说的,专门的税种有专门的职能,不同的税种有不同的调节作用。比如,产品税就能对需要鼓励生产和限制的产品进行调节;增值税则能对不利于专业化协作生产的重复征税进行纠正;而资源税或收入调节税对于客观条件所造成的级差收入则能予以剔除。税收的这种作用,说明了税种与税种之间的替代性很小,因此,只有将各个税种互相配合,互为补充,才能在经济领域里充分发挥各自不同的经济杠杆作用。但利改税中企业主要上缴的是所得税,所得税的职能是就企业的纯收入起调节作用,收入多,多上缴。收入少,少上缴。而不管这种收入是如何取得的。因此它对鼓励和限制某种产品生产的调节作用就十分有限。可见,有限的税种是不能全面发挥税收的调节作用的。另外,所得税的多少是以利润为基础的,没有利润可以不交,这样,当企业生产了对社会不需要的产品,或产生了经营性亏损,并不对国家负什么责任,也不由此而受到什么惩罚,尽管所得税有强制性的作用,在这种情况下,保证财政收入的作用显得就不够,对企业的经济压力也就有限。

3. 调节税没有发挥调节作用只起平衡作用。目前的调节税主要是调整企业税后留利达到1982年的留利水平。如果1982年的留利水平能够反映企业的正常生产和主观努力,这种办法尚无不可。然而,在国民经济调整时期以及利润留成的基数和分成比率严重存在人为因素干扰的前提下,1982年的留利水平并不是科学的基数,一年的数据很难反映企业生产经营的状况。在这种情况下,调节税就只好针对一个不合理的征税对象调上调下,与其说是调节,还不如说是平衡,把企业的留利平衡到1982年的水平。因为它并没有把利润留成制度中存在的不合理因素剔除掉,没有把外部客观条件造成的额外利益收归国家。其结果不是把企业主观努力所取得的成果拿走,就是给一些企业留下非自己努力所取得的份外之财。苦乐不均的问题未得到根本纠正。

从利改税在执行过程中产生的问题和引起的变化来看:

4. 税前还贷没能增加企业的经济压力。利改税的制度规定,企业对技术改造的贷款,要用贷款项目投产后新增利润在税前归还,目的是防止企业侵占原有利润。但是,第一,企业贷款项目新增利润难于精确计算;第二,企业税前总有垫底的利润,因此,银行不怕收不回贷款,开的是"保险公司",企业往往釜底抽薪,挖财政一块。结果,抵销了信贷杠杆的作用,造成企业多用银行贷款,少用自有资金。

5. 企业在税后留利的使用上并不一定能够完全按照国家的规定比例去办。当企业利润处在上升阶段的时候,一般能够保证发展基金占60%,福利基金和奖金占40%的比例,但不少企业仍在想方设法突破奖金的比例。而当企业利润低于往年时,这个比例难保证,企业往往采用"保两头、挤中间"的作法,即保证国家所得税一头,保个人奖金一头,而挤企业的生产发展基金。因为国家一头是法定必缴的,个人一头也必须照顾,结果阻滞了企业内含扩大再生产的进行。这种情况如果继续下去,必将使生产资料严重衰老,是对生产力的一种破坏。

6. 税收在中央和地方之间的划分不利于中央企业的生产和发展。利改税后,中央财政和地方财政主要是通过税收来划分各自的经

济利益,地方企业大部分税收上缴地方财政,中央企业大部分税收上缴国家财政。这样的划分,有利于保证国家集中资金,却也带来了一定的问题,即地方从自身经济利益出发,重视和支持地方工业,甚至不惜重复建设和盲目生产,而对中央企业缺乏必要的协作与支持,反而影响了这些企业的生产和经营。

三

虽然目前的利改税制度有以上的缺陷,但并不能由此抹煞它在巩固和完善工业经济责任制中的积极作用,只要我们采用正确的方法予以引导和完善,必将使它发展成为符合中国国情的管理工业企业的一种新型制度。如何完善呢?突破口就在于发挥税收的经济杠杆作用,用梯级性原则使它逐步完善。第一步,在条件允许的前提下,尽力减少初级形式的缺欠;第二步,设计并试点高级形式的一套完整办法,待条件成熟后迅速转入高级阶段。

那么,如何完善利改税的初级形式呢?

(一)正确核定企业1982年的留利水平,以便贯彻"不挤不让"的原则

1982年的留利水平是确定企业利益的关键,但靠一年的数据不能全面反映企业的生产经营状况,因此,建议对生产正常,利润升降幅度不大的企业,可以依据1982年的水平核定;而对其余的企业,依前3年平均利润水平进行计算,以免某些企业因1982年利润的忽升忽降带来利益上的较大波动。

(二)引导和控制企业内部资金的正确使用

企业资金的使用既要有利于调动企业的积极性,又必须使这个积极性纳入国家计划的轨道,符合社会主义基本经济规律和国民经济有计划按比例发展的要求,这样才能促进社会生产力的发展。否

则,企业用活资金的积极性,就会变成盲目性,冲击国家计划,破坏社会生产力的发展。因此,我们所说的税后留利企业有权自行支配,不是想干什么就干什么,而是在国家统一政策和统一计划指导下的自由。为了保证企业资金使用上的活而不乱,既要取决于必要的行政措施,同时还需要运用经济的手段特别是税收的办法来解决。为此:

1. 设立投资税。控制新的基本建设。企业生产发展基金主要是用于挖潜革新改造的内含性扩大再生产。如果企业用这部分资金进行新的基本建设,就应该交纳投资税。投资税税率视国家对建设项目的需要程度而有所区别,需要发展的项目,税率就低;需要限制的项目,提高税率;用于开发或节约能源的投资,甚至免征。这样,就有利于控制企业资金冲击国家计划、盲目建设的现象。

2. 设立奖金增长累进税。目前,剔除客观因素给企业带来的额外利益一时难以办到,奖金的封顶不敢取消,在这种情况下,采用奖金增长累进税不失为一个好办法。奖金增长累进税,就是在国家规定的奖金限额以外企业还要发奖,必须课以高税,奖金越多,税率越高。这样,经营好的企业,交得起税,职工可以多得,同时也不影响国家积累与分配的比例,职工奖金多,国家的积累更多,形成良性循环。

(三)实行中央和地方税收的共享制

就是说,凡企业上缴的主要税种,国家和企业应当共同分成。属于大型企业上缴的税收,国家分成的比例要大,地方比例小些;属于地方企业上缴的税收,地方分成的比例大些,国家分成的比例小些。这样做,地方财政收入与中央和地县企业的经营好坏都有密切联系,便于克服上述弊病。同时,由于国家把主要创造财政收入的大型企业的绝大多数利润掌握在手,加上地方企业的一部分,也并不影响国家财力的集中和优势。

企业利改税的缺欠,在利改税的初级阶段只能得到有限的改变,要想彻底摒弃弊病,必须是在利改税的高级阶段。企业进入利改税的高级阶段时,将是一个真正相对独立的经济实体,它和国家经济关系的特点将是完全的税收关系。要达到这种关系,第一,企业与国家进行分成的利润,必须是体现企业主观努力即真正由活劳动创造的利润;第二,全面调整和改革税制,增加税收的活性和多方面的调节作用。为此就必须:

1. 设立资源税。用级差税来消除企业因自然资源条件差异而产生的盈利水平不等的现象。并在税收收入上适当照顾资源占有地区一定的利益,以促进企业和资源占有地区有效地维护、开发和利用资源。

2. 设立产品税。消除因价格不合理所造成的企业之间的苦乐不均。我们要改革不合理的价格体系,又不能抹煞价格的杠杆作用,就应该采用产品税的形式,用不同的税率和加征、减免税的办法,达到既消除企业因不合理价格造成的苦乐不均,又起到指导生产和消费的目的。当然,现行价格严重偏离价值的问题,特别是生产资料比价关系存在许多不合理的地方,从根本上讲,还是要靠价格体制的改革来解决但产品税的建立,无疑为价格改革准备了财政条件。

3. 设立固定资产税。对企业因占用国家不同的技术设备而产生的盈利高低进行调节。这样,不但可以调节企业之间因资金有机构成不等造成的利润差异,平衡企业间的利润水平,还可以促使企业从经济利益上关心固定资产的合理有效使用。

通过上述三种税收的作用,大体可以把客观因素造成的企业额外收益或损失消除掉,使企业在同等条件下展开竞争,在自己主观努力创造的利润面前与国家进行分割。

4. 增设地方税。克服财政分配在中央和地方政府和企业以及企业和企业之间引起的矛盾。地方税就是所有企业不论其隶属关系如何,都必须按照国家规定的税率向企业所在的县、市政府交纳的地方建设税,各县市再按一定比例交省集中,用于全省性的建设或补拨落后地区。除了行政经费以及文化、教育等专项事业经费仍由中央拨款外,地方的建设资金应全部来源于地方税。这样,地方建设税来源稳定、明确,便于克服地方与中央争税利的矛盾,也有利于地方关心并促进各级企业的发展,巩固和完善"分灶吃饭"的财政体系。

5. 使用所得税。用超额累进的办法,调节国家、企业、职工三者的利益,使企业的利益和经济责任制更加直接紧密地结合起来。

经过上述税收杠杆的多次、多方面的调节后,剩下的利润即可全部留归企业自行支配。在这个基础上,如利润有所增长,或者出现亏损,都由企业自行负责,达到完全独立经济核算的要求,这就是我们说的企业在国家计划指导下实行一定程度和范围的"自负盈亏"的内容和含义。这样,就为企业权责利结合的相对独立性创造了条件,真正体现了国营企业是一个相对独立的商品生产者的地位。

原文载《共产主义理论与实践》,甘肃人民出版社 1984 年版

农业机械应该向小型化多用化通用化方向发展

最近两年,甘肃省农机工业遇到了一系列新问题:一是生产逐步下降,绝大多数企业任务不足,处于停产和半停产状态。二是市场萎缩,产品大量积压。全省各级农机供应公司库存总值高达 11260 万元,其中积压和有问题的就有 5000 万元,占库存总值的 44.4%。同时,企业库存也在不断增加。三是亏损面增大,亏损额上升。1977 年以前,全行业上缴利润 557 万元,而 1979 年则亏损 51 万元,1980 年亏损为 532 万元,1981 年,仅省属 10 个企业的 计划亏损就达 700万元;亏损企业数也由 1979 年的 30 个增加到 1980 年的 40 个,占全行业的 35%。四是流动资金构成发生了变化。储备资金减少,生产资金增大,成品资金猛增,资金周转困难。在上述情况下,农机工业欲进不能、欲退不得。因此,在国民经济调整时期和当前农业政策的条件下,农机工业还要不要发展? 应该向哪个方向发展? 是摆在我们面前的尖锐而又亟需回答的问题。

用机械化的生产手段不断装备农业生产企业,提高劳动生产率,解放劳动力,扩大生产门路,是农业生产发展的必然趋势,同时也是我国在本世纪内实现农业现代化的重要内容之一。因此,对发展农业机械绝不能持怀疑观望的态度,而应该采取积极主动的态度,经过调查研究,分析市场,在产品结构上下功夫,找出路。我们认为,在国民经济调整时期和此后相当一段时期内,作为农机工业的产品——农业机械,应该向小型化多用化通用化方向调整和发展。

　　坚持农业机械小型化多用化通用化的发展方向，首要的关键的是小型化。这是因为，小型化的农业机械适宜我国山地多、可机耕的地块小的自然特点和精耕细作的习惯。小型化农业机械具有轻便、灵活等特点，既能在较大的耕地上作业，更适于在小块的分散的田间作业，而且只要简易道路即可通行。实践证明，在不同生产区域，分别采用适合当地特点的小型化农机具，有利于大幅度地提高劳动生产率。例如甘肃庆阳县董志公社社员冯永勤使用一台手扶拖拉机，在三个月内除耕作了自己包干的土地外，还给 40 多户社员耕地 30 多亩，播种 400 多亩，收入 180 多元。除去开支，盈余 120 元。另外，小型化的农业机械适合我国农村的经济发展水平和积累水平。1949 年至 1978 年，我国农业总产值平均每年只增长 4.3%。在农业生产原有基础十分落后的条件下，与这样的生产增长速度相适应，积累率当然不可能高，相当一部分生产队不仅没有积累，而且债务重重。拿一个年积累额为 2000 元的生产队为例，要买一台 20000 元的东方红-50 型拖拉机，就得十年光景；而买一台 2000 元的 12 马力手扶拖拉机，则只需一年即可做到。小型农业机械因为价格低廉，还有利于包产户购买。据甘肃庆阳地区农机局反映，1980 年，联户、独户经营的手扶拖拉机只有 31 台，到 1981 年 9 月底，已猛增到 1067 台，增长了 34.4 倍。在这个地区，已经形成了"手扶拖拉机热"。再则，小型化农业机械，结构简单，易学易懂，适合广大农民的文化技术水平。同时也适合我国目前农村的管理水平。根据我国的自然条件、经济条件和管理水平，发展和推广小型化农业机械，给它以用武之地，将会像一只只"金凤凰"落在"穷乡僻壤"中，为群众所欢迎。相反，如果不顾我国国情，一味地强行推广大型农业机械，将会在一些地区重蹈"铁牛"变"死牛"的复辙。

　　在小型化的基础上还必须发展农业机械的多用化。农业生产大都要经过压、耙、犁（包括中耕）、收、碾（脱粒）以及农田运输等生产环节。与之相适应，农机工业必须伴随有镇压器、圆盘耙、犁铧、拖斗和喷药、收割、锄草等配套机械的生产。但目前生产的手扶拖拉机，一般只配有拖斗和铧，或则至多有小型镇压器。因而很难适应农业生产的上述生产环节和工艺过程，以致农用动力机械不能充分发挥作用，造成了生产能力的闲置。这不能不引起我们的注意。国外的实践证明，小型农业机械配套使用和配套生产，不仅用户方便，而且容易形成农机具生产流水线；不仅经济实惠，而且能避免农机具生产中的重复浪费；不仅一机多能，而且在农机具生产中有利于进行专业分工和协作。这样好的事情，我们何不大力提倡、努力付诸实践呢？！

通用化是农机具内在生产规律的客观要求。它包含两方面的内容，首先，农机工业要为同一农业生产区域和自然条件相近的农业生产区域，设计和生产使用性能一致或类似的小型化多用化农业机械。这样，既可以减少社会范围内的重复设计和修理方面造成的不必要的麻烦。又可以集中人力、物力、财力，提高小型化多用化农业机械的质量，使之更臻完善。其次，农业机械的零配件要做到能够互换替用。使农民在农机损坏时能及时得到零配件，及时修理后继续使用。目前生产的小型农业机械，往往难以达到这一要求，给修配造成了许多困难。有些则干脆无法修配，弃置一边，无形中加重了农民的经济负担，打击了农民购置农机具的积极性，从而进一步影响了农机工业的生产和销售。

总之，小型化多用化通用化的农业机械，适合我国国情，经济方便，群众欢迎，应该在国民经济调整中坚定不移地大力扶植和发展，使其在农业现代化进程中，发挥出它的优越性。

在进行农机工业调整时，我们应该清醒地认识到，农机工业是为农业生产提供动力和设备的，从根本上说，它的发展要同农业发展状况相适应。也就是说，它的发展要受农村市场需求量大小的制约。而市场需求量的大小，又受农业内部购买力的大小和农机产品的合理程度，以及农业机械的使用效果是否显著等因素的制约。因此，要使农机工业的产品即农业机械调整到小型化多用化通用化的方向，并使其沿着这个方向健康地发展，就必须：

第一，进行农业机械的历史与现状的调查，预测未来的需求结构与数量，为向小型化多用化通用化发展掌握第一手资料。

第二，改革农机工业的生产结构。根据我国农村生产力水平低、资金缺乏、积累率低、能源不足，以及一些地区实行包产到户、包干到户的特点，农机工业必须有与之相应的生产结构和规模。目前，农机工业的生产结构很不合理，重视大中型农业机械的生产，轻视小型农业机械的生产；重视农机动力设备的生产，轻视机后配套产品的生产；而且大中型项目半拉子工程多，长期不能形成生产能力，浪费严重；地县企业自生自灭，重复建设的现象也较普遍。要解决这些问题，当务之急，就是要保住适于生产小型化多用化通用化的先进农机产品的(或经过努力能在短期内达到先进水平的)农机工业企业，并在此基础上，科学分工，密切协作，逐步形成一条稳定可靠的先进的农机产品生产流水线。坚决关停并转那些至今尚未形成生产能力、货不对路、产品性能低劣、长期亏损、技术和管理落后、耗能严重的大中型老大难企业，和属于重复建设的小型农机企业。

第三，改革产品结构，把改进品种、提高质量、降低成本、降低能耗作为当前农机工业的主攻方向，为使农业机械向小型化多用化通用化发展，并达到节能易修和兼顾国内外市场，在产品结构调整改革中，其品种首先要适应农林牧副渔多种经营发展的需要和农业基本建设的需要，并兼顾平川地带、塬地、山地以及城郊蔬菜经济作物地区的各种自然特点，同时还要考虑农业机械在目前已经划小了的作业单位的适应性，着重解决好机后配套和努力提高农用动力机械的利用率。适当考虑和执行机械化和半机械化产品同时并举的方针，以适应农村生产力发展不平衡的状况，使生产力水平不同的各生产单位都各有所取。同时还要努力降低成本，提高产品质量，使农民买得起，用得上。

第四，积极培养机务人员，建立健全社队维修网点，彻底杜绝"卖了耕牛买铁牛，买了铁牛变死牛"的悲剧重演。争取逐步做到小修不出队，大修不出社。

第五，建立供、产、销、科研四统一的农机工业公司，使农机产品向小型化多用化通用化发展有组织保证。要改变各主管部门只有当然的权力而无确定责任的状况，打破部门界限，把生产和流通有机地统一起来。为此，可先搞松散型的联合机构，在经验和条件比较成熟时，再搞完全独立核算的公司。

第六，改进有关经济政策，适当地为农业机械向小型化多用化通用化发展创造条件。这包括（1）重点保护和积极扶植适宜于各省区的生产小型化多用化通用化农机产品的地方性企业；（2）要允许私人购置手扶拖拉机。在一些主要实行包产到户、包干到户的地区，随着农民收入的增加，已有不少社员或自家或几家联合购置手扶拖拉机，这对农机工业来说，无疑是扩大了市场，扩大了销路，对农业生产的发展明显地起了促进作用。因此，政策上应该放宽。必要时，国家还应给社员以适当贷款，鼓励农民购买小型化多用化通用化的农机具，帮助农民走农业机械化的道路；（3）财政上要对农机工业有所资助。重点企业可拨给科研经费，或适量多留折旧费，以用于老产品的更新和新产品的开发。另外，对现在库存的积压产品，应采取财政补贴、降价处理的措施，使其早日发挥作用，减少资金占用。

原文刊于《经济研究》1982 年第 4 期

搞活西部边远地区大企业问题初探

我国西部边远地区的大企业,是该地区的经济发展的支柱和依托。在经济体制改革深入进行的情况下,这些企业面临着严重的挑战。因此,增强西部边远地区大企业的活力,不仅对于他们自身的发展,而且对于我国西部地区的经济振兴,是十分紧迫并且具有深远意义的重要课题。本文拟从甘肃这样一个典型的西部边远省份的实际出发,对此作以初步探讨。

一、西部边远地区大企业的形象

企业形象是指对企业的整体评价。它是企业能力的综合反映。西部边远地区的大企业的形象,可以概括为以下四点:

1. 是本地国民经济的支柱。西部边远地区大企业在本地区经济中地位重要,其工业总产值和上缴税利在本地区的比重比全国的平均数大,例如,甘肃大企业的工业总产值和上缴的税利均占本省工业总产值和财政收入的70%以上。在西部地区,一个大企业或几个大企业,往往都是某项或某类产品的生产基地,基本上垄断了这方面的生产,当地中小企业远远无法与之匹敌。

2. 生产和管理上的传统色彩浓。西部边远地区大企业大都创建于"一五"和加强三线建设时期,这些企业大多数为能源和原材料工业企业,属于传统的产业,利润率低。经过20多年,这些企业大多已渡过其发展的盛年期,进入"衰退期",设备、工艺和技术大多数比较落后、陈旧,甚至有些已属淘汰范围,主要产品是原材料或初级加工产品,即传统的老产品。同时,它们的管理方式仍是长期形成的僵化的传统管理。传统产业、传统产品、落后设备和工艺,再加上传统管理,构成了西部边远地区大企业"老"的形象。

3. 远辐射功能强,近辐射功能弱。西部地区大企业的产品,主要是国民经济急需的原材料,其中大部分提供给沿海和经济发达地区去进行深度加工;企业生产中所需要的物资,大部分又依靠这些地区来供应。这就形成西部大企业的初级产品从西往东流,生产材料从东往西流的传统的低级经营方式的不合理现象。远辐射功能大于近辐射功能,使西部边远地区大企业同所在地方的经济技术联系的密切程度,远远小于与沿海和经济发达地区的经济技术联系,东部地区的变化对企业生产发展的制约因素大。

4. 内部生产、管理体系上的封闭性强,对地方经济的游离性大。西部边远地区的大企业,是在内地生产力低下和商品经济不发展的基础上建立的,创建伊始就把社会化大生产的各种功能集企业一身,因此,企业内部结构健全,生产门类齐备,形成生产、销售一条龙的企业组织结构。内部的管理方式高度集中,作为企业内部生产基本环节的分厂或车间相对独立的自主权较少。使企业基本上成为一个对地方经济、技术依赖程度较小的封闭体系,呈现出较强的游离性。

西部边远地区大企业所表现出来的"大"、"老"、"远"、"闭"的特点,无一不带有传统的落后的企业形象的色彩。造成西部企业这种形象的根本原因:一是在过去产品经济的历史条件下实行单一指令性计划的结果;二是本地区商品经济不发展,地区经济技术条件落后与大企业经济技术条件相对先进之间的差距十分悬殊。

二、挑战与问题

随着城市经济体制改革的深入进行,随着社会主义商品经济发展新阶段的到来以及我国新的经济机制的形成,树立新的企业形象将成为西部边远地区大企业生存和发展的关键。但是,从这些企业目前的境地来看,却面临着严重的挑战和困难。

第一,西部边远地区大企业与沿海和经济发达地区的企业在技术和信息上的"双重差距"日益增大。西部边远地区的大企业,一般来讲生产设备已经进入"衰退期",由于长期以来一味要速度、要产量,使这些企业没有时间、没有资金从根本上来改变这种状况。设备和技术的陈旧落后已经成为西部大企业发展的巨大障碍。与沿海和经济发达地区的同类企业相比,企业在产品消耗方面、成本方面都无法与之比拟,尽管付出相同的甚至更多的劳动,经济效益却要低得多。不仅如此,现阶段由于国家的战略重点放在沿海和经济发达地区,这些地区的企业深得天时地利之便,既容易得到国家在资金上的支持,又容易吸收国外先进技术和资金,生产技术水平提高的速度远远大于西部边远地区。此外,沿海和经济发达地区容易获得技术、产品、市场等方面的信息,企业之间、地区之间以及国内外之间信息交流十分活跃。西部边远地区则由于经济、技术和文化上的落后,加之企业的封闭性,地区内外和企业之间的信息交流十分闭塞。东西部大企业在技术和信息上的"双重差距"使西部企业面临着严重的技术危机和信息危机,难以接受世界新技术革命的挑战,难以开拓新的生产领域。

第二,企业的后续生产能力严重不足。西部边远地区的大企业,主要是原材料工业。对这些企业来说,其后续生产能力表现在两个方面,一是原材料开采的后备储量的大小,二是对其初级产品进行加工的深度。前者是原材料工业企业生产得以继续进行的先决条件，后者则是开拓其生产的深度和广度的必要手段。目前这两方面都存在的问题，一是一部分企业的矿产资源已到了开采后期或接近开采后期，新的可采资源接替不上；二是大部分企业缺乏对自己初级产品进行再加工的能力。这就难以提高企业的生产能力，难以通过深度加工来提高产品的附加价值，企业相当一部分生产利润随着产品的销售而转移到了沿海和经济发达地区的加工工业。值得注意的是，由于发现了新的更大的资源，或者出现了新的可以替代的合成材料，西部地区的资源优势正在被东部地区替代。目前，西部地区资源的潜在优势掩盖了资源的现实优势正在削弱的危险。如不迅速加强勘探和开采的能力来改变这种状况，西部地区大企业作为国民经济体系中原材料生产基地的形象将会发生改变。

第三，企业的原有产品市场逐渐萎缩。西部边远地区大企业的产品市场过去主要在沿海和经济发达地区。但在近年来，情况发生较大的变化。（1）沿海和经济发达地区新企业在生产能力和技术水平等方面都超过西部边远地区的同类企业，加之运输距离短，市场信息灵通，因此，在产品价格、质量等方面都比后者处于优势地位；（2）西部边远地区的大企业难以开发和生产优质廉价的新产品，因此，在消费结构和消费层次不断发生变化的商品经济中，其开拓市场的能力又远远低于东部企业；（3）国家指令性计划的范围大幅度缩小，使西部大企业的多数产品进入市场，一些主要产品成为长线，市场锐减；（4）由于管理体制上的原因，企业的自销权卡得很死，缺乏灵活的销售手段，加之东部一些省份为了发展地方工业，对其小企业采取政策上的保护措施，西部边远地区大企业同这些小企业相此，在竞争上也处于劣势。这些因素，使西部边远地区大企业面临着严重的市场危机，原有的东部市场正在萎缩，一些传统产品被迫退出经济发达地区。与此同时,广大的西部市场尚未充分利用,国际市场根本没有打开。

第四,企业自我发展的资金严重不足。西部大企业技改资金严重不足,其原因从企业自身来看,一是这些企业多是原材料工业企业,产品利润率低,本身积累少;二是企业固定资产折旧率和折旧基金留用,都低于沿海和经济发达地区的新老同行业企业;三是企业留利水平低,生产发展基金增长太慢,这些因素使企业缺少自我积累的能力。从企业外部来看,一是国家财力紧张,在目前把财力集中于重点建设项目和重点地区时,更难满足西部企业的需求;二是西部边远地区普遍贫穷,财政困难,难以为企业筹集足够的大量资金;三是地方和企业都未摆脱传统陈旧观念的束缚,不能或不善于利用灵活的方式去多渠道地开辟资金来源。企业既缺少自我积累的能力,在外部又难以得到资金方面的有效支持,使企业技术改造的艰巨任务进展缓慢。

第五,企业生存的社会环境差。西部边远地区的大企业,从社会服务环境方面来看,也同样处于不利的境地。西部边远地区由于商品经济不发达,第三产业十分落后,难以为企业提供良好的社会服务,企业需要的生产服务和生活服务从数量到质量都难以满足。使企业不得不分出大量的人力、物力、财力自己去兴办社会服务事业。同时,由于地方政府没有多少财力去兴建城市基础设施,还继续通过各种途径或巧立名目向企业派款要钱,加重企业的负担。企业在完成生产经营职能的同时,还要承担社会服务的职能,直接影响企业经济效益的提高。

第六,企业与地方在经济利益上的矛盾比较尖锐。西部边远地区的大企业,长期以来,基本上游离于地方经济之外。其优势在发展本地经济中没能发挥很好的作用,大企业的发展与本地区的经济发展战略没有有机地协调起来。与此同时,地方往往忽视大企业的利益。

依靠行政命令搞"拉郎配"、"抽肥补瘦"式的协作去挤占大企业的资金和产品。在当前的经济体制改革中,企业应有的自主权由于受到地方截留,难以全面落实和兑现。之所以出现这种不正常的现象,首先是由于旧的管理体制条块分割的弊端造成的。大企业的隶属关系多年来在条块之间频繁变动,每次变动总是给地方在直接的经济利益上带来得失,地方往往从现实的直接利益的得失上去处理和企业的关系,却很少从战略的角度去对待大企业的发展和认识自己对大企业承担的责任和义务。其次,是由于西部边远地区地方工业基础薄弱,人才、技术、资金俱缺,对大企业的产品和技术吸收和消化能力很低。最后,大企业在处理与地方的关系时,也往往只看到自己经济利益的得失,而没有看到或忽视了自己是利用了当地资源才获得这些经济利益的,地方本应该获得企业产品中由当地的资源转移的那部分价值。此外,大企业由于自己拥有供应、生产、销售的独立体系,往往轻视积极支持发展地方工业给企业本身带来的长远经济利益,因而片面地把发展与地方的横向经济技术协作当作额外的负担。总之,由于上述各方面的影响,西部边远地区的大企业与地方之间在经济利益关系上很不协调,这既不利于地方经济的发展,也加剧了企业的困难。

西部边远地区的大企业面临的挑战和困难,说明这些企业目前还缺乏形成自我创新和自我发展的能力、适应环境的能力和激发企业活力的内外部条件,这就使企业难以形成以创新和发展为基础,以增强企业的活力为核心的企业形象。

三、观念的转变和对策的选择

增强西部边远地区大企业的活力,要从西部边远地区的实际出发,实现观念的转变和采取合理的措施和对策。

（一）协调大企业与地方经济关系

协调关系，必须改变直至目前还存在的大企业与地方之间互相封闭的游离状态，使他们之间建立起水乳交融、互相渗透的经济关系。其核心就是协调双方的经济利益关系，这就要改变利益分割的观念，建立起利益共享的关系。大企业和地方双方的经济利益，只能依靠企业和地方的共同发展、共同繁荣来获得，而不能仅仅靠分配利益来实现。所谓把利益分割变为利益共享，实际上就是把大家分饼变成大家做饼，首先是大家要努力把饼做大，然后才是合理分饼。在这方面，一是地方要保护大企业的利益，不能通过截留大企业应有的自主权去损害大企业的利益，更不能利用自己手中的管理权去侵占大企业的利益。二是大企业要把繁荣地方经济当做自己应该承担的责任和义务，不但要向地方缴纳必要的税收，而且要发挥自己的人才、技术、资金的优势，支持地方工业的发展。为了合理解决大企业和地方之间的经济利益分配，有必要对企业开征资源税。这是因为，企业是占用了地方的资源优势（这是西部地区最大的优势）进行生产的，它就有义务将资源转移到产品中的那部分价值返还给地方。开征资源税，有利于保护地方资源，促使企业提高资源利用效率，同时，也有利于解决地方和企业因资源问题而产生的利益矛盾，使地方能从自身的经济利益上去支持企业的发展，企业在缴纳资源税后，就不应再受地方对其产品的销售、发展横向经济技术协作等方面的约束和限制。

（二）发展企业与地方之间多元的横向联合

发展企业与地方之间的横向联合，是实现双方之间利益共享的重要手段。首先，地方和企业要改变小生产的狭隘封闭的观念，实现互相开放，即实现人才、技术、资金、信息等方面的互相交流。其次，在发展横向经济联合时，大企业要破除"施舍"和"恩赐"的观念，给地方企业在人才、技术、资金、信息等方面以有效的扶持，地方企业要破除"吃大户"、"等施舍"的思想，积极主动地去吸收和消化大企业的产品和技术。双方应当坚持等价交换、自愿和平等互利的原则，都要把对方看作是真正的商品生产者，互相承认并尊重对方的经济利益，抛弃大企业单纯"输血型"的联合机制，而改变生产为"造血型"的联合机制。这是发展横向联合的关键。再次，要发展多层次、全方位、多元化的协作和联合经营方式。从所有制方面，可以发展大企业与其它国有企业、集体企业，甚至与个人的协作和联合，在范围上，可以在本省、本地区，也可以跨地区甚至是与国外进行经济技术协作与联合，在内容上，可以发展资金、技术等方面的协作和联合，也可以是生产场地、资源条件和产品等方面的联合。第四，要采取灵活的政策促进大企业与地方的协作和联合。一是对联合经营的产品应列入指导性计划管理；二是对大企业在联合企业的分成收入，可由大企业单列使用；三是对联合生产的产品，不要层层重复征税；四是为了提高地方对大企业产品的消化和接受能力，允许和鼓励沿海和经济发达地区来西部地区开办企业；最后，要通过改善企业的社会环境来促进联合。企业要克服"万事不求人"的小生产观念，把社会环境作为自己生存和发展的现实基础，在不损害自己根本利益的情况下，通过发展公共关系来改善企业形象。地方则要把"管理型"的职能改变为"管理服务型"的职能，为企业提供良好的经济服务和社会服务。在生产方面，地方应着力提高运输、物资供应、销售、信息等方面的服务质量和效率，为企业提供这些方面的便利条件；在社会服务方面，地方应着力发展社会服务事业，改善社会服务的基础设施，在这些方面所需要的投资，应从企业向地方缴纳的地方建设税中去筹集，而不应当向企业搞摊派。为了尽快改善企业的社会环境，发展第三产业是当务之急。

(三)增强企业自我发展能力

目前对西部边远地区大企业来说，它们所受到的压力已经接近或超过其自身的承受能力，即不断递增的计划任务同落后的生产技术手段和不完善的生产能力之间形成了尖锐矛盾。因此，缓解压力，在近期内使企业得以休养生息，是增强企业自我发展能力的根本前提。与此相适应，在政策观念上则应把过去的"索取型"的政策改变为"欲再取之，必先予之"的扶持型政策，使企业得到休养生息、积蓄力量的时间和机会，以加快其技术改造和增强后续生产能力的步伐，实现新的起飞。从长远看，当企业能够承受更大的压力时，才会对国家和地区的经济发展作出更大贡献。要增强企业的自我发展能力，在生产计划方面，不能一味要速度、要产量。要给企业留有余地，使它们把改造和生产置于同等重要的地位。在技术进步方面，必须采取超前的跳跃式的方针，即尽可能引进国内以至国外最先进的技术、工艺和设备，并以是否达到超前先进的技术，是否缩短了国内外的先进水平的差距作为衡量企业技术进步的标准。在开拓生产的深度和广度方面，则应淘汰不能适合社会需要的老旧产品，利用西部地区大企业产品品种齐全的优势，开发具有国内外先进水平的低消耗、低成本的新型产品，实现设备、工艺、技术和生产能力的成龙配套。只有开展深度加工，开拓新的品种，实行产品增值的方针，才是西部大企业在竞争中取胜的根本出路。为企业进行技术改造和增强后续能力，解决资金问题是关键。为此，首先要通过财政税收制度的改革，为企业增加内部积累创造条件。例如，参考沿海和经济发达地区同行业企业的水平，适当提高固定资产折旧率和大修理扣旧率，并把折旧基金全部返还给企业；在税收上放宽，对于面向全国的产品和企业开发的新产品，以及企业完成指令性计划后的超产部分，可以考虑降低产品税率或减免所得税和调节税。此外，企业超产部分的收益，应主要用于企业的技术改造,地方不应再去截留这些收益。其次,地方和企业还应积极采取措施,通过银行贷款、发行股票、开展企业间的补偿贸易和企业与企业、企业与地方之间的相互投资以及引进外资等形式来筹集资金。坚持谁投资谁受益的原则,保护投资者的经济利益。

(四)建立以西部市场为主的多元的全方位开放市场体系

西部边远地区的大企业应该把产品经济观念转变为商品经济观念。现在,能够使企业自己确定其活动目标和活动方式的经济机制正在形成,为适应这一新的经济机制,企业必须与传统的市场观念决裂,树立全方位的开拓型市场的新观念,增强企业辐射能力。一是要开拓市场空间,要把开拓西部市场作为企业立足的基础,充分利用西部市场的潜力,积极发展西部市场需要的产品,把东部市场逐步转移到中部和西部。同时,积极参与国际市场的竞争,尤其是未被开拓的西部口岸,更是西部企业应该涉猎的范围,这必将有利于促使我国进行全方位的开放。二是要开拓市场深度,即要把传统的产品市场转变为包括产品市场、技术市场、资金市场等在内的多元市场。三是要夺取市场的时间优势,充分占有并利用本地区的信息,是开拓本地区市场空间的先决条件。总之,西部边远地区大企业开拓市场的战略,可以概括为:立足西部,面向世界,发展多元的、全方位的市场。

(五)建立新型的合理的企业内部管理体制

增强西部企业的活力,还必须改革企业内部的管理体制,这主要是把集中型的管理变成分权型的管理,一方面,企业应该具有行使其协调、监督和控制职能的能力和手段,例如,控制必要的财政、物资购销权、重点技术改造项目的审批权,等等,企业不但对下属各分厂(车间)行使其应有的管理职能,还应该具有为它们进行服务的职能。另一方面,要增强企业所属各生产单位的活力,应该使各生产单位成为利润中心,通过健全企业内部经济责任制来处理各生产单位之间、各生产单位与企业之间的经济关系,使它们既能承担对企业的经济责任,又有相应的经济权力和经济利益,以激发企业内部的活力,把大企业的潜力和能量全部释放出来。

原文刊于《甘肃社会科学》1985 年第 4 期

兰州地区大企业面临的挑战及其搞活的途径
——兰化公司调查报告

兰化公司是 20 世纪 50 年代中期兴建并逐步发展壮大起来的一个现代化石油化工联合企业。现有职工 34000 人,固定资产 12.45 亿元,生产以化肥、塑料、橡胶为主的 108 种产品,年实现利润 1.7 亿元左右。30 年来,兰化公司向全国各地提供的化工原料逐年增加,为国民经济的发展做出了很大贡献。兰化公司自创建以来,累计产值 105 亿元,向国家提供的利税累计 24 亿元,相当于创建时国家投资的 1.5 倍,提供化肥 182.6 万吨,合成橡胶 60.6 万吨,塑料 50.4 万吨,化学纤维 9.37 万吨,其中合成橡胶产量占全国的 1/4。同时兰化公司还向全国各新建的化工企业输送各类技术骨干 7800 多人。近年来,随着企业自主权的扩大,兰化公司有了较大的发展。但存在的老问题尚未根本解决,潜伏着的矛盾日益表面化,在新的挑战面前,兰化自身的优势难以充分发挥。

一、兰化公司面临的困难及其原因

作为一个西北地区的大企业和老企业,兰化公司面临的主要困难有以下三个:

(一)技术改造任务重,资金严重不足

兰化公司是第一个五年计划期间创建起来的老企业,创建初期,公司的设备大部分是四五十年代的水平,其中也有 30 年代水平的设备。这些四五十年代的设备,到今天都已超过了使用年限,整个设备已进入衰退期,设备陈旧、工艺落后已成为兰化公司继续发展的巨大障碍。一是产品消耗大,成本高。兰化公司合成氨每吨耗能 1800 万大卡,比国内先进水平的耗能水平高一倍多,由于消耗大,成本也高于沿海同类大企业。二是企业的经济效益难以提高。兰化公司的主要经济技术指标在中国石化总公司 28 个大中型企业中居第 23 位,经济效益处在落后水平。三是难以开拓产品的加工深度和进行新产品开发。多年来,兰化只能为其他企业提供化工原料,难以通过深度加工来提高产品的附加价值。现有的设备和工艺,也难以生产国内外急需的新产品。在这种情况下,兰化在生产手段方面,就失去了同沿海和经济发达地区的同类企业进行竞争的能力。

造成这种状况的一个重要的原因就在于企业的技术改造进展缓慢,而企业技术改造进展缓慢的关键,则是缺乏资金。即以目前兰化公司的技术改造来看,资金缺口很大。"七五"期间,兰化进行技术改造共需资金 8 亿元,在此期间内,靠企业自身积累只能筹集 2 亿元,加上石化总公司拨款 2 亿元,所需资金还缺一半。

为什么技术改造资金的缺口这样大?一是折旧率太低,折旧基金留用少,并且使用结构不合理。长期以来,兰化的折旧率在扩大企业自主权之前只有 2.7%,扩权以后提高到 3.2%。兰化的折旧率,不但低于轻工业系统的许多企业,也远远低于同类化工企业。在折旧基金的使用中,相当一部分用于非生产性开支,由于职工住房欠账太多,每年为缓和职工的住房困难(兰化公司职工住宅人均为 3.14m²,比全市平均水平 5m² 还要低)的开支,就要占企业每年留用折旧基金 2200 万元的 1/3 以上,这样,用于设备更新和技术改造方面的资金就更少了;二是企业留利水平低,生产发展基金的增长太慢。近年来,兰化实现的利润上缴得多,留下得少。1983 年、1984 年为例:1983 年实际留利占实现利税的 17.3%,1984 年为 18.37%。第二步利改税后这个比例下降的幅度更大,1985 年在上缴产品税、城市维护建设税、55%的所得税和 15%的能源交通重点建设集资之后, 实际企业留利只有 1311 万元,只占实现利税的 8%,比 1983 年实际留利少 1403 万元,比 1984 年少 1800 万元。尽管石化总公司到 1985 年底通过返还,使企业的留利补齐到 1983 年的水平,但企业用于技术改造的生产发展基金却因此而不能得到提高。企业留利增长不快的另一个因素是产品税率太高。目前化工产品的产品税率是根据沿海先进企业的情况来制定的,兰化则由于设备、技术、工艺、运输距离等方面的原因,产品成本较高,盈利水平较低,有些产品因此而出现亏损。例如丁苯橡胶,还有一个因素是兰化在环境保护方面的欠账太多,也需要在企业的更新改造资金中偿还。据统计,仅此项开支在近期就要多支付 5000 万元。此外,由于技术改造的物资缺口很大,一般只能保证 1/3,其余的 2/3 要靠议购和用紧俏产品去兑换,从而使本来就有限的更新改造资金办得事更少。

(二)企业应有的自主权得不到保证,目前给企业放的经营管理权力太少

国务院对企业的扩权十条下达后,兰化虽然有了一些经营自主权,但并未全部落实兑现。存在的主要问题是:(1)计划和销售方面的自主权太小。兰化的产品计划中,国家下达的指令性计划的范围和比重大,一般占 80%以上,并且指标年年加码;同时,指令性计划范围常随产品的紧俏或滞销而变化,即紧俏产品常列入指令性计划,一旦变为滞销产品则把矛盾交给企业自己处理。在指令性计划的产品中,企业自销比例小,地方还要在其中参与分成。企业用议价原料和能源生产的紧俏产品,在价格上限制太死,不能高进高出。总之,就目前来看,兰化公司没有什么真正的计划权。同时,由于销售方面的权力太

小,也影响了企业超产短线产品的积极性。(2)没有技术改造的决策权。兰化公司技术改造的项目,还是由上级说了算,企业只有论证权,没有决策权。同时,对项目的审报手续繁杂,时间拖得很长,使一些急待进行的技术改造项目,迟迟难以拍板。(3)人事管理权还没有真正放开。现在兰化从外省调人,还须由已不是兰化主管上级的省石化厅审批;招收职工,也必须层层照顾省、市、区各级部门的干部子女,否则就处处受到劳动人事部门的限制。上述情况表明,即使在国务院关于企业扩权的十条下达以后,兰化还没有得到它作为商品生产者所应该具有的经营管理自主权。

(三)原有的产品市场已逐渐萎缩

近十几年来,国内的石油化工工业发展很快,新企业不断增加,其中不少企业在规模和生产能力等方面都超过了兰化,这些企业大都分布在沿海和经济发达地区。与兰化相比,它们有许多得天独厚之处:一是它们大多数是在70年代以后创建的。因此,设备、技术、工艺比较先进;二是靠近石油产地,原材料、能源供应比较充足;三是原材料和产品运输距离短,运输费用低;四是信息灵通,尤其是比较容易了解国际市场动态,容易从国外引进先进技术等等。这些优越条件,是兰化这样的"老"、"远"企业难以望其项背的。即使同沿海和发达地区同行业的小企业相比,兰化也有许多不利之处。例如,这些小企业有灵活的销售手段,而兰化的产品自销权却被卡得很死,没有灵活的余地;又如有些小企业所在的地区,实行保护主义,使小企业在产品市场的竞争上处于有利地位,这也是像兰化这样的大企业所无法办到的。总之,同沿海和发达地区的大企业相比,兰化缺少的是技术上的优势,同那里的小企业相比,兰化则缺少政策上的必要的扶持。在这种情况下,兰化在产品市场竞争上就只能处于不利地位。现在,兰化产品在东部地区的市场正在萎缩,其根本原因就在于此。

（四）企业人才外流严重

兰化作为全国化工行业的骨干企业，多年来为发展全国的石油化学工业，输送了大批优秀的工程技术人员和管理干部，人们说："那里有石化厂，那里就有兰化人"。在过去，人才的流出还未给兰化造成严重的影响。但是，现在人才"流"大于"入"却成为兰化一个突出问题。近年来一部分技术人员流向地方中小企业和沿海及经济发达地区，而分配给兰化的大学生却逐渐减少，且结构又不合理，远远不能弥补调走的技术力量。兰化1984年只分来了4名大学生，还都不是工科大学生。由于"流"大于"入"，兰化已产生了"人才危机"感。一是企业职工队伍的素质在相对下降，主要表现在技术干部在职工人数中的比例下降。1965年，兰化公司技术干部占全体职工的比例为15％，1984年下降到6.5％，其所属的一些分厂的比例还不到6％，已经到了技术密集型行业进行生产的技术警戒线。目前这个比例还有继续下降的趋势，使这个长期以技术优势著称并且不断以人才支援外地新建企业的老企业的技术人员占职工的比重，已经处于石化总公司所属13个大企业中的第11位。二是现有的技术干部的结构不合理，这主要表现在整个技术管理干部中，技术干部的比例下降，而在技术干部中，由于有相当一部分被提拔到领导岗位，使直接从事第一线生产的技术干部人数逐渐减少。另外，技术干部以中年居多，而青年技术干部奇缺，造成技术干部严重青黄不接，难以形成技术梯队。从长远看，这是一个潜在的人才危机，在很大的程度上限制和阻碍了兰化的发展。

（五）企业生存的社会环境差

企业总是在一定的社会环境中生存和发展的。而企业的社会环境，是其生存和发展的内部和外部条件的总和。它包括市场环境、技术环境、信息环境、社会服务环境等等。如上所述，市场萎缩、技术落后、人才危机,已成为兰化继续发展的严重障碍。地处边远、交通不便、地理环境闭塞,先天的造成兰化与外界信息难以沟通。即从社会服务条件来看,由于兰州市的第三产业基础薄弱,而兰化所在的西固区的第三产业更是落后,难以为兰化提供良好的社会服务。兰化所需要的水、电、运输、用地、生活服务,从数量到质量上都难以得到满足。例如运输,只能满足 70% 的运输量,使供货合同往往成为废纸,其他如学校、医院、幼儿园、俱乐部、食堂等服务设施和人员,都要由兰化自己去解决。多年来,兰化投资兴办的社会服务设施的投资和支付的费用比地方政府在西固区用于服务业的投资还要多。实际上,整个西固区的社会服务事业,其部分是由各个大企业办起来的,而兰化办的"小社会",则在其中占有较大的比重。一方面,地方不能为企业提供良好的社会服务,另一方面,却把企业当作"摇钱树",或以赞助为名,向企业要钱。仅 1984 年以来,兰化支付的名目繁多的赞助费即达 8 万余元。总之,社会服务环境差,使兰化背上了沉重的包袱。

(六)企业的辐射功能小

企业的辐射功能是指企业在社会化生产中对周围的环境在经济技术等方面联系和影响的程度。

兰化的组织结构,是设计、基建、安装、生产、销售一条龙的联合公司,具有较强的独立生产能力,兰化生产中所需要的主要外协件都要依靠省外和国外,大部分产品则提供给沿海和经济发达地区去加工,因而它对地方的依赖性小。从这个意义来说,兰化恰似一架探照灯,照远不照近,其辐射能力是远辐射型的。在目前,由于上述各方面的条件的制约和影响,这种远辐射的能力已被大大削弱,而近辐射的能力却难以发挥。这主要表现在兰化为地方的横向经济联合还没有多大发展。其原因在于,(1)兰化自身独立生产能力强。过去长期面向省外,在产品经济的前提下,这方面的要求不大;(2)兰州乃至整个甘肃地方工业基础薄弱,人才、技术、资金俱缺,消化和吸收兰化产品的能力很低;(3)兰化隶属关系变动频繁。而每一次变动总是给地方在直接的经济利益上带来得失,地方往往从现实的直接利益的得失上去处理和企业的关系,却很少从战略的角度去对待大企业的发展和认识自己对大企业承担的责任和义务;(4)在发展大企业和地方企业的横向协作关系时,在主导思想和政策方面存在着偏差。例如,忽视大企业的利益,搞"抽肥补瘦",使大企业和小企业之间的协作关系变成"施主"和"受施者"的关系;忽视经济技术协作的客观经济规律,依靠行政命令搞"拉郎配",在税收上对参与协作的企业的产品层层重复征税,使协作双方无利可图等等。在这种情况下,兰化就很难成为发展甘肃及兰州地方工业的主要依托,也就很难增加它的辐射能力。

兰化在上述六个方面存在的问题,是目前兰化难以搞活和实现自我发展的主要制约因素。这些因素,对于像兰化这一类"大"(企业规模大)、"老"(企业历史较长)、"远"(处于边远地区)企业来说,具有普遍性。

二、搞活兰化、振兴兰化的途径和措施

解决兰化公司目前面临的问题和困难,是使兰化搞活和实现自我发展的关键。解决这些问题和困难,从兰化本身来说,应当进一步发挥自己的主观能动性,充分运用自身经济、技术、管理等方面的优势,加速企业技术进步,增强自我发展能力,尽快提高自己的应变能力和竞争能力,这是主要的方面。但是,在目前全面经济体制改革之际,仅靠企业自身的力量是不够的,还必须给企业创造良好的环境条件,进一步放宽政策,采取一些灵活的特殊的措施。

(一)在近期使企业休养生息,采取"欲再取之,必先予之"的方针

从兰化目前的设备和技术状况而言,如果延缓企业的技术改造,

则兰化的扩大再生产就难以为继。兰化技术改造的任务十分艰巨,这又同不断递增的计划任务形成尖锐的矛盾。对此,必须根据兰化的实际状况,在近期采取有利于兰化休养生息的政策和措施,以增强兰化接受压力的承载能力:(1)在给兰化安排生产计划时,不宜过分强调产量和速度,计划指标应适当降低;(2)落实产品自销权,允许兰化用超产的产品兑换技术改造所需的材料和物资,或换取资金;(3)给兰化以比沿海和经济发达地区的同行业企业更为优惠的政策,例如,企业折旧基金和大修理基金的提取率就应高于那里的同类企业。采取这样的政策和措施,对兰化这样一个处于"衰退期"的企业来说,有着重要的意义。第一,它能给兰化以休养生息的机会,使其能腾出时间来加快技术改造,较快地积蓄力量,以实现新的起飞;第二,它能使兰化和沿海及经济发达地区的同行业企业处于同样的竞争环境之中,以激励兰化自我发展的动力;第三,从长远看,国家对兰化"欲再取之",就必须在现在给它创造进一步发展的条件,使它能够承受更大的压力。

(二)促进企业技术进步,不断开发新产品

给兰化放权、"松绑"的重点应放在加速企业的技术改造,提高企业的技术水平上来。在这方面,凡是能下放给企业的权力,要统统交给企业,即企业对技术改造的项目和进行技术改造的手段,不但要有论证权,而且还要有决策权,使企业能够依靠自己的人才、设备、信息等方面的优势,不断增强自我更新、自我发展的能力。此外,国家还需在方针、政策、资金、物资等方面给兰化以积极的支持。

在促进兰化技术进步方面,当前特别要注意以下两点:

第一,在促进技术进步的方针上,必须采取超前的跳跃式的方针。即在技术改造和技术引进时,尽可能引进国内以至国外最先进的技术、工艺和设备,以达到超前先进技术作为衡量企业是否实现技术进步的最终标准。

第二,通过技术改造提高企业开发新产品的能力。开拓生产的深度和广度是企业进行技术改造的直接目的。兰化在进行技术改造,实现企业技术进步的同时,应努力提高开发新产品的能力。在开发新产品时,首先应该充分发挥本企业现有产品、技术、设备、人才等方面的优势,这是增强新产品开发能力的现实基础;其次,应充分利用本企业的资源优势,开发一批具有新的用途的产品,并且努力使产品达到物美价廉,具有较强的竞争能力,例如碳纤维产品的开发工作应尽快进行。

(三)合理分配财力,为企业积极筹措技术改造资金创造条件

为了支持兰化的技术改造,还必须对财政税收等制度进行改革。

1. 为了提高兰化自筹资金的能力,一要提高固定资产折旧和大修理折旧率,提高折旧基金留成比例。将现在3.2%的折旧率提高到8%~10%。如果因财政的原因一时达不到,也可把现行的综合折旧的办法,改为分类折旧法和单项折旧法。首先提高主要设备的折旧率,然后逐步扩大。无论如何,应把兰化的基本折旧率和大修理折旧率提高到与国内沿海和经济发达地区相同的水平。同时,还应考虑把折旧基金全部留给企业使用。由于基本折旧基金是简单再生产的补偿基金,不宜从中再去征收15%的能源交通建设基金。为了保证折旧基金的使用效果,还必须明确规定只能用它进行企业的设备更新和技术改造,不得用于外延扩大再生产。二是在税收上要实行有差别的产品税率。本来,甘肃地处边远,经济落后,税率应当低一些。而地处甘肃的兰化,其服务对象却是面向全国,更应考虑在税收上放宽。例如,可以报请减免调节税和所得税等。同时,对兰化全部使用自筹资金安排的技术改造项目,投产后三年内新增效益可考虑留给企业继续用于技术改造。三是企业完成指令性计划后的超产部分,在允许企业自销

时,应免征所得税和调节税。对用议价材料生产的产品,则可允许企业高进高出。四是对企业开发新产品可实行免税三年的政策,使企业能够支配其利润,以建立新产品开发基金。财政和税收上采取灵活、放宽的措施,有利于扩大企业的内部积累,增强企业的自我发展能力。

2. 多渠道筹集资金。除了靠内部积累来筹集资金外,兰化技术改造资金的外部来源是:(1)银行贷款,这是主要的资金来源。省上应拿出一定的资金,与银行贷款相结合,发放贴息贷款,支持兰化进行重点技术改造。银行要对兰化这样的老企业给以优惠条件,例如利率要低,还款期要长等等。(2)兰化可向产品用户征集技术改造资金,可用产品予以偿还。(3)通过各种形式,积极引进外资。

(四)增强企业的辐射能力

在目前兰化的远辐射能力受到削弱的情况下,应该采取措施,加强其近辐射能力。这就是说,兰化和地方之间,应通过发展各种形式的经济技术协作和联合经营,建立互相依赖的紧密的经济技术联系。要形成这种联系,就必须:(1)在联系中坚持等价交换,平等互利的原则。现在,兰化和地方企业双方顺应经济发展的客观要求,在主观上都有进行经济技术协作和联合经营的愿望,但要实现真正有效的经济技术协作和联合经营,首要的条件是双方都把对方看作真正的商品生产者。因此,过去那种"抽肥补瘦"、"拉郎配"的办法应当废止。(2)采取多种形式的协作和联合经营方式。兰化既可以与其他国有企业进行协作与联合,也可以与集体企业甚至与个人联合;可以在本市范围内联合,也可以在全省甚至与其他省区的企业之间进行联合;既可以建立紧密的联合,也可以是松散的联合;既可以是行业的联合,也可以跨行业联合。无论进行哪一种形式的协作与联合,对兰化来说,应当充分发挥自己的优势,对与兰化联合的另一方来说,则应依靠兰化优势。(3)协作与联合在目前应以吸收兰化的扩散产品为主。

兰化的产品为化工原料,过去大部分输往省外,而本地却没有发展起为这些产品为原料的加工工业,从而产生兰化生产的原料被外地加工成产品后再返销回来的不正常现象。为了吸收兰化的扩散产品,地方一是要注意发展以兰化产品为原料的加工工业,并且要争取全部吸收兰化的边角余料。为了防止这些物资流往省外,不妨提高其收购价格。对兰化提供给本省的超产紧俏产品,则应禁止转手高价倒卖。二是在增强对兰化紧俏产品的吸收能力的同时,还应考虑对其滞销产品的吸收,通过开发新产品,把滞销产品经过加工转化为畅销产品。三是与兰化沟通信息,了解兰化新产品开发的动态,提前做好加工方面的准备。四是要加紧培养人才和引进,改造必要的技术设备,以提高地方企业对兰化产品的吸收消化能力。(4)采取灵活政策,促进兰化与地方企业的协作和联合。一是对联合经营的产品要列入指导性计划管理;二是要把兰化派往联合企业的技术人员,与省外引进的人才同样对待,给以相同的待遇;三是对大企业在联合企业的分成收入,单列使用,不计入大企业的利润总额;四是可以用新分配的大学生与兰化兑换中、老年技术人才;五是可以高价聘请沿海和经济发达地区的技术人员及老工人,也允许其来甘肃开办利用兰化的原料的加工企业。

(五)改变市场观念,发展全方位的市场

增强兰化的辐射能力的另一个重要方面,是努力开拓市场。首先是在市场空间上的开拓,在开拓国内市场方面,兰化应把东部市场逐渐转移到西部市场,并以占领西部市场为主。在这方面,兰化应有远大的目光,即要看到我国西部地区商品经济发展的前景和广阔的市场潜力。这就要求兰化应在产品结构上作好调整的准备,积极发展西部市场需要的产品。在开拓国内市场的同时,兰化还应充分发挥国际市场的辅助作用,通过参与国际市场的竞争来收集信息,吸收国外先进技术和经营管理经验。这方面,兰化已经开始起步,使一些在国内是长线的产品打入了国际市场。为了支持兰化开拓国际市场,国家应给兰化以外贸权、产品出口权及设备、技术的引进和原材料的进口权。

其次,兰化应注意市场深度的开拓,即要把传统的产品市场转变为发展包括产品市场、技术市场、资金市场等在内的多元的市场,使产品、技术、资金都能作为商品进入市场。

兰化开拓市场的这一战略,可以称为立足西部,面向世界,发展多元的、全方位的市场战略。

（六）改善企业的社会环境

改善兰化的社会环境,应包括两个方面的工作。其一是地方应为企业提供良好的经济服务,即地方应能为兰化这样的大企业在运输、物资、销售、信息等方面提供便利条件。例如,由于我省物资部门难以为兰化提供规格品种齐全的生产资料,且经营方式不灵活,兰化不得不增加企业库存,使储备资金占用过多,兰化库存已达1亿多元,远远超过沿海和经济发达地区同类企业。对此,物资部门应充分发挥社会库存的作用,以灵活多样的方式为企业服务,减轻企业的负担,对企业所需要的二、三类物资,应保证供应。这样,物资部门的业务范围扩大了,企业的经济效益也会得到提高。其二是地方应为企业提供良好的社会服务。首先要废除各种不合理的摊派,兰化依法向地方缴纳有关税收后,地方应努力搞好各种社会服务工作。例如,帮助兰化解决企业扩大再生产和职工的住房用地问题等等。此外,我省实行的大企业（包括兰化在内）包财政亏损县的作法应予停止,这实际上是一种"输血型"的支援办法,甚至带有一定的行政命令性质。由于企业落后县在经济技术方面没有什么联系,结果是大企业花了钱,输出了技术,却得不到多少经济效益。诚然,像兰化这样的大企业是应该支援落后地区,但这种支援应该立足于培养当地"造血机能",即以增强落后县的自我发展能力为主，否则，就会助长亏损县的"吃大户"的思想。因而，应当有目的地组织兰化这样的大企业向投资效益较好的县，或向能在较短时期内挖掘出潜力的落后县投资或给以人才和技术等方面的支援，然后，再通过采取特殊措施扶持财政补贴县的发展，这样的政策应该是以富扶贫，而不是"劫富济贫"。

（七）建立公司内部的分权型管理体制

与生产上"独立型"的特点相一致，兰化在管理上是集权型的，人、财、物基本上统一在公司，各分厂并非利润中心。这种体制不利于充分发挥各分厂的生产积极性。兰化公司也应该进一步向下放权，建立以分厂为利润中心，各分厂通过合同联系，公司掌握财务的分权型体制。进一步激发企业内部的活力，充分利用外部提供的有利条件，把大企业的潜力和功能尽快地全部释放出来。

原文刊于《兰州学刊》1985年第4期

如何搞活西北地区大企业

一、西北地区大企业的形象

我国西北地区的大企业,除具有一般大企业的共性外,还有自己的特性。这些体现在企业地理环境、规模、协作、市场、管理等方面的特性集合在一起,就构成了西北地区大企业的形象。

(一)是本地区国民经济的支柱和财政收入的主要来源

西北地区大企业在本地区国民经济中的重要地位突出表现在工业总产值和上缴税利的比重比全国的平均数值大。例如,甘肃省大企业的产值和上缴税利均占本省工业总产值和财政收入的70%以上。

(二)在生产和管强上"老"的色彩很浓

西北地区大企业创建于"一五"时期,主要是重工业,其中大多数为能源、原材料和军事工业,投产二十多年,这些企业大多已渡过"盛年期",进入"衰退期",设备、工艺和技术多数比较落后、陈旧。这些企业的主要产品多是原材料或初级产品。再加上一些传统式管理,使这些大企业显示出一派"老"的形象。

(三)远辐射功能强,近辐射功能弱

西北地区大企业生产的国民经济急需的原材料产品,主要提供给沿海和经济发达地区进行深度加工;所需物资,大部分又依靠这些地区供应。这种初级产品从西往东流,生产所需原材料、机器设备从东往西流的现象,使西北地区大企业的生产受沿海和经济发达地区

的影响很大。

（四）企业在生产、管理上的封闭性强，对地方经济的游离性大

西北地区的大企业，多是在当地生产力低下和商品经济不发展的基础上建立的。创建伊始就把社会化大生产的各种功能集于企业一身，形成企业内部生产门类齐全的完整生产体系，构成本地一个个基建、生产、销售、服务"一条龙"的企业组织结构。与此相适应，其内部管理方式也采取高度集中型，加上它们的近辐射功能很弱，使这些大企业基本上成为一个对当地经济、技术依赖程度很小的封闭体系。这样就在这些地区内部形成了大企业与地方两个具有不同运行轨迹的经济系统。

二、面临着更严重的挑战

随着经济体制改革的深入进行，特别是，沿海地区经济对内进一步搞活，对外进一步开放，使西北地区的大企业面临着更加严重的挑战和困难。

（一）与沿海和经济发达地区的企业在技术和信息上的"双重差距"日益增大

由于长期以来一味强调速度、产值，西北大企业没有时间和资金从根本上改变设备和技术陈旧落后的状况，以至它日益成为西北大企业发展的巨大障碍。比如，过去在全国领先的兰州化学工业公司，现在的主要经济技术指标在中国石油化工总公司所属的 30 个大型企业中已经退居到第 23 位。同时由于经济、技术和文化上的长期落后，加之企业的封闭性，使地区内外和企业之间的信息交流十分闭塞，企业难以对市场的变化像东部企业那样灵敏地做出反应。

（二）后续生产能力严重不足

西北地区的大企业主要是原材料工业，目前，一部分企业的矿产资源已到了开采后期或接近开采后期，新的可采资源接替不上；大部分企业缺乏对自己初级产品进行再加工的能力。如玉门油田后备储量严重不足，70年代中期已出现产量递减的局面。酒泉钢铁工业公司，只能生产生铁，至今形不成炼钢、轧钢的生产能力，使企业长期成为钢铁工业中的亏损大户。

（三）原有的产品市场逐渐萎缩

西北地区大企业的产品市场，过去主要在沿海和经济发达地区。但在近年来，由于多种因素的影响，原有的东部市场正在萎缩，一些传统产品被迫退出经济发达地区，而广大的西部市场尚未充分利用，国际市场根本没有打开。

（四）自我发展所需资金严重不足

西北地区大企业多为资金密集型企业，一个小的技术改造项目耗资动辄也要上万元，资金缺口普遍在50%以上。资金不足的主要原因，从企业自身来看，一是产品利润率低；二是固定资产折旧率和折旧基金留用比例都低于东部地区的新老同行业企业；三是企业留利水平低，生产发展基金增长慢。这些因素使企业缺少自我改造、自我发展的能力。从企业外部来看，一是国家财力紧张，在目前保证重点建设的同时，难以满足西北地区大企业的需求；二是地方财政困难，不可能为企业筹集足够的资金；三是地方和企业都未摆脱传统观念的束缚，不善于利用灵活的方式去开辟资金来源。

（五）企业生存的社会环境差

西北地区由于商品经济不发达，第三产业十分落后，难以为企业提供良好的社会服务，企业需要的水电、运输、用地以至生活服务设施，从数量到质量都得不到充分的保障。西北有不少城市（如甘肃的玉门市、嘉峪关市、金昌市等）是靠大企业兴建起来的。这些城市在早期都采取政企合一的管理形式，而在政企分开之后，地方还继续通过各种途径向企业派款,直接影响企业经济实力的增长。

(六)企业与地方在经济利益上的矛盾比较尖锐

西北地区大企业的设备、技术、资金优势在发展本地经济中始终没有充分发挥作用。一些地方在与大企业建立经济技术上的横向联系时,往往忽视大企业的利益,依靠行政命令搞"抽肥补瘦",通过"协作"挤占大企业的资金和产品,甚至截留国家下放给企业的一些权力。大企业也往往只看到自己经济利益的得失,忽视企业经济利益是在利用当地资源的基础上获得的这一现实,轻视支持发展地方工业给大企业本身带来的长远经济利益。

三、对策的选择

要增强西北地区大企业的活力,必须把大企业放在地区国民经济的大系统之中,从外部和内部建立与社会主义商品生产相适应的经济管理体制。为此,就要从西北地区的实际出发,实现观念的转变,采取合理的对策。

(一)以大企业为"生长点"带动地区经济的发展

大企业应该成为地区经济的有机组成部分,它的发展要与整个西北地区经济的发展联系起来才有广阔前景,但是长期以来,这些企业的发展与地区经济的发展相互脱节,大企业在技术、资金、人才方面的高势能流不到地区经济的低势能区,对二者的发展都产生了不利影响。因此,必须中断这种平行运动的现象,弱化地区经济的二元化结构,建立大企业与地区经济协调发展的经济关系。在这里,主要途径就是增强大企业的近辐射功能,加强大企业与地方的横向联合,实行技术、产品扩散,人才交流,采取联营、集资、合股等方式,使大企业的生产要素纳入地区经济系统,进行统筹安排。这样,大企业就有可能成为西北地区经济发展的"成长点",从而形成以大企业为依托的一个个地方经济区,使双方共同得到长足发展。为此,(1)应通过体制改革,彻底解决企业条块分割的状况,采用"产品定购制"解决大企业与中央的关系,利用征收资源税等地方税的办法解决大企业与地方政府的关系,使它拥有比沿海地区大企业更大的独立性和自主权。(2)在所有制上允许股份经济的发展,通过地方、大企业、中小企业以及个人之间的相互投资,使多种经济形式结成以全民所有制为主体的、利益一致的命运共同体。(3)在产品结构上,注意发展本地市场需要的产品,以及利用大企业产品品种齐全的优势生产新型的能打入外地市场的"拳头"产品。(4)用更加优惠的税收、信贷、价格政策促使大企业与地方实行经济联合。只有这样,大企业才能在与地方的共荣发展中找到自己生存和发展的途径。

(二)增强企业自我发展能力

一是要对企业进行全面技术改造,改善企业生产技术手段,二是要提高企业的后续生产能力。目前,首先要缓解压力,在近期内使企业得以休养生息。为此,必须做到:

1. 在政策观念上,应把过去的"索取型"改变为扶持型,使处于"衰退期"的企业得到休养生息、积蓄力量的时间和机会,以加快其技术改造和增强后续生产能力的步伐。

2. 在生产计划方面,不能一味要速度、要产量。而应该下达企业可以接受的任务,以便它们把改造和生产置于同等重要的地位。

3. 在技术进步方面,尽可能引进国内外最先进的适用技术、工艺和设备。

4. 在开拓生产的深度和广度方面,应利用大企业产品品种齐全的优势,开发具有国内外先进水平的新产品,尤其要改变单纯原材料工业的形象,开展深度加工。

企业进行技术改造和增强后续能力的关键是解决资金问题。为此,首先通过财政税收制度的改革,为企业增加内部积累创造条件。例如,可参考我国沿海地区同行业企业的水平,适当提高折旧率,并把折旧基金全部返还给企业;在税收上,对于企业开发的新产品以及企业完成指令性计划后的超产部分,应降低产品税率或减免所得税和调节税。其次,企业超产部分的收益,应主要用于企业的技术改造,地方不应截留。此外,还要坚持谁投资谁受益的原则,广泛吸引地区内外各界的资金。

（三）建立以西部市场为主的多元的全方位开放型的市场体系

西北地区的大企业必须与传统的市场观念决裂,树立全方位的开拓型市场的新观念。一是要开拓市场空间。把西部市场作为企业立足的基础,使大企业的产品市场从东部转向充分利用西部市场的潜力,积极发展西部市场需要的产品,使之逐步向中部、西部转移。同时,还要积极参与国际市场的竞争,打通尚未被开拓的西部口岸。二是要开拓市场深度。即把传统的产品市场转变为包括产品市场、技术市场、资金市场等在内的多元市场。三是夺取市场的时间优势。即充分利用经济信息,首先占领本地区的市场。

（四）建立合理的企业内部管理体制

要增强企业的活力,还必须改革企业内部的管理体制。这方面主要是把集中型的管理变成分权型的管理。一方面,企业应该具有行使其协调、监督和控制职能的能力和手段;另一方面,要增强企业所属各生产单位的活力,通过健全企业内部经济责任制来处理各生产单位之间、各生产单位与企业之间的经济关系,使它们既能承担对企业的经济责任,又有相应的经济权力和经济利益,以激发企业内部的活力,把大企业的潜力和能量全部释放出来。

原文刊于《经济管理》1985 年第 9 期

甘肃乡镇企业的发展方向与途径

一

甘肃乡镇企业到 1987 年产值已达 33 亿元,与大起飞的 1983 年相比增长近 5 倍,平均每年递增 62.6%,是同期全省工业产值增长速度的 5 倍多。这一超常规增长的过程,从总体上分析带有如下几方面的特征:

1. 投资推动着乡镇企业的外延高速扩张。甘肃农村经济长期处于由自然障碍导致的"原生性贫困"的逆境,商品经济的悖逆因素加剧了农村的贫困程度。薄弱的农村经济难以为非农产业的发展提供初始投入所必需的积累,国家的扶持资金和银行贷款即成为推动乡镇企业发展的主要资金来源。

从全省看,农村资金环境倾斜于乡镇企业。1986 年,全省农村集体所有制单位固定资产投资 3.18 亿元,其中 58% 用于乡镇工业;其中新建、扩建项目投资所占的比重高达 94%,而全国则为 85%,江苏则不到 60%。

2. 乡镇企业发展重塑着农村经济结构。1984 年到 1986 年,甘肃乡镇企业总产值在农村社会总产值中的比重由不到 10% 提高到 30%以上,标志着固守土地经营的产业结构和就业结构刚性开始软化并转向重组过程。1986 年,全省乡镇企业从业人员,包括家庭工业和从事第三产业的农村劳动力共 161.28 万人,占农村劳动力总数的 1/5。

3. 商品经济的产业关联特征已显露端倪。乡镇企业的发展,使甘肃原有的以经营土地为主的单一的种植业开始转向农林牧副产品加工业和非农原料加工业的多样化产业结构,并初步形成了产业间的"前向"与"后向"关联效应。提高了生产过程的衔接程度和系列产品的生产能力,以及种养加循环增殖能力。到1986年,在全省乡村工业总产值中,以农业资源转换为主的加工工业占21.52%;以工业原材料为对象的加工工业占14.10%。

4. 农村经济的积累能力有所增强。1986年乡镇企业上缴税金达8938万元,为全省农牧业税收的1.4倍;乡镇企业收入已占农村经济收入的28.7%,占农民人均纯收入的13.3%;平均每个乡村企业拥有的固定资产比1984年增加了71%。

上述情况表明,乡镇企业的发展,正在加速甘肃农村工业化的进程。

二

然而,全省乡镇企业的发展比人们预料的要慢半拍,这与乡镇企业发展面临的问题与障碍有直接关系。一是乡镇企业发展的规模水平低。1986年,全省乡镇企业总产值位列全国倒数第五,仅占全国乡镇企业总产值的0.6%;农村人均乡镇企业收入也仅及全国平均水平的1/3。二是乡镇企业尚未形成拉动农村劳动力向非农产业转移的强大动力。1986年,乡镇企业从业人员仅占农村劳动力的11.59%,而全国则占20.89%。三是产业结构低度化。全省乡村工业总产值中,资源开发产业占68.65%;而居于产业链前导部分的采掘、原材料工业占重工业的51.71%,远远高于全国29.05%和东部22.76%的比重。全省乡镇企业的产业结构与倾斜于原材料和初级产品加工业的城市工业表现出较强的同构性。这表明甘肃农村工业化正在经历与城市工业立足于天赋资源优势的相同发展过程。四是经济效益低,投资效益差。全省乡村工业建设项目的固定资产交付使用率仅为 67.15%,分别比全国和江苏的水平低 8.33 和 13.35 个百分点。1986 年,全省乡镇企业百元固定资产原值实现总收入仅及全国平均水平的 3/4;每百元总收入实现的利润仅及全国平均水平的 85%。这使不少乡镇企业陷于负债经营,濒临倒闭的危机。

甘肃乡镇企业的发展障碍,还表现在微观经营机制:

1. 企业对政府的依附关系强。据调查有 60.9% 的厂长由乡政府或村民委员会任命;有 33.4% 的厂长认为自己对乡政府或村民委员会负责。有 68.1% 的企业是经县主管工业局、乡政府或村民委员会批准创办的。依附性还表现在企业生产经营中遇到问题不找市场,而较多地依靠政府职能部门。

2. 企业产权关系不清。按抽样调查,企业资金中,来源于乡镇村政权组织的基金占 1/5;在企业的产权中,属于乡镇村政权的份额占 75% 以上,而由民间集资所占的份额还不到 5%。乡村政府对企业的留利及利润分配干预较强,50.4% 的企业,其留利水平是由乡村政府决定或由它们与企业通过协议确定的。

3. 企业经营环境差。一是政策上的偏差,对乡镇企业各级政府的政策不一致,各主管部门的政策相互矛盾。二是要素短缺。原材料短缺、技术力量不足。三是企业缺乏市场竞争能力。由于竞争能力弱而造成产品积压的企业占 34.3%;在建筑、运输、商业服务业企业中,认为市场竞争激烈、生意难做的企业则分别占 41.3%、52.9% 和 44%。

4. 企业经济活动范围狭小。据调查,70% 的厂长只了解本乡、本县、本地区同行业企业情况。企业原材料 53% 购自本县,36% 购自本省,其产品在本县范围内销售的占 50%,在本省范围的占 40%,出口的不到 2%。

5. 企业行为短期化,改革承受能力弱。企业新增利润,大部分用

于消费,扩大再生产的自我能力严重不足。原材料价格和利率、税率的提高,轻易地会使一部分企业陷入严重的困境。

三

甘肃乡镇企业与东部乡镇企业发展表现在资源、资金、技术、产业结构、社会文化等多种发展初始条件的静态差异,以及表现在产业发育、就业途径、城乡关系等经济发展过程的动态差异,构成了甘肃乡镇企业起飞的特殊矛盾与特殊途径。这种特殊的发展方向就是立足于脱贫致富的既定目标,走以资源和低收入劳动力双重导向的双循环模式。其基本内容是:以西部农村市场为主体,发挥甘肃廉价劳动力和资源两大优势,通过扶持民营和合作经济的方式,大力发展劳务输出和劳动密集型产业,拉动甘肃农村消费需求的上升,弥补甘肃乡镇企业原始积累的不足,进而推动乡镇企业向新的规模和水平上升,完成西部内部市场的大循环。与此同时,追逐东部乡镇企业进入国际大循环后,可能位移出来的部分传统产品市场,并有选择性地与东部企业结成经济联盟,挤入东部市场;瞄准西部口岸开放后国际市场的需求,做好产业和组织准备,从而逐步进入外部市场乃至国际市场大循环。这种构思改变了甘肃乡镇企业发展中的两个循环程序:第一,把发展生产——提高收入转变到拉动需求——发展生产——提高收入的轨道上,突出了甘肃商品经济发展初期阶段,需求对生产的促进作用;第二,把东、中、西乃至国际市场的统一大循环,裂解为西部低收入消费市场的主循环和东部乃至国际市场的辅循环两个部分,体现了市场发育的渐进性。由此带来三大好处:(1)使甘肃乡镇企业的发展由速度型转向效益型;(2)供需失衡转向供需平衡;(3)断裂循环转向良性循环。

双导向双循环模式要求甘肃乡镇企业有自己的结构体系特点:

在所有制上,应以合作经济和私营经济为主,国营经济不宜再发展。

在经营方式上,应以户办、联户办、联营为主,以村办、乡办为辅。通过发展集团产业把乡镇企业纳入社会化大生产的体系之中。

在产业发展上,应以劳动密集型的资源产业和劳务输出为主,选择投资少、风险小、见效快的产业。一是单一的劳务输出,如建筑业、修路、保姆业等;二是发展商业与交通运输业;三是采矿业,重点发展粗加工;四是建材业与住宅业;五是农副土特资源的系列加工产业,发展瓜果蔬菜加工产业,药材加工业,纺织服装业、编制业、食品业。

在市场体系上,重点培育甘肃和西部市场,占领甘肃和西北乡村低收入消费者市场。逐步扩大西部城市的生产资料市场,填补东部的余留市场,以轻制造业产品打入西部国际市场。应强调甘肃乡镇企业市场发育的点石效应,先本地、后区外;先西部、后东部;先国内、后国外,此间不排除市场的交错跨越与融合。

四

甘肃乡镇企业发展新模式的建立,要有相应的对策措施:

1. 信贷资金重心位移和扶贫资金有偿集中使用。经济的增长取决于投入规模和投入效率。银行信贷在相当一段时间内仍是企业创业、渡过难关及进一步发展的资金主渠道,尤其对资源和原材料产业来说更是如此。当前银根抽紧,紧缩的对象对乡镇企业来说,重点在乡办、村办企业上,而不应是户办、联户办以及联营企业、对于后者应予最大可能的扶持和保护。为了保证信贷重心的转移,对甘肃户办、联户办、联营企业,应把"无财产担保"和"产品确有销路"作为贷款的主要依据,至于"是否有足够的自有资金"的界限则应比东部乡镇企业低得多才行。对于扶贫资金,除受天灾严重的地区外,单家独户使用的方式已不适应商品经济发展的大趋势。各类扶贫资金应从调拨性转向货币性,通过相互融通捆在一起使用的办法,创办能大量吸收低收入劳动力就业的乡镇企业,实行生产自救,培养造血机制,激发农民追求货币增值的冲动,使甘肃农村资金低效率使用的状况尽快得到改善。

2. 建立乡镇企业发展的轻赋政策。轻赋政策仍然是目前甘肃乡镇企业发展的保护伞。低税措施有利于甘肃乡镇企业的启动发育,有利于吸引东部省区的技术、资金和人才来甘肃进行开发或联合,使甘肃农村工业化的步伐加快,从而减少政府对甘肃农村的补贴。

3. 强化政府对市场的诱导信号。甘肃乡镇企业对市场景气不景气的信号反映迟钝,投资选择性有限,投资行为紊乱,错过了一个又一个良好的发展机遇。甘肃农民目前尚不可能依靠自己的力量建立信息网络,也不能消极等待市场体系的自发成长,必须借助各级政府的力量催化各种要素市场的建立。政府的经济功能主要是帮助农民组建和强化农村的金融、流通、信息、服务、技术等社会服务体系,特别是通过农村各种专业化服务队伍的建立,加速市场体系的形成。并通过制定各种政策、法令和制度,充分发挥经济杠杆的作用,才能把甘肃乡镇企业不断到政府找婆婆的现象,引导到不断找市场的正常行为中去。

4. 建立与国营大中型企业互补协作的新型伙伴关系。甘肃乡镇企业目前与国营大中型企业不应该是完全竞争的关系,而应是一种互补携同的关系,即与大工业紧紧挂勾,普遍联营。这就是大中城市周围乡镇企业发展的希望所在,也是弱化甘肃二元经济结构,在产业断裂链条中增加中间转换机制的重要战略选择。这种新兴关系的实质,是甘肃乡镇企业的产业如何同现有城市工业体系实行合理的分工。那种以产品实行城乡、大中小企业之间分工的思想已不适应新的市场竞争环境,而以产品的加工阶段实行工艺分工的思路将成为大中型企业与乡镇企业普遍联营的原则。当一个产品或产业处在不同的加工阶段时，对技术、管理、资金的要求程度是大不一样的，这就为乡镇企业从一个或几个技术层次较低的加工阶段进入大工业生产体系成为可能。甘肃乡镇企业应以大工业的产品为龙头进入其产业体系，重点在产前的提供原、辅材料和产后的包装、整理、短途运输等环节上；利用大企业的边角余料，发展加工产业；利用大中型企业的技术、资金，合办乡镇企业；以农副资源的稳定供应，换取部分大中型企业的降位产业和产品。

5. 大力发展股份经济。从所有制结构的改革上推动甘肃乡镇企业的发展应是一个重要的思路。甘肃乡镇企业规模的扩大，由于企业普遍弱小，不可能靠一部分企业吞并另一部分企业来实现；资金的筹措和集中，也不可能靠一大批人的破产和国家大规模的无偿投入来完成。因而，股份制将是一种重要的组织形式选择。这种股份制，不但是农民对企业的参股，而且也是乡镇企业之间、乡镇企业与大企业、乡镇企业与科研单位和大专院校之间多种生产要素的参股。这将使各种生产要素在同一经济体中迅速聚合起来，形成一种现实的较大规模的经营优势。目前，对经营较好、自我积累能力较强的乡、村两级企业，应通过清产核资、明确产权，折股分摊等办法，改造为集体股份企业；对一部分经营不下去的乡、村企业，通过拍卖、租赁的办法，转化为民营经济；大多数农民，可通过资金、劳力、技术、设备入股的方式，建立股份企业；以专利、技术、新产品入股的方式，与科研单位和大专院校组建股份经济；以多种生产要素参股的方式，与大中型企业建立股份经济。并通过加快乡镇企业股份化和民营化的进程，培养造就一批农民企业家队伍。

原文载于《发展·挑战·对策》甘肃人民出版社 1988 年版

西部地区乡镇企业发展模式探讨

寻找一个使本地乡镇企业迅速发展的模式,是西部农民和各级政府梦寐以求的心愿。自从我国东部地区的乡镇企业像潮水般的涌现以来,西部人就怀着虔诚的心情接踵奔赴乡镇企业的"圣地"拜佛取经。然而,这些苏南模式、温州模式、苏北模式、阜阳模式、耿车模式等在西部的土壤上并未产生奇迹般的效果。根本的原因就在于西部人过份强调了模式的共性,而忽略了它的特性。作为模式的共性,它有人们学习效仿的功能,收到事半功倍的效果;作为特性,它排斥人们简单地复制,具有被鉴别、再探索的功能,否则,模式也就失去了它的意义和作用。西部乡镇企业发展的模式,只有在借鉴东部经验的基础上由自己的实践再创造出来。

一、西部乡镇企业发展的阶段与特点

我国东西部地区在发展状况和发展进程中的差异,同样强烈地反映在乡镇企业的发展上。这种差异不仅表现在资源、资金、技术、产业结构、社会文化等多种发展的初始条件的静态差异上,也表现在产业发育、就业途径、城乡关系等经济发展过程的动态差异上。差异构成了各地经济起飞的特殊困难和特殊矛盾,也决定了不同地区乡镇企业发展的特殊道路。通过对西部生产力发展水平、农业生产与自然资源开发状况、农村集体经济的发育状况、城乡经济的交流与联系等多方面的深入分析,可以看出,西部乡镇企业的发展具有以下几大特点:

（一）建立在落后生产力水平基础上的以个体、户办、联户办为主的所有制结构

生产力是一切社会发展的最终决定力量。以手工和畜力劳动长期占居主导地位的西部广大农村，由于生产工具的落后和劳动者科技水平的低下，农业劳动生产率和经济效益是十分低下的，农民的实物收入和货币收入比起东部地区，差距很大，不少地区几乎相差一倍。这实际上决定了农村能够投入乡镇企业的剩余产品和剩余资金十分有限，成为西部农民跨入商品经济领域的极大制约因素。不仅如此，西部农村文盲率高，劳动力多而素质较差；商品意识和竞争观念淡漠，经营与管理水平落后。资金少，则寻求初始创办成本低的行业；劳动力素质差，则发挥劳动力强度大的优势；管理者素质低，难以适应规模经营的需要，则选择家庭或联户小规模经营的道路。这样，一大批以劳动密集型为主的微型企业就在西部农村大地上应运而生了。并且以递增的速度持续向前发展。这就是人们看到的西部许多乡镇企业与手工作坊相差无几的真正原因。西部地区这种低层次、小规模、大批量向乡镇企业的迈进，形成了西部乡镇企业增长的波峰时期。然而，它并不表明西部乡镇企业进入了成熟发展阶段，只能说明它正在进入大规模的初期发展阶段，距离完全发育成熟的乡镇企业尚有较长一段距离。

西部乡镇企业不但生产规模小，产品单一而低档，专业化分工与协作程度低，而且，在布局和辐射范围上，基本上是本乡本村，自办自有，企业主要是在本乡本村范围内利用当地资源进行生产，那种跨越本地、易地办厂的形式在这儿尚不广泛。因此，西部地区乡镇企业的增长主要是乡村以下的农民办企业，并非像东部地区主要以乡、村办企业来支撑发展的格局。目前，西部村以下乡镇企业的产值已经超过乡、村办企业的比重，这与东部形成明显的反差。这种态势表明，西部

乡镇企业的增长主体，已经不是乡、村两级社区基层政权组织所办的企业，而是日益兴起的户办、联户办企业，它决定了私营和合作经济是本地最适宜的所有制形式，户办、联户办是其初期发展阶段的主导经营形式。

（二）建立在初级资本装备基础上的劳动密集型资源产业结构

西部作为乡镇企业的启动地区，急需构成发动态势。然而，由于资金支持不足，技术准备不够，产业的指向一开始只能是廉价的农副资源、当地丰裕的矿产资源以及收益较高的商业流通部门，投入技术要求较低的产业上。这样，一大批农副土特产品加工业、矿产资源开采业、建筑业、运输业以及部分服务业，就构成了西部地区的主体产业。这种建立在低技术水平上的劳动密集型产业结构是西部乡镇企业发展的一大特点，并且在短时期内带有相当的稳定性。

虽然西部乡镇企业有规模小、船小好掉头的优势，然而转产需要时间、需要专用设备、引进新技术和投入新材料，这对缺乏资金和技术支撑的西部乡镇企业来说是极为不利的。因而，西部乡镇企业"掉头"的不多，经营不利则宣告破产的不少。近年来，城市需求的变化给乡镇企业的发展带来了机遇，但城市对产品需求的层次较高，加之历史的原因，东部基本控制着 60% 的市场，抗衡这种优势，西部乡镇企业尚需一段艰苦的准备时期。与此同时，西部较强的效仿功能和较弱的创新意识，又使部分乡镇企业的产业结构与东部乡镇企业趋同，增大了西部乡镇企业参与竞争的难度。这一切表明，西部乡镇企业的产业结构尚处在工业化的初期启动阶段，产业结构高级化、多样化的趋势还不明朗、不成熟。

（三）迫求脱贫致富的一元利益调节机制

东部乡镇企业的崛起给地方财力带来的巨大好处，吸引着西部各级政府以极大的热情呼吁和推进本地乡镇企业的发展。然而，西部政府目前追求的尚不是大幅度地增加地方财政收入，主要是广大农民的脱贫致富。这正符合农民急于改变贫穷困境的心理要求。西部农民办乡镇企业的利益导向，主要是增加个人和家庭收入，至于承担社会福利的责任还很淡漠，这是他们的财力承受不了的。只要产品的收入在扣除原材料的投入后，能抵补贷款利息，得到高于种植业的个人收入，农民就愿意创办乡镇企业。这就是西部户办、联户办乡镇企业高速发展异常冲动的真正原因。西部基层政权组织把兴办乡镇企业作为其主要的政府行为，但其利益目标导向也仍然是吸收农业转移的剩余劳动力、增加农民收入，其后才是考虑增加地方财政收入。目前普遍认为，乡镇企业有把增加农民收入、解决农民就业、增加地方财税收入、帮助乡镇建设、以工补农及其他社会性开支维系于一身的功能，但从西部地区来看，增加收入、增加就业则是其主要的功能，那种普遍发生在东部地区乡镇企业中的以工补农、以工养农的现象在这里尚不广泛。这种情况说明，追求生存是西部乡镇企业的冲动，追求发展是东部乡镇企业的冲动，二者目前的最大分歧就在这里。

（四）松散的城乡经济的结合状态

乡镇企业是我国农村工业化过程中的产物，农村工业化又是国家工业化的继续，从这个角度看，乡镇企业的发展离不开国家工业化所创造的条件，并且随着乡镇企业的发展也必须使城乡经济结构作出协调反映，才能使乡镇企业持续发展。解放后，国家在西部这块贫瘠落后土地上的密集型倾斜投资，形成了本地典型的二元经济特征，城乡之间在经济发育程度上的反差很大。特别是以大企业为主的城市的远辐射功能强，近辐射功能弱，使得西部乡镇企业生产技术构成中，大部分并未来自本地城市。它反映了乡镇企业与城市的横向联系程度不高，城乡隔离发展的旧格局没有完全打破，城乡之间的断裂并未得到修复，城乡一体化的进程缓慢。这一切导致西部乡镇企业至今仍在自己的运行体制中进行运转;企业小而全,缺少专业化分工与协作;产业与东部乡镇企业以至西部大企业初期发展阶段同构;缺乏稳定的市场份额,在夹缝中求生存;规模经济和技术密集度很小。

上述特点表明,西部乡镇企业仍然处在发展的初期阶段。目前,东部乡镇企业日趋成熟、完善,已转入常规增长阶段,但却遇到了一系列新的矛盾,诸如经济剩余量的滞后增长,产出效率的下降,原有大工业不具备的那些优势正在丧失,等等。这种状况,对西部后继发展地区,无疑给了一个十分强烈的信号:未来乡镇企业的发展,将面临更为严峻的挑战,如不立即着手寻找新的机会,进行模式的重新选择,西部也将陷入东部乡镇企业面临的困境,从而拖延自己的发展步伐。

二、以资源和低收入劳动力为导向的双循环模式

根据西部乡镇企业初级发展阶段的特点,西部乡镇企业今后的发展,必须立足于脱贫致富的既定目标,走以资源和低收入劳动力双重导向的双循环模式。其基本内容是:以西部农村市场为主体,发挥西部廉价劳动力和资源两大优势,通过扶持私营和合作经济的方式,大力发展劳务输出和劳动密集型产业,拉动西部农村消费需求的上升,弥补西部乡镇企业原始积累的不足,进而推动乡镇企业向新的规模和水平上升,完成西部内部市场的大循环。与此同时,东部乡镇企业进入国际大循环后,可能位移出来的部分传统产品市场,瞄准西部口岸开放后国际市场产品的需求,做好产业和组织的准备,逐步进入外部市场乃至国际市场大循环。

西部乡镇企业发展模式的构想基于以下的思路:

其一,西部乡镇企业在发展初期极力追逐劳动密集型的轻工业和服务业产品,由于技术准备不足,产品的档次低、质量差,既难满足东部城市的需求,也难满足西部城市的需求。而西部农村市场,由于

农民购买力很低，无力消化这些产品，造成低档产品供给过剩，产品库存过大，一些企业负债超过界限，纷纷倒闭。西部乡镇企业与东部乡镇企业产业结构的趋同化，又加剧了这种竞争。东部乡镇企业以其产品质量较高、企业规模较大的"壁垒"，使西部乡镇企业无法敲开东部这扇大门；西部农村市场的需求不足，又不能激发本地乡镇企业的活力。所以，从宏观上看，当前的治本之策是先提高低收入人口的货币收入水平，扩大市场需求，特别是对中低档工业品的需求，从而为本地的乡镇企业的发展创造重要的市场条件。当然，货币收入的提高不是靠国家的补助和致力于农本经营，而是通过乡镇企业的发展来促进低收入水平的提高。这就是当前解决西部乡镇企业乃至西部农村经济发展的关键，这是一条看起来缓慢、实则稳定可靠的途径。

其二，西部的生态环境恶劣，农业基础薄弱，劳动生产率和商品率远远低于全国平均水平。尽管地域辽阔，适宜人类生存的空间却不多。因此，温饱问题始终困扰着西部许多地方。这种状况，使西部乡镇企业中的轻工业在短期内得不到长足发展。

其三，这是一个近中期即可实现的模式。资金问题是西部乡镇企业发展的瓶颈，因而用劳动力替代资金已成为十分紧迫的事情，事实上，西部廉价劳动力替代工业资金的能力远高于全国水平。西部的农副土特产资源和矿产资源十分可观，这对大批剩余劳动力，进入对资金、技术、管理要求低的行业成为可能。他们可以通过简单的劳务输出，如修路、建筑、保姆业；可以通过矿业开发；可以发展为大工业服务的粗加工工业和纺织、食品、服装等轻制造业；可以通过小林业、瓜果业、小水电业的发展来推动乡镇企业的发展。这不但能改善农业条件，扩大初级农产品的生产，增加劳动密集型产业的原料供应基地，也能为西部已具规模的重工业给予必要的支持，加强城乡联系，构成良性循环，使西部乡镇企业在这一良好的环境中得到健康的发展。与此同时,一旦西部新疆口岸、北部蒙古及苏联口岸、南部缅甸等国口岸打通之后,将能迅速以自己的轻制造业产品参与国际循环。这样的发展稳步而有后劲,不易受到宏观政策变动的冲击。

上述构思改变了西部乡镇企业中的两个循环程序。第一,把发展生产——提高收入转变到拉动需求——发展生产——提高收入的轨道上,突出了西部商品经济发展初期阶段,需求对生产的促进作用。第二,把东、中、西乃至国际市场的统一大循环,裂解为西部低收入消费市场的主循环和东部乃至国际市场的畏循环两个部分,体现了市场发育的渐进性。这样的双循环模式将带来三大好处:(1)将使西部乡镇企业的发展由速度型转向效益型;(2)供需失衡转向供需平衡;(3)断裂循环转向良性循环。

双导向双循环模式,就要求西部乡镇企业在所有制结构、企业经营方式、产业结构、市场体系等方面要有自己的特点:

所有制模式:应以私营经济和合作经济为主。除在城市和大企业周围,发展合作经济和混合所有制经济外,广大农村应发展私营经济,国营经济不宜在西部乡镇企业中发展。

企业经营模式:与所有制结构一致,应以户办、联户办、联营为主,以村办、乡办为辅。户办、联户办适应初始投资规模小、布局分散、产业初级的要求;联营适宜于西部乡镇企业与本地城市和大工业形成较为紧密的横向联合的协作群体,以及与东部建立较稳定的互补关系。

产业模式:以发展劳动密集型的资源产业为主。一是单一的劳务输出,以建筑业、修路、保姆业为主;二是发展商业与交通运输业;三是发展采矿业,并重点发展粗加工;四是发展建材业,把建筑建材及住宅业培育成西部乡镇企业的新兴主体产业;五是农副土特产资源的系列加工产业,发展瓜果业、蔬菜业、药材加工业、纺织、服装业、编制业、食品业。从地域上看,城市周围以及比较发达的县乡,拟实行市场导向型的产业选择,贫困落后乡村则仍以自然资源导向选择产业,大部分中间地带拟推行市场导向资源的双重战略选择。不管哪一种选择,均应选择投资少、风险小、见效快的产业。

市场模式:重点培育西部自己的市场,占领西部乡村低收入消费者市场;扩大西部城市的生产资料市场;填补东部的余留市场;以轻制造业产品打入西部国际市场。牢牢占领西部市场,既是西部乡镇企业的当务之急,也是西部市场体系建立的关键所在。西部乡镇企业市场发育是一种点石效应,先本地,后区外;先西部,后东部;先国内,后国外,此间并不排除市场的交错跨越与融合。

三、模式塑造之对策

(一)信贷资金重心的位移和扶贫资金的有偿集中使用

经济的增长取决于投入规模和投入效率,西部乡镇企业的发展同样也主要取决于资金投入的多少和效益提高的大小。西部地区民间财力有限,过剩资金不多,各省区多为中央财政补贴省,加之错过了东部乡镇企业"原始积累"的政策机遇,仅靠自己的力量实行乡镇企业的启动和发展是不可能的。因而,银行信贷在相当一段时期内仍是企业创业渡过难关以及进一步发展的资金主渠道,优惠的信贷政策仍是扶持企业发展的重要保障。然而,全国宏观信贷规模紧缩政策对西部影响很大。我们认为,紧缩政策不能一刀切,对于西部进行资源、原材料生产的企业,非但不宜紧缩,相反还应该扩大信贷额度,以利于全国产业的平衡和经济的稳定发展。就是要抽紧银根,也要看怎样紧缩,对于西部乡镇企业来说,紧缩的对象应侧重在乡办、村办企业,而不应是户办、联户办以及联营企业。对于后者,银行应给与最大可能的优惠扶持。这里有一个实际问题,即户办、联户办以及联营企业的信用,比依赖乡村行政系统的乡办、村办企业的差,从而影响了信贷资金重心的位移。这就需要在农村信贷管理和制度创新上有进一步的改革才行。现在看来,对西部户办、联户办和联营企业,应当把"有无财产担保"和"产品确有销路"作为贷款的主要依据,至于"是否有足够的自有资金"的界限则应比东部低得多,这样,才有利于扶持西部的私营和合作经济。与此同时,在东部乡镇企业中逐渐消失的优惠利率,在西部仍有重复使用的必要。通过财政去弥补银行损失的利益,再由银行去扶持乡镇企业的发展,将比财政资金直接输入农村,效果要好得多。

当然,财政资金对农村的一定输入仍然是必要的。在温饱尚未解决的阶段,适当加以救济和扶持是非常重要的,这时过分强调"造血"反而会使经济萎缩。当然,扶贫和救济的方式方法将要进行改革。除受天灾严重的地区外,扶贫资金的单家独户使用的方式,已不适应有了商品经济和商品意识的西部地区。各类扶贫性质的资金应从调拨性转向货币性,通过相互融通捆在一起使用的办法,创办能大量吸收低收入劳动力就业的乡镇企业,实行生产自救,培养造血机制。这样,资金的收益和回收有了明确的主体,追求货币增值的冲动就会陡然产生,西部农村资金低效率使用的状况才会尽快得到改善。

(二)建立乡镇企业发展的低税区

国家赋税的导向主要在东部地区。西部作为财政补贴地区,其补贴数额的减少,无疑是国家赋税的增加。轻税政策仍然是目前乡镇企业发展的保护伞。如果东部乡镇企业税收优势的丧失,迅速波及到西部地区,西部乡镇企业就有被窒息的危险,因为它们雏型的发育阶段,无法承受宏观调整的巨大冲击。从总体上看,西部乡镇企业的税收比率要大大低于东部地区;户办、联户办和联营企业的税率又要大大小于村办、乡办企业。较低税赋所形成的西部乡镇企业的低税区,有利于乡镇企业的启动发育,有利于吸引东部地区的技术、资金和人才来西部进行开发,使地方经济实力尽快得到增长,从而减少国家对西部财政的补贴。

(三)强化政府对市场的诱导信号

西部地区严重缺乏与外界的各种社会联系。金融、贸易、信息渠道闭塞,再加上其他制约因素,乡镇企业对市场景气和不景气的信号反映极其迟钝,投资的选择性有限,投资行为紊乱,使西部乡镇企业的发展错过了一个又一个良好的机遇。作为西部的农民,不可能依靠自己的力量建立信息网络,也不能消极地等待市场体系的自发成长,而必须借助各级政府的力量催化各种要素市场的建立。政府应当帮助农民组建和强化农村的信息、金融、流通、服务、技术等社会服务体系,特别是通过农村各种专业化服务队伍的建立,加速市场体系的形成。各级政府的功能只有倾斜到这一领域,制定各种政策、法令和制度,充分发挥经济杠杆的作用,才能把目前西部乡镇企业不断找婆婆的现象,转变到不断找市场的正常行为中去,促使西部低水平的商品交换和商品经济向深度和广度发展。

(四)建立与国营大中型企业互补协作的新型伙伴关系

大工业与乡镇企业是在极不平等的条件下展开竞争的。西部大工业拥有的雄厚资金、技术和人才、平价原材料的供应、畅通的销售渠道和信息网络以及专业化大生产的规模效益,是乡镇企业望尘莫及并无法与之抗衡的。因而,西部乡镇企业与国营大中型企业不应该是完全竞争的关系,而应是一种新型的关系。目前,乡镇企业竭力想获取廉价的生产资料,然而,今后原材料、燃料、电力价格上涨的趋势不可避免,唯一的办法是依靠自己的优势寻找出路。一是使用自己的农副土特产资源;二是开发本地矿产资源;三是寻找大中型企业与之结成经济伙伴,或利用大中型企业的边角余料,或为其加工零部件配件,或为它们补充提供原料。这三条与大企业紧紧挂勾、普遍联营道路的选择,不仅使乡镇企业在原材料的指向上得到一定的缓解,还将为大批廉价劳动力进入非农产业提供机会。这是西部乡镇企业,尤其是大中城市周围乡镇企业发展的希望所在,也是弱化二元结构,在产业断裂链条中增加中间转换机制的重要战略选择。目前,西部乡镇企业力戒盲目与大企业竞争,应在普遍与大企业联营的基础上结成互补协作的新型伙伴关系。这种关系的实质是西部乡镇企业的产业如何同现有的城市工业体系实行合理的分工。那种以产品实行城乡大中小企业之间分工的思想,已不适应新的市场环境,而以产品的加工阶段实行分工协作的原则将越来越显示重要的作用。因为当一个产品或产业处在不同的加工阶段时,对技术、资金、管理的要求大不一样,这就为乡镇企业从一个或几个技术层次较低的加工阶段进入大工业体系提供了机会。西部乡镇企业可以通过工艺分工的原则,及时楔入以大工业为龙头的产业体系中去。乡镇企业与大工业进行专业化分工与协作,其技术和管理方面的弱点不但得到弥补,并有助于尽快提高自己的技术素质,这将是西部乡镇企业突破本乡本村地域界限,进入更大生存空间并避免低水平过度竞争的一种重要途径。

(五)大力发展混合所有制的股份经济

西部乡镇企业资金短缺、规模效益差、积累能力低的制约因素,主要应从自己内部环境中去寻找出路,特别需要从组织结构的改革上去推动。西部乡镇企业规模的扩大,由于企业普遍弱小,不可能靠一些企业吞并另一部分企业来实现;资金的筹措和集中,也不可能靠一大批人的破产和国家的大规模无偿投入来完成。因而,通过股份制来解决上述矛盾则是一种重要的形式选择。西部乡镇企业的股份制并非典型意义上的股份制。它不但是农民对企业的参股,而且还是乡镇企业之间、乡镇企业与大企业、乡镇企业与科研单位大专院校之间在广泛联合基础上的一种多种生产要素的参与。它使西部农村的各具一定优势的不同生产要素在同一经济体中迅速聚合起来,形成一种现实的较大规模的经营。目前,对于经营较好、自我积累能力较强的乡村两级乡镇企业,应通过清产核资、明确产权、折股分摊等办法,改造为集体股份制企业。对一部分经营不下去的乡村企业,通过租赁、拍卖等方法,转化为私营经济。对于大多数农民,可以通过资金、劳力、技术、设备入股的方式,建立股份企业,特别是与科研单位和大企业联合,建立新型的股份企业。并且通过乡镇企业股份化和私有化的进程,培养造就一批农民企业家队伍。

原文刊于《兰州学刊》1988 年第 6 期

甘肃工业科技发展可供选择的思路

甘肃工业刚刚步入工业化的中期阶段。其发展过程形成的特征是：以资源型产业为主体的重型结构；工业生产力呈"二元分布"状态；工业布局与资源分布较为适应。甘肃工业以其特色和优势在全国工业布局中占有显著地位，也为大规模开发西北奠定了良好的基础。

建国 39 年来，甘肃虽然形成了以优势产业技术为主的工业技术基础，但工业科技的总体水平在全国仍处在比较落后的地位。优势产业和企业技术老化，产品消耗高，质量差；地方小企业、城乡集体企业和大部分轻工业企业技术力量奇缺；大中型企业和中心城市的科技要素，不能顺畅地向省内技术要素稀缺的地区和企业流动和扩散；科技要素在省内的横向运动受阻，技术的优势组合尚未形成，提高资源综合利用水平的技术开发不足；科学技术面向经济、面向工业发展的良性机制尚未形成。整个工业在技术的低水平上处于超负荷运转状态。"六五"期间，全省全民所有制工业年技术进步速度仅为 2.31%，技术进步在工业总产值增长中贡献只占 32% 左右。

加快甘肃工业科技发展的指导思想应考虑为：(1)着眼于甘肃产业结构的优化，有利于主导产业群的建立和发展，改善地方工业在区域分工中的不利地位；(2)既遵循科学技术的发展规律，又要考虑甘肃经济、社会、科技方面的承受能力；(3)重视现有技术优势的挖掘与发挥。据此，甘肃工业科技发展战略的基本模式是：以推广应用为主、研制开发为辅的手段，尽快引进吸收国内外先进适用技术，建立

"软"、"硬"结合、畅通活跃的由先进技术、常规技术和初级技术组成的多元工业科技网络体系，促进技术密集区的辐射功能，提高产业间、区域间专业化协作水平，推动甘肃资源——技术型产业群体的建立，使资源优势最大限度地转化为商品优势和效益优势。

按照上述指导思想，甘肃工业科技发展的步骤是："七五"到"八五"前期，主要用先进技术改造轻工、建材、机械、有色冶金、石油化工等传统产业，用适用技术武装地方小企业和乡镇企业；推动横向联合，建立科技要素流动与协作体系。"八五"后期到"九五"期间，完成工业结构的调整，完善工业技术结构，形成主要矿产资源和农副产品资源开发、利用和深度加工的产业链体系及综合开发体系，使甘肃工业集约化经营水平大幅度提高，各个科技开发基地及中心发育成熟，为甘肃工业的全面现代化奠定基础。

甘肃工业科技发展的重点行业与主要内容应当同工业产业结构相吻合。主要包括：冶金工业的采掘、冶炼、深度加工和综合利用技术；石油化学工业的有机化工材料开发和轻化工技术；建筑材料和非金属材料的新产品开发及原料综合利用技术；毛纺、皮革、食品、药材加工技术和地方名、优、特产品的生产技术；机械工业的基础件、专用设备生产制造技术，等等。

实现甘肃工业科技发展的对策是：

（一）调整产业结构，完善产业政策，促进工业技术进步

科技进步是产业结构变化的根本动因，产业结构的调整和优化，又为科技进步创造必要的条件。甘肃工业需继续调整轻重工业的比重，应从产品结构调整入手。农业的落后制约了轻工业发展，后应大力发展以工业原材料为主的轻纺工业以及提高重工业中最终消费产品的比重。用资源换技术、换资金，面向西部市场以及东部外向型产业转移后余留出的部分空白市场，通过发展甘肃的科技产业，新技术

新产品的研究,大幅度提高轻纺产品比重和最终消费品的比重。

要选择好前向后向关联系数大、旁侧效应高、经济效益好的主导产业群,这主要是有色冶金加工、石油加工、机械、建材工业。对主导产业要强化先进技术要素的输入。主导产业所选择的主要技术和发展重点,要能够提高资源的转换效率,明确技术进步的主攻方向,保持甘肃工业在全国的比较优势,又能使其得到持久的发展动力。

要大力发展横向经济联合。通过经济技术协作,建立企业群体、企业集团等方式,依托城市建立联系密切的各种工业区,如兰州工业区、天水工业区、酒泉工业区、金昌工业区、庆阳工业区、平凉工业区,以弱化二元结构,优化产业布局结构。这一产业结构的优化过程,必将推动技术要素在空间范围各层次上的横向、纵向流动,重新调整与组合。这本身有利于甘肃技术开发区的建立,技术网络的形成,也使地方中小企业和乡镇工业在这体系中直接受惠。

(二)重视对传统企业的技术改造

技术改造是增强企业自我发展能力,提高企业素质的重要内容。从总体上看,本世纪内甘肃工业的扩大再生产主要靠通过企业的技术改造来实现。甘肃工业技术改造投资在工业固定资产投资中的比例低于全国水平,只占1/3左右;技改资金多用于外延扩大再生产或简单的设备更新,真正用于技术进步的不到1/3;技术改造仍有助长大而全、小而全企业组织结构的倾向。

甘肃工业技术改造的重点,应是传统的资源性产业,侧重于大中型骨干企业和省属重点企业。要把提高产品质量,增加花色品种,降低能源原材料消耗,走节约型经济的道路作为主攻方向。抓好名、优、特、小、轻、贵系列产品的改造项目。通过重点改造,提高甘肃工业产品的市场竞争能力。为此:(1)提高技术改造资金在固定资产投资中的比例并调整投资结构方向。到本世纪末其比例要提高到50%以上,主要用于提高质量、降低消耗、产品升级换代方面。(2)提高技术改造投资中用于技术进步的比重。必须用新技术、新工艺、新设备为主要内容的技术进步改造传统产业,输入更多的创新基因,引进国外投资,至少也应具有 70 年代末 80 年代初的水平。要避免把东部即将淘汰的设备转移到甘肃来。(3)按照专业化分工原则改组工业,制定切实可行的行业发展规划,对企业的技术改造进行灵活有效的诱导和控制。以便克服以往企业微观技术改造和行业技术改造之间脱节,造成重复浪费,整体效益不高的弊病。(4)适当提高大中型企业的设备折旧率。考虑企业的承受能力,由现在的 5%左右提高到 7%~9%左右,以增加企业技术改造的资金总量。(5)重大技术改造项目,宜采用跨地域跨行业的股份制形式,通过公开招标来进行。

(三)建立多层次有序的技术引进体系

技术引进是甘肃赶上国内先进水平,缩短与世界先进水平差距的关键。甘肃宜建立渠道畅通,利于本地技术存量利用和发挥的全方位多层次技术引进模式。

技术引进的路线,应是点式跳跃与梯度转移相结合的路线。即生产力水平高、技术力量强的企业宜直接从国外引进先进技术,以提高经济密集区的技术水平层次,强化其作为经济增长极的实力和辐射力;一般的企业可考虑从东部引进适用技术;乡镇企业还应重视从本省大中企业、军工企业和科研单位引进适用技术。走这条路线,有利于缓解甘肃开发资金不足的尖锐矛盾。

技术引进的重点,主要是为传统产业技术改造服务的技术,以及资源深度开发与加工的技术。同时有选择地引进为培育新兴产业服务的技术。引进的重点区域分布,主要是前述的技术开发区和工业集中区。

技术引进的方式,首先要高度重视补偿贸易、租赁、合作经营、合资生产的方式。这易于弥补甘肃资金不足的劣势,易于迅速消化吸入国内外的先进技术和经营管理经验。其次,要开拓更多的自我引进方式。技贸结合的引进方式比较适合甘肃今后经济技术发展的需要和水平,同时有选择地逐步开展许可证贸易。

十分重视技术引进的消化吸收和创新,这是技术引进成败的关键。为此,(1)甘肃的科研设计部门和企业科研部门应配合生产单位进行技术引进,研制开发的内容也应集中到这一领域。这有利于提高引进的起点,有利于消化吸收和创新。(2)组织企业、科研机构、大专院校联合进行技术攻关,缩短科研开发—小试—中试—工业性生产的周期。(3)适当增加引进技术的消化吸收经费,并作为落实审批项目的依据之一,以适应软件技术引进比重增大,消化吸收难度和经费随之增大的趋势。

充分发挥省内技术增长极的作用,把适用技术辐射到广大的县乡工业区域中去。通过有偿的对口项目支援经济联合,建立多层次的技术市场体系等途径,以技术、人才、资金等要素一揽子注入的方式,尽快地把中心城市和大中企业、军工企业有发展前途的先进适用技术扩散到县乡工业中去。

建立甘肃技术引进和开发的协调机构,加强宏观的指导和服务。技术引进和技术开发是一项非常复杂的系统工程,需要多部门多专业通力协作和配合。尤其在目前条块分割体制尚未完全理顺的情况下,更需一定的半官方性的组织予以协调和诱导。(1)建立本行业专家组成的技术咨询委员会。所有企业,无论其经济类型和规模,在技术引进时,除了由企业提供可行性论证及投资论证外,均需在本行业进行评估和选优。这是一级"滤网",大多数重复引进或低水平引进可在这一级"滤网"淘汰。(2)建立全省各部门的专家组成的技术引进综合协调机构。这是二级"滤网"。其功能是:制定全省技术引进的重点,确定技术引进纳入技术进步总体战略的步骤与过程,注意技术引进与技术改造产品开发及出口创汇计划的衔接,按照生产的专业化、系列化来布局技术引进的重点等。一级"滤网"不能解决同类技术在不同行业的重复引进问题,也很难对它的旁侧效应进行全面分析,但在二级"滤网"这个问题则能得到解决。(3)在企业建立技术引进责任制,纳入厂长任期目标责任制的内容中,以约束其谨慎、科学地对待技术引进。(4)在社会上,建立技术引进与开发的信息中心和信息网络,提高技术引进的透明度。只有这样,才有利于把企业引进、行业引进、地区引进与全省引进有机地衔接起来,提高技术引进的总体水平。

(四)提高培养工业科技人才的自育能力和科学合理使用现有人才的水平

人才是技术的载体,是甘肃工业科技赖以振兴的基础。根据甘肃工业科技人才总量小、结构不合理的状况,需采取下列人才发展对策:

以自我培养为主,增加人才总量。甘肃依靠大规模企业迁移和国家分配大幅度增加专门人才的时代已经过去。人才总量的增加必须主要依靠自己的培养,辅之以全方位的引进。需要调整和新增适合甘肃工业特点的大专院校的系科;大力开办专业科技学校,发展中等职业教育;广泛开展企业短期在职科技人员知识更新学习和职工掌握新知识新技术的强化教育,利用大中型企业及科协的力量为地方工业和乡镇企业培养技术人才;建立以甘肃经济管理学院为中心的现代经营管理人才培训中心;等等。与此同时,克服户籍障碍,以合同形式大力引进"候鸟式"的中短期工作的省外各类工程技术人才。这种智力技术型的人才迁移方法,是打开引进人才门路的一种现实可行的有效途径。

敞开省内各部门、各行业、各企业的大门,实行人才结构的调整与重组。把一批业务开拓能力强的工程科技人员尽量调整到科技开发岗位上去,从总体上增大这部分人的比重,增强科技开发的实力。实行大中型企业之间、各技术研究中心之间专业人才的对流制度。只要对方环境更能发挥该技术人员的作用,各方均应予以配合和支持,以利于形成与产业特点相配套的科技人才的群体优势结构。通过星火计划的推广、各种经济联合、承包经营等途径,鼓励人才向中小企业、乡镇企业流动。鼓励民间技术研究、技术开发、技术服务组织的建立,把社会上各种分散、闲置、半闲置的工程技术人才资源挖掘出来,组织起来,合理加以利用,重点引导到乡镇企业的发展上去。

(五)进行科技体制改革,为工业技术进步提供良好的外部环境

科学技术是商品,今后生产的发展主要靠科技进步。科技体制改革要有利于科技成果尽快转化为生产力,有利于先进技术要素尽量输入到最急需、迫切需要发展的部门和领域中去,有利于原有技术潜力的挖掘与重视。

建立和完善多种形式的科技市场,加速技术商品化进程。第一个层次,是在企业之间实行小范围小规模的技术有偿转让;第二个层次,是在企业、行业之间的技术市场雏型形成之后,由政府组织科技开发机构参与技术市场,进行科技开发机构与企业之间、企业相互之间以及行业之间大范围大规模的技术贸易;第三个层次,是在省内技术市场形成过程中,及时纳入国内技术市场体系,参与国内外技术贸易。技术市场要十分重视中小企业和乡镇企业的发展,通过示范效应激发和诱导它们对适用技术的需求欲望,因此流动型的技术市场对它们尤为必要。技术市场宜由各级科技管理部门组织。要尽快建立把技术信息网络、科技情报网络、经济信息网络包容在内的综合信息网络体系,为企业技术开发服务。鼓励咨询团体和个人充当技术市场的"经纪人"。

加强工业技术进步的软科学研究。有条件的企业、部门以及省科

委,可把社会上的有关专家吸收和组织起来,成立不同形式的软科学研究组织。从经济、社会、科技、生态等不同角度对重大的技术改造、技术引进项目进行综合的科学研究,提供有价值的咨询意见,以提高技术进步的水平与效益。

发挥经济杠杆的调节和引导作用以及法律手段的调节和制约作用,保证技术进步目标的实现。对技术进步的重点领域和乡镇工业实行低税区,技术引进与改造的前期可实行减税和免税,鼓励技术要素的投入。实行优质优价、新产品价格自定的灵活政策,促进企业开发新产品的积极性。对利于主导产业发育和支柱产业发展的开发和改造项目,在贷款条件、利率、偿还期上给以保证和优惠,开发的新产品可实行税前还贷。搞活资金市场,引导技术进步投资流向经济效益好的地区和行业,实现技术流向和资金流向的统一。在法律上,应制定资源综合利用的法规,制定限期淘汰高消耗、低效率技术设备的法规。

原文载《发展·挑战·对策》甘肃人民出版社 1988 年版

按照农业发展的趋势调整农机工业

一、我省农机工业在目前调整中出现的新情况,面临的新问题

最近两年,在国民经济的调整和改革中,我省农机工业遇到了一系列新问题:一是生产逐年下降,绝大多数企业任务严重不足,处于停产和半停产状态。全省农机工业总产值由 1977 年的 1.5 亿元下降到 1980 年的 0.94 亿元,1981 年计划为 0.58 亿元,落实合同仅为 0.06 亿元,为 1977 年的 4%。省属重点企业兰州手扶拖拉机厂,1981 年计划生产 3000 台,年初订货仅有 18 台。其它各级企业的生产也降到了历年最低水平。二是市场萎缩,产品大量积压。全省各级农机供应公司库存总值高达 1.126 亿元,其中积压和有问题的商品为 0.5 亿元,占 44.4%。企业产品库存也在不断上升。兰州手扶拖拉机厂成品、半成品、在制品积压,合计高达 3800 多台;天水拖拉机厂去年生产的 75 台拖拉机仅售出 10 台;天水柴油机厂生产的 495 型柴油机则一台也未售出。三是亏损面增大,亏损额上升。1977 年以前全行业尚能上缴利润 557.05 万元,而 1979 年盈亏相抵后亏损 51 万元,1980 年亏损 532 万元,1981 年仅省属十个农机企业计划亏损将达 700 万元。亏损企业数也由 1979 年的 30 个增加到 1980 年的 40 个,占全行业的 35.4%。四是流动资金构成发生变化,资金周转困难。虽然企业的储备资金普遍有所下降,但因采取赊销、代销产品的办法,成品资金及生产资金却大幅度上升,致使资金周转不灵,企业只好通过银行

贷款来解决,加重了负担。如兰州柴油机厂,资金定额为 502 万元,1981 年一季度实际占用 600 多万元,其中销售科就占用了 200 万元,有 140 万元则经常游离在外,收不回来。上述情况,使农机工业欲进不能,欲退不得。

二、问题产生的原因

上述情况和问题,虽然是在调整时期出现的,但它决非调整的产物。只是由于调整,使这些问题得到了比较充分的暴露。从根本上说,这些问题的出现是长期以来"左"的错误指导思想所导致的必然结果。除此以外,还有以下几个原因

1. 脱离我省实际,追求高速发展。我省农机工业的大发展主要是在 70 年代。建国 30 年来对农机工业的投资为 2.2 亿元,而近十年就达 1.5 亿元,占总投资的 68%,是前二十年的两倍多。但是这种发展不符合我省的省情,也非农业生产发展的客观要求,而是在国民经济高积累的基础上,拔苗助长的结果。

从我省来看,农村的实际情况如何? 对农机的需要程度又如何? 有以下几点值得注意:(1)我省自然地理条件复杂,5000 万亩的耕地中,适宜机耕的有 2250 万亩,不到一半。即使按 1980 年实现农业机械化的要求,大中型拖拉机只需 20000 台,因而容纳的农机数量有限。(2)我省农民直到 1980 年来自集体分配的收入只有 59 元,低于全国水平。平均收入在 50 元以下的生产队占总队数的 60%。很显然,在相当一部分社队温饱尚成问题的情况下,农业机械目前尚非急需。(3)我省社队的各项积累仅占总收入的 6.7%,平均每人不到 7 元,扣除其他开支,不少社队极少有余力购置农业机械。(4)我省社队企业基础薄弱,多种经营不发达,一时无法大量吸收由于使用农业机械而造成的过剩劳动力。过去我们对这些情况认识不清或估计不足,把农

业机械工业的发展规划盲目地建立在 1980 年实现农业机械化的一厢情愿的基础之上。十年来，除了本省生产手扶拖拉机 40000 多台，还从外省调进各种拖拉机 35000 多台，保有量达到 75000 多台。其中大中型拖拉机已达 17885 台，达到 1980 年实现农业机械化所需总数的 88%；手扶拖拉机的实际拥有量也占到了农业机械化规划需要量的多一半，总的来看，现有农机产品的实际市场已近饱和。

同时，农业机械的购买力的实现，并非来自农业发展的内在需求，而是来自外部的"恩赐"。社队购买农业机械的资金，或者由国家和社队均摊，其中落后社队购置农业机械的资金国家投资占 70%；或者由国家全部贷款包办，直至白送。这种靠国家出钱，农民"买"机种地的虚假的供求关系，掩盖了农民购买力低下的矛盾，加剧了农业机械工业的浮肿状态。现有的农机则因管理不善，消耗大，效益小，甚至在有些地方使用农业机械还不如人力畜力的实际效益大，农民得到的实惠少，在这种情况下，主要问题不是新的需求，而是如何管好用好已有的装备。

2. 农村经济体制的变化，引起了农民对生产工具需求的新变化。1979 年冬季以来，我省农村普遍实行了各种生产责任制。迄今为止，除河西三地区和主要城市郊区实行了专业承包、联产计酬和统一经营、联产到劳的责任制外，包产到户的社队已占全省社队的 79%。由于这些地区大多是"三靠"（生产靠贷款，生活靠救济，吃粮靠回销）地区，经济条件落后，在当前和今后一段时间，主要是靠政策，靠联产计酬责任制（包括包产到户）等形式，调动和发挥农民的生产积极性，来推动农业生产的较快的发展。因此，大规模地改变劳动手段即提高机械化水平，现在只能处于从属地位。加之生产单位划小，好坏土地插花，地块随之缩小，农民开始转向购买毛驴、耕牛和小型农机具，大型昂贵的农机产品显然不能适应这种情况。

3. 外省产品的大幅度降价,加上我省农机产品的质量问题,进一步缩小了我省产品的市场。

4. 在国民经济调整时期,国家对农业机械化的投资大幅度减少,购置农业机械主要靠自己而不能再靠国家了。但我省人均分配在150元以上的生产队,只占现有生产队总数的3.47%,且基本实现了机械化,人均分配在100~150元之间的生产队也才占总队数的6.22%,它们虽有逐步实现农业机械化的要求,但毕竟需求量有限。绝大多数生产队对农业机械的需求目前显然力不从心,并不迫切。

5. 管理体制的不合理,割断了生产与流通的有机联系。我省农机生产、销售,分别隶属于机械局和农机局。农机的研究却归属于销售部门而和生产部门毫不相干,这些很难发挥其指导生产、为生产服务的重要作用。

6. 农机工业是为农业生产提供动力和设备的,所以从根本上来说,它的发展要受农业发展状况的支配和制约。这就是说,农机工业的发展不依赖于人们的主观意志而受制于农村的客观条件即市场需求量的大小。而需求量的大小又受三个因素的制约:一是农业内部购买力的大小(即水平和速度);二是农机产品的合理程度;三是农业机械的使用效果是否显著。第一点反映了农业机械投资大而目前社队积累率低,资金不足的矛盾;第二点反映了农业需求结构的多样性与农机工业产品结构单一化的矛盾;第三点则反映了提高劳动生产率与我国劳动力资源充足之间的矛盾。只有同时解决这些矛盾,即农机产品农民买得起,用得上,增产增收,有利于多种经营,安置多余劳动力时,农机工业才能真正得到发展。如果三者缺一,就会影响对农机产品的需求,影响农机工业的发展速度。而我省的实际诚如上述,在这三个条件方面都存在着问题,并且在近期还难以完全解决。

以上各点是造成我省农机工业目前萎缩、不景气的历史的和现实的原因,同时,又是其当前不可能大发展的限制性因素。

三、对我省农机工业发展前景的估计和分析

诚然,我省农机工业目前面临的困难很大,对此我们要有足够的认识。但是,随着调整工作的步步深入,随着农业形势的好转,我省农机工业中所存在的问题将会得到逐步解决,其发展速度虽然不会也不可能很快,但会在市场需要的扎实基础上更稳妥的前进,直至它的黄金时期的到来。前景乐观,很有希望,这可从以下几方面看得出来:

第一,使用农业机械不仅可以大幅度地提高劳动生产率,还可以在短时间内完成人力、畜力和手工工具无法完成的工作,克服各种自然灾害和季节对农业的限制;进一步提高耕作技术和作业质量,把农业生产提高到一个新的水平。酒泉总寨公社沙格楞一队,1957 年平均每个劳动力生产粮食 2400 多斤;1964 年使用改良农具后,平均每个劳动力生产粮食 5000 多斤;1973 年使用拖拉机及少数配套农具,平均每个劳动力生产粮食 25000 多斤;后来又使用大型机械耕作,1979 年平均每个劳动力生产粮食 58000 多斤;1980 年粮食总产比 1965 年增加了 15 倍,平均每个劳动力生产粮食增加了 5 倍多,每斤粮食成本由 1976 年的七分四厘下降到五分四厘,粮食商品率达到 55%,劳动日值达到 2 元,人均分配达 351 元。这个事例充分说明,要改变农业的落后面貌,根本出路还在于实现农业机械化。

第二,随着党的农村经济政策的落实和生产责任制的实行,农民生产积极性的提高,农民的经济状况三五年之后也将会大大好转。他们在收入增加,个人生活得到基本恢复之后,必然会产生对农业机械的需求。

第三,包产到户的形式并非一成不变。随着生产力的发展,社员会在等价交换、自愿互利的基础上以各种形式重新逐步联合起来,解

决温饱之后必然会发展多种经营,出现专业化分工。这就在客观上产生了用农业机械代替转转移到工副商业方面的劳动力的要求, 同时也要求农业向深度进军,支持其它行业的发展,从而使农机工业的市场逐步扩大。这种苗头已渐露端倪,武威县已出现了专业组要求购买手扶拖拉机的现象。

第四,在基础薄弱地区,社队工业和多种经营的发展在其初创阶段虽然在资金上限制了对农机的需求。但它们一旦发展起来之后,却会给农业机械的购买提供大量资金,并为农业机械可能代替的劳动力开辟广阔的就业门路。武威县法放公社 1969 年只有两台拖拉机,此后八年基本上没有什么发展。1978 年,他们根据人多地少的实际情况,每年抽出 10%(500 人)的劳动力去搞工副业,仅用了三年,工副业和多种经营收入就达到 325 万元,从中拿出 65 万元。先后购置了大中型拖拉机 13 台,手扶拖拉机 52 台,配套农机具 309 台(件)。

第五,农村经济体制的变化也必然使农机产品的需求结构发生变化,这主要是要求农业机械小型化,轻便化,家用化,多样化。这正是农机工业发展的希望和出路所在。农村市场的这一变化,要求农机工业尽快调整经营方向和产品结构,必然会使它有一个可观的发展。如果说,从它目前存在的困难和问题中我们看到的是"退",那么从这里我们将看到它的"进"。

综上所述,我们认为农机工业的前景并不悲观,预计经过一个不太长的时期之后,农机工业的市场将大大发展。只要我们清醒地把握和认识市场需求的变化动向。认真搞好农机工业的调整以及必要的改革,农机工业就会发展前进。

四、对我省农机工业调整与改组的建议

农机工业的调整必须根据国情,结合省情,从体制、产品、技术、

经营管理、政策几个方面同时着手，走一条合实际，对需求，讲效果，得实惠的路子。

1. 改革生产结构，推动经济联合。首先要清除"左"的错误，端正发展农机工业，实现农业机械化的指导思想。根据我省农村生产力水平低，积累率小，资金缺乏，能源不足以及绝大部分地区实行包产到户的特点，农机工业必须有与之适应的生产结构和规模。

依我们看，省属农机生产工业应保住兰州手扶拖拉机这条线，应当关停并转天水拖拉机厂这条线（共四个厂），扶持已形成的有发展前途的生产能力，限制长线产品的生产能力。对于其它辅助厂（包括天水四个厂），为了避免争原料、争市场、浪费人财物的现象继续下去，可考虑改组，实行跨地区、跨行业的联合。还可以突破只为农业服务的框框，既可为农，也可为工；产品结构上，既可以是生产资料性的，也可以是消费资料性的。

2. 改革产品结构，把增加品种，提高质量，降低成本，作为发展农机工业的主攻方向。多年来，我们的农机工业重机械化产品而轻半机械化产品；重主机产品而轻配套机具产品；重单一产品而轻综合多用化产品，产品结构很不合理。在调整中，应本着农业对机械多方面的需求和农村经营体制的变化来调整服务方向，使产品向小型化、多样化，以及机械化产品和半机械化产品同时并举的方向发展，并努力作到价廉，物美，节能，易修，并兼顾国内外市场。这就是说：(1)农机产品的品种要适应农林牧副渔五业发展的需要，适应农村多种经济形式和农业基本建设的需要，兼顾我省河西的平川地带，陇东的塬地，陇南的山地，中部干旱地区以及城郊蔬菜经济作物地区的各种特点及其需要来调整产品结构，重视机后配套，提高农用动力机械的利用率。(2)近期内不宜发展大中型产品，而要适应目前已经划小了的作业单位，特别是家庭作业的需要，适应我省山多沟多的地理特点。

小型机械一般说来成本较低，价格便宜，农民买得起，用得上。因此，5马力、8马力的小型手扶拖拉机就应考虑试制生产。(3)机械化和半机械化产品同时并举。为了适应农村生产力发展不平衡的需要，既要有机械化产品，也要有半机械化产品，以利生产力水平不同的各个生产单位各取所需。(4)要抓现有产品的升级换代，并不断开发试制新产品，对现有的产品要淘劣(如不受欢迎的天水50型拖拉机等产品)留良(如敦煌牌160型收割机等)，并且不断改进，对尚是空白而又急需的产品如铡草机、手动玉米脱粒机、烘干机等产品则要积极发展。"改进一代，研制一代，预研一代"的方针，对农机工业的发展至关重要。把研究和发展工作放在首位，是国内外机械工业迅速发展的基本经验，过去那种以完成生产财务指标为企业的主要任务而忽视产品的发展工作的作法是不足取的。(5)要解决产品的耐用性和维修方便的问题。农机产品的质量问题从农业的角度看，首先是结实耐用、故障少、易修理，其次是操作简便，外表美观；从工业角度看，则要结构简单、体积小、耗能、耗材少。(6)在面向国内市场的同时，要争取产品打入国际市场。在五十年代，我省天水的山地步犁就曾远销东南亚。最近一年，张掖收割机厂的敦煌160型收割机又行销泰国、巴基斯坦等国家。这就需要合理组织，开展专业化协作，从而使许多吃不饱的农机企业恢复生机。

3. 组织一个供、产、销、科研四统一的农机工业公司。目前农机工业存在的许多问题，与农机工业管理体制的弊病有直接关系。企业虽有许多"婆婆"，但对企业都不能负全面责任；且"婆婆"间往往互不通气，意见分歧，更使企业难以办事。要改变各主管部门只有当然的权力而无确定的责任的状况，打破部门界限，把生产和流通有机地统一起来，农机研究所要发挥对生产的指导和推动作用。为此，可考虑把旧的管理体制改变成研制、供应、生产、销售四统一的公司体系。开始先搞成松散型的联合机构,在经验和条件比较成熟时,再搞成完全独立核算的公司。

原文刊于《甘肃社会科学》1981 年第 4 期

发挥大中型企业作用的几点认识

社会主义的公有制,是社会主义区别于资本主义的根本标志。社会主义公有制的主体,是采用国有制形式的全民所有制,它是社会主义的经济基础,社会主义的按劳分配,以及我国通过改革建立并正在逐步完善的有计划的商品经济,都是以公有制、特别是全民所有制为基础的;实行所有权与经营权分离,搞承包经营责任制,促使企业独立自主、自负盈亏地进行经营管理,也正是为了完善全民所有制,使企业按照商品经济发展的要求,去发展社会主义的商品经济,壮大社会生产力。因此,动摇和否定全民所有制,也就是动摇和否定社会主义的根基,由此而进行什么改革,最终都会使社会主义演变为资本主义。

国有大中型企业是全民所有制经济的主体,也是国民经济的命脉所在。当改革推进到当前的阶段,随着新旧体制的对峙、摩擦,以及指导思想上的某些偏差,我国经济出现了许多困难,其中国有大中型企业最为突出。

从体制方面看,由于旧体制尚未消退,仍然在国民经济的重要方面发挥作用,其依赖的经济基础主要是国有大中型企业,大中型企业运行的轨迹和机制主要仍在这个体系之中。而改革引入的市场机制,使大中型企业的生存环境发生了很大变化,一方面是原有的保障系统被削弱,一方面是适应新的市场环境的自主权力和竞争手段又不足,因而生产和经营难以得到保障并正常运转,企业处于双重困难之境地。国有大中型企业的技术改造和基本建设投资不足,超负荷生产和后劲不足的问题严重存在,特别是一些在 20 世纪五六十年代作出贡献的一批老企业,新一轮崛起的物质和技术准备条件远为不够,潜伏着危机。当国有大中型企业的计划外产品求助市场时,由于市场竞争机制的不规范、不均等,有利于个体、私营以及其他经济成分的一些政策,加之其他一些经济成分采取一些违法的竞争手段,在市场竞争中冲击着国有经济,使国营企业往往难以取胜。

从区经济发展来看,随着中央将部分人财物等经营管理权限下放地方,以及地方财政包干体制上的一些弊端,地方自我经济体系、追求局部利益的行为愈来愈强烈,尤其是东部商品经济较发达的地方。这种现象加上前述两种体制方面的摩擦,近年来,投资明显向非全民所有制倾斜,向地方小企业倾斜,向技术落后、易手跨入的行业倾斜,向加工业、高档消费工业和商业服务业倾斜,致使国有大中型企业在新增产值中的比重有所下降,全社会的经济效益出现问题。当国家注意到这种盲目发展倾向并实行紧缩方针时,许多急待压缩的部门和产业,反而压而不缩,真正受到挤压的多数是国有大中型企业,进一步加重了基础工业部门和国有大中型企业的负担。

从企业内部来看,尚未彻底解决分配方面吃大锅饭的弊病,劳动生产率不高,成本上升,影响着企业活力的发挥和经济效益的提高。

上述国有大中型企业存在的困境和问题,反映了整个经济体制改革还不彻底,不完善,特别是目前的财政、信贷、外贸、价格双轨制等方面的改革,都对大中型企业不利,而有利于小企业和私人经济的发展。反映出企业内部组织结构不合理,机制不健全。因而,这些问题与矛盾决非是全民所有制本身的问题,这一点是极为重要的。

国有大中型企业是全民所有制经济的主体,在国民经济中具有主导地位,它的发展关系着社会主义的国计民生,在社会主义经济中具有极为重要的地位和作用。

　　首先，国有大中型企业是适应生产社会化要求，加强宏观经济管理而产生的，是国家调节国民经济和社会协调发展的物质基础。我国的国有企业，是通过没收官僚资本，赎买民族资本，解放前根据地军民共同创建的国有经济的转移，尤其是解放后国家用巨额财政拨款投资建立起来的。国有企业在社会物质财富的再生产中占有重要比重，仅西部地区，大中型企业的产值比重就约占60%左右。而且大中型企业在产业结构上，多集中在基本原材料和基础设施部门，具有领航作用和技术先进部门，一些投资大、盈利少、有风险的关乎国计民生全局的部门。它们对其他经济成分和经济部门的扩大再生产，提供着原材料、交通运输、先进技术等物质条件，决定着国民经济的涨落，维护着全体人民的根本利益。也就是说，在计划经济与市场调节相结合的体制中，在以公有制为主体的多种经济成分并存的格局中，其他经济成份企业的进一步发展，仍然需要国家政策的指导，还得靠国有经济提供的大量的原材料以及交通、能源、技术等基础条件，否则，整个国民经济将陷于瘫痪和混乱。同时也表明，国家对整个宏观经济调控手段的物质力量，主要来自以大中型企业为主体的国有经济。削弱了这一头，国家在宏观经济上的调控能力也就软弱无力，失去了这一头，社会主义的方向也就难以坚持。因此，我们只有坚持以公有制为主体，巩固并发展国有大中型企业，才能有统一的社会利益，才能协调多元化的利益要求，保证社会长远的发展目标以及社会、经济的协调发展，最终达到共同富裕的目的。

　　其次，国有大中型企业是实现资源合理配置的主要经济组织形式。实现四个现代化，从长远看，应走产业结构高度化，经济发展集约化，组织规模合理化的道路，而不能长期滞留在产业结构低度化、经营发展粗放化、规模分散化的水平上。在企业的组织规模上，只有建立合理的集中度和合理的分散度，才能充分利用社会资源，提高全社会的工作效率和经济效益。国有大中型企业资产雄厚、技术先进、管理水平较高,有较高的吸收消化各种资源的能力,能够不断提高投入产出率,取得较高的微观和宏观经济效益。大中型企业对资源的有效利用能力和较高的转化能力,为社会资源的合理配置提供了前提条件。同时,大中型企业国有的性质,使它便于预见未来,合理调度和平衡资源,保护资源,使全社会的重要资源得到合理配置,避免引起大的经济振荡。相反,资本主义的资源配置,是在"看不见的手"的支配下,通过私人企业的激烈竞争,在周期性的经济危机中实现的。当危机来临时,大量的生产设备和商品遭到破坏。因此,私有制基础上的资源配置是以社会资源的极大浪费为代价的。这种情况,在以公有制为主体的社会主义经济体系中是不会发生的。

再次,社会主义国有制是充分调动职工积极性,实现职工当家作主地位和作用的基础。国有制的基础是全民所有制,在国家没有消灭之前,国有制是国家代表全体劳动人民利益占有属于全民的财产,为全社会利益服务的一种所有制形式。因而,它排斥劳动的雇佣性质,树立职工是企业主人的新观念。劳动者不仅有参加生产劳动的权利,也有参与企业经营管理的权利。也就是说,职工有经营企业的相对独立自主权,民主管理企业的权力和收益分配的决定权。通过一定的企业管理和组织形式,国有企业能够把劳动者作为生产资料主人的意志、权利和利益充分体现出来。

最后,国有大中型企业是社会财富和国家财政收入的主要创造者。中央调控宏观经济的财力,发展教育、科技、卫生事业,完善社会福利事业以及巩固国防等的支出,主要来自这部分的收入。因此,它关系着我国经济、社会发展的总体速度和水平。

综上所述,以大中型企业为主的国有经济,仍是我国国民经济的主动脉,是国家调控宏观经济的重要物质基础。对于国有大中型企业目前存在的困难与问题,并非所有制的问题,而是对旧体制改革还不彻底的结果。这除了企业外部环境尚未理顺完善外,从企业内部看,其经营自主权与企业成为独立自主的商品生产者和经营者的目标还不配套和吻合。因此,大中型企业走出困境的出路,仍然在于改革,私有化的道路决不是国有企业的出路。

强调国有企业的重要地位和作用,并非不顾社会生产力发展的多层次性,一味追求实现社会主义所有制的高度化。我国正是根据社会主义初级阶段的特点,已经初步形成了以社会主义公有制为主体,多种经济成分并存的格局。在这种所有制格局中,对于社会化程度较高、关系国家经济命脉的行业和大中型企业仍将保持其国有性质,这是社会主义的政治以及社会生产力发展的基本要求,是不能有丝毫动摇的。对于其他行业,允许个体经济和私人经济发展,当然,在经济发展水平不同的地区,有不同的比重和控制范围。允许私人经济发展,是为了补充社会主义公有经济的不足,决不能以危及社会主义公有制主体地位为前提。

国有大中型企业的主导地位不能动摇,并不是说国家直接经营企业的方式不能改进。我国大中型国有企业改革的方向,或者说摆脱困境的出路,就是要把国有企业转化为国家所有、集体经营,真正让全体职工对国有资产增值和风险负责,盈利共享,通过民主管理在坚持社会主义方向的前提下,最大限度地调动全体职工的积极性。目前,在这项改革进程中的选择是承包经营责任制。在承包制中,国家作为全民所有制的代表,按照事先确立好的条件,把国有资产承包给企业,企业在承包期内,也就拥有一个相对独立的商品生产者应有的权利。这样,承包制既没有否定国有制的性质,而是把国有企业的所有权,在一定时期、一定范围内,具体化为企业职工实际行使的资产占有权、使用权和支配权。在这种情况下,全民所有制不再是名义上的人人有份,职工的主人翁地位也不再是抽象的,而是作为联合劳动者的一分子实际行使所有者的权力。所以说,承包制并不是一种权益之计、简单形式,它在一定程度上使国有企业的产权明晰化了,因而能够调动全体职工的积极性,促进生产力的发展。当然承包制的内部与方式在不同企业应当有所不同。鉴于国有大中型企业资产庞大,责任重大,代表职工利益的承包者不宜采用个人承包的方式,可以推行全员承包、集体承包、领导班子承包,以体现并促使企业成为全体劳动者的命运共同体。在承包形式上,注意与利改税和利税分流混为一谈,宜推行利润定额包干、利润递增包干、减亏包干等形式,对于急待改造和发展的老企业,尤其适宜递增包干或者"两保一挂"的形式。

有人认为,目前实行的承包制不可能解决国有大中型企业的问题,应搞股份化。我们认为国有大中型企业不能搞股份化。国有大中型企业是社会主义经济基础的基石,目前活力不够,并非产权上的问题,而是体制和经营管理上的问题。股份制在社会化的大生产中是可以搞的,但我们所说的股份制应视为一种组织形式,而不是一种所有制形式,其目的是为了吸收社会资金,发展生产。因而,在新建企业中可以搞,对原有国有大中型企业不宜扬,以防止损害全民利益。

国有大中型企业的发展需要良好的外部配套改革环境。当前,应以承包制为中心,进一步搞好计划、财政、信贷、外贸几个重要领域的改革,使下放给企业的权力,真正能在有计划的商品经济中发挥作用,增强企业的自我发展能力。考虑到我国目前在资金、技术方面的短缺情况,仍由各种经济成分去争原料、争资金,在粗放经营的道路上去发展,将会给全社会的资源造成浪费,阻碍经济效益的提高。因此,政府应采用经济手段和行政手段,对国有大中型企业采取倾斜扶持政策。相对集中财力物力,优先安排大中型企业急需发展的领域和项目,尤其在原材料的供应上,保证指令性生产任务的需要;切实帮助解决企业之间存在的"三角债"问题；积极引导并发展以大中型企业为主体的企业集团，发挥大中型企业在产业结构调整和生产力发展中的主导作用。从而使国营大中型企业迅速摆脱困境，使我国的国民经济沿着稳步、持续、健康的道路发展。

原文载于《坚持实践发展》甘肃人民出版社 1989 年 12 月版

搞活大企业是振兴甘肃经济的重要途径

20世纪50年代和60年代,国家投资在西北兴建了一批大型企业。这些企业在全国和当地的经济建设中有着举足轻重的地位,发挥着十分重要的作用。

目前,这些企业正面临严重的挑战和困难:一是与沿海和经济发达地区在技术和信息上的"双重差距"日益增大。大部分企业的生产设备陈旧,技术老化,信息不灵。二是不少企业后续生产能力严重不足。有的企业的矿产资源已经进入或接近开采后期,新的可采资源接替不上;多数企业缺乏对自己的初级产品进行再加工的能力。三是原有产品市场逐渐萎缩,企业的生存空间面临威胁。四是企业自我发展的资金严重短缺。五是企业生存的社会环境差,社会负担重。六是管理体制上的"僵"和"死",限制了企业的自我发展。这些问题加上历史上形成的"大"(规模大,内部结构全)、"老"(创建时间长)、"远"(地处边远)、"闭"(地理环境、社会环境和企业内部的封闭性)等特点,严重地限制着企业活力的充分发挥。因此,采取有效措施,迎接挑战,克服困难,搞活企业,已经成了振兴西北经济的关键。

今年,我们对甘肃省的一部分大企业进行了调查研究。我们认为,搞活甘肃的大企业,应采取以下对策:

(一)协调大企业与地方的经济关系

协调关系的核心是处理好双方的经济利益关系。为此,要改变单纯利益分割的观念,建立起利益共享的关系。可以通过调整所有制关系,也就是把全民所有制企业变成由国家、地方、企业和个人四方面所组成的股份所有制企业,使企业成为国家、地方、企业和个人的利益共同体。有必要对企业开征资源税,把地方资源转移到企业产品中的那部分价值返还一部分给地方。这有利于保护地方资源,促使企业提高资源利用效率。

(二)发展地方与企业之间多元的横向联合

应破除小生产狭隘封闭的观念,实现双方的相互开放。发展横向联合应不受部门、地域、所有制形式以及内容等方面的限制。要摒弃那种由大企业单纯"输血"机制,改变为"造血型"的联合机制。应制定和采取灵活的政策和法规来促使横向联合。

(三)缓解企业压力,增强企业自我发展能力

要把过去的"索取型"的政策改变为扶持型政策。(1)在生产计划方面,不能一味要速度、要产量,应把企业的技术改造和生产置于同等重要的地位。(2)在技术进步方面,采取超前跳跃的方针,以缩短同国内外先进水平的差距,增强企业的后续生产能力,开拓产品的加工深度,实现产品增值为改造重点。(3)改革财政税收制度,为企业增加内部积累创造条件。例如,调减指令性计划,让企业多超产,超产产品的收益全部留给企业;逐步提高折旧率,把折旧基金全部返还企业;对企业技术改造采取税前还款方式等等。(4)采取灵活多样的措施筹集资金,坚持谁投资谁受益的原则。

(四)立足西部市场,建立多元的全方位的开放市场体系

企业应实现由产品经济、自然经济观念向商品经济观念的转变。在开拓市场空间方面,应把西部市场作为自己基本生存空间,并积极参与国际市场的竞争。在开拓市场深度方面,要把传统的产品市场转变为多元市场。

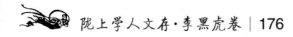
（五）减轻企业的社会负担

一方面，企业要克服"万事不求人"的小生产观念，在不损害自己根本利益的情况下，要通过发展公共关系来改善企业形象。另一方面，地方政府则要把"管理型"的职能改变为"管理服务型"的职能，为企业提供良好的经济服务和社会服务。这方面所需要的投资，应从企业缴纳的地方建设税中解决，不应再向企业摊派。

（六）建立新型的合理的企业内部管理体制

应把集中型的管理变成分权型的管理。企业一级应控制必要的财权、物资购销权、重点技术改造项目的审批权等，保证企业行使其协调、监督和控制职能的能力和手段。同时，应对下属各分厂（车间）做好服务工作。企业所属的各生产单位，应成为利润中心。通过健全企业内部经济责任制，以合同的形式来处理各生产单位之间、各生产单位与企业之间的经济关系。

原文刊于《经济学周报》，1985 年 8 月 18 日

西北地区的产业结构与产业政策

从 20 世纪 90 年代到下个世纪初，中国的社会主义工业化将进入一个新的发展阶段。如何根据全国国民经济和社会发展的第二步和第三步战略目标，充分利用国家对西部地区能源、矿产资源进行新的大规模开发的契机，充分发挥本地区资源禀赋的优势，建立具有地区特色的产业结构体系，是西北地区经济发展战略中需要认真研究的重大课题。

"地大物博"是西北地区资源禀赋的总体特征。资源禀赋的优势，确定了西北地区作为国家资源后备基地的战略地位。西北地区应依据国家宏观产业政策和地区经济发展的战略目标，合理地选择并制定本地区的产业政策，以实现资源的合理配置，提高资源转换效率，推动地区产业结构的成长。

一、西北地区产业结构的现状和特征

在 1952—1980 年这一期间，国家推动的工业化，实际上是重工业化；而西北地区则是为国民经济发展提供能源、原材料的超重工业化。在这一过程中，西北地区在经济极度贫瘠的基础上，完成了现代经济的植入和初始扩张。到 1980 年，西北地区重工业在工业总产值中的比重达到 62.15%，比全国的平均水平高 9.3 个百分点，成为全国重工业比重最高的地区之一。

进入 80 年代以后，西北地区经济的发展进入了一个新的发展阶

段。这一时期,西北地区的产业结构变化见表1、表2、表3。

表1 1980—1989年西北地区产业结构发展状况及其与全国和东部五省的比较(%)

		社会总产值			国民收入			就业		
		I	II	III	I	II	III	I	II	III
全国	1980年	22.53	69.39	8.08	35.95	53.93	10.12	68.89	18.50	12.61
	1989年	18.89	71.82	9.29	32.07	53.44	14.49	60.16	21.90	17.94
东部五省	1980年	21.12	71.25	7.63	32.28	56.67	11.05	69.09	20.14	10.77
	1989年	15.87	76.37	7.76	28.53	58.97	12.50	54.04	29.51	16.45
西北五省区	1980年	24.13	65.36	10.51	34.81	52.62	12.57	72.64	15.88	11.48
	1989年	23.08	64.69	12.23	33.76	48.83	17.41	64.24	17.84	17.92

说明:(1)东部五省指辽宁、河北、山东、江苏、浙江(以下同);(2)表中的I、II、III分别指第一产业、第二产业、第三产业。

表2 1980—1989年西北地区农村产业结构的变化及其与全国和东部五省的比较(%)

		农村社会总产值			农村劳动力就业		
		农业	非农产业	农村工业	农业	非农产业	农村工业
全国	1980年	68.85	31.35	19.48	89.20	10.79	—
	1989年	45.12	54.88	40.65	79.24	20.76	7.95
东部五省	1980年	60.55	39.45	27.23	89.00	11.00	—
	1989年	32.97	67.03	54.30	69.36	30.64	13.85
西北五省区	1980年	80.07	19.93	9.71	94.86	5.14	—
	1989年	63.94	36.06	20.56	84.73	15.27	3.67

说明:表中的"农村工业"系指农村工业占社会总产值的比重,以及在农村工业中就业的劳动力占农村劳动力的比重。

表3 1980—1989 年西北地区工业结构的变化及其与全国和东部五省的比较

		轻工业与重工业产值之比(以重工业为1)	加工业与能源、原材料工业产值之比(以能源、原材料工业为1)
全国	1980 年	0.79:1	2.84:1
	1989 年	0.96:1	2.64:1
东部五省	1980 年	1.06:1	2.97:1
	1989 年	0.99:1	4.00:1
西北五省区	1980 年	0.62:1	1.75:1
	1989 年	0.62:1	2.33:1

说明:加工业包括轻工业和重工业中的加工工业。

表1、2、3 分别反映了 20 世纪 80 年代西北地区经济在总量、传统经济和现代经济等方面的结构演变情况。西北地区产业结构的成长及所形成的现有结构,表现出以下几个基本特征:

(一)产业结构向基础产业倾斜,结构演化迟滞

以能源、原材料工业为主的重化工业高速扩张,是西北地区现代经济成长的主要特征。到 70 年代末,西北地区已经建成为国家工业化的资源基地,形成了现代经济向能源、原材料工业倾斜的产业结构。在 80 年代,这种结构特征并无显著变化。从表1、表3 可以看出,在此期间, 西北地区以工业为主体的第二产业在该地区社会总产值中的比重,基本上保持在 65%左右;重工业占工业总产值的比重,基本上保持在 62%左右;虽然能源、原材料工业在工业总产值中的份额下降了 6.33 个百分点 , 但在重工业中的比重 , 到 1989 年仍高达

48.66%,比东部五省的平均水平高近 10 个百分点。能源、原材料等基础工业依然保持着其作为现代经济产业结构重心的地位。

另一方面,农业作为传统经济的主体,由于基础脆弱,发展条件不良,因而发展比较缓慢。在 80 年代,在地区经济总量结构中的份额基本上保持在 23%左右。同时,农村作为传统经济发展的主要空间,农业在其产业结构中,无论是在产值方面,还是在劳动力就业方面,其所占比重都远远高于全国和东部发达地区的水平。1989 年,西北地区农业在农村社会总产值中的比重,分别比全国和东部五省高 18.82 和 30.97 个百分点;从事农业的劳动力占农村劳动力的比重,则分别比全国和东部五省高 5.49 和 15.37 百分点。农业作为整个国民经济的基础,是西北农村经济产业结构的重心。

农村产业结构向农业倾斜,现代经济产业结构向能源、原材料工业倾斜,构成西北地区经济产业结构的二元重心。在 80 年代,无论是宏观国民经济的产业结构,还是地区经济的产业结构,在改革开放中都发生了巨大变革,但西北地区经济的产业结构与全国和东部发达地区相比,变化却比较滞缓。一是在总量上,社会总产值的结构变化值仅为 4.11,分别相当于全国和东部五省的 56.46%和 39.14%;就业结构的变化值为 16.80,略低于全国(17.46),而仅为东部五省的55.81%。二是农村经济中现代经济的成长比较缓慢。农村非农产业占农村社会总产值的比重,全国和东部五省分别上升了 23.74 和 27.58个百分点,而西北地区仅上升了 16.13 个百分点;农村劳动力在非农产业就业的比重上升了 10.13 个百分点,虽略高于全国(9.97),却仅及东部五省上升幅度的 51.58%。三是现代经济的产业结构比较稳定。西北地区经济产业结构变化滞缓的重要原因之一,在于结构重心向基础产业倾斜,结构弹性较小。

（二）现代经济与传统经济之间，大中型骨干企业与地方小企业之间，存在着"双重封闭"的二元结构

二元结构虽然是中国这样的不发达国家经济结构的总体特征，但在东部沿海地区，二元结构已在趋于融合，而在西部不发达地区，却仍旧表现出二元隔离的特点。

表1、2、3在一定程度上反映了西北地区经济二元隔离的特征。在现代经济与传统经济之间，一是农业劳动力由农业向非农产业转移的可移性小。从表1可以看出，第一产业与第二、第三产业比较劳动生产率之比，1980年，西北地区和东部五省分别为0.20和0.21，差别很小；但到1989年，东部五省已达到0.34，而西北地区则仅为0.28。这说明，尽管西北地区农业劳动力由农业向非农产业的可移性有所提高，但仍显著地低于东部发达地区。二是农村经济中的现代经济对地区经济的参与程度低。由表2可以看出，1989年，西北地区农村社会总产值、农村劳动力就业结构中非农产业、特别是农村工业的份额，均远远低于全国和东部五省的水平。农村非农产业和农村工业在地区内全部非农产业和工业总产值中的比重，全国分别为28.31%和26.73%，东部五省分别为38.35%和37.73%，西北地区则分别仅为16.92%和13.50%。因此，西北地区经济中现代经济与传统经济的二元隔离程度，远远高于全国和东部发达地区。

从现代经济内部的结构来看，由于其产业结构向以能源、原材料为主的重化工业倾斜，这种重型结构从其发育之初，就形成倾斜于以中央计划直接调控的大中型骨干企业为主的企业规模结构。1989年，大中型骨干企业在独立核算工业企业总产值（1980年不变价格）中所占的比重，全国为53.36%，东部五省为43.16%，西北地区则高达60.79%。西北地区的大中型骨干企业基本上集中在中心城市和工矿型城市，形成了集企业管理功能与社会管理功能为一体，基建、供应、

生产、销售、生活服务自成体系的"大而全"的企业组织结构,其产品的 70%~90%销往东、中部地区;地方小企业则规模不足,生产要素短缺且质量低劣,竞争能力弱,其产品只能主要在本省和落后地区寻找出路。由此形成了大中型骨干企业为主的远辐射经济和地方小企业的内向型经济两个关联程度极弱的循环体系,形成了区域经济中第二个层次上的二元结构。

西北地区经济的"双重封闭的二元结构",是我国西部不发达省、区在经济发展过程中特有的现象。它反映了西北地区经济的产业结构低级、幼稚的特征,也是导致其产业结构难以向高级化演进的重要原因之一。

(三)形成了与资源组合条件结合程度高的产业配置体系,但产业链缺损,优势产业技术老化,资源转换效率低

西北地区的产业结构是随着生产力布局的扩展而逐步发育成型的。在这一过程中,西北地区首先在城市集中资源配置,并集中财力、物力和人力,建成了一批能进行大规模生产,并在全国具有重要地位的工业基地。由此便构筑了区域经济的增长极体系。这一增长极体系的极化效应,不仅表现在能源、原材料的集中、大规模生产方面,还表现在研究与开发、技术和管理等方面。一是依托于地区内能源、矿产资源分布集中的优势,形成了同类产业优势要素的集聚中心。二是资源开发产业与部分装备制造业之间(例如石油采炼与石油化工以及石油钻采、炼化装备制造之间,水电开发与高压输变电设备制造之间,等等)建立了配套关系,形成了相互之间的产业关联。三是技术要素已经成为发展资源替代产业的重要因素。西北地区是中国石油采炼技术的发源地,也是水电开发技术、有色金属(铜、镍等)冶炼技术以及航空、航天、核工业等高新技术的摇篮。40 多年的发展,使它在许多重要的产业领域里形成了极为宝贵的技术积累。在 80 年代,已

经出现了以技术要素替代资源的重要趋势。这一趋势表明,西北地区产业结构已出现了有利于提高资源转换效率,推动产业结构向高级化演进的积极因素。

虽然西北地区已经形成了与资源组合条件比较适应的产业结构体系,但从总体上看,西北地区经济产业结构中还存在着一些制约资源转换效率提高的因素。一是产业链缺损。这主要表现在与东部相比,轻工业及重工业中的加工工业发展水平低。加之这些产业工艺技术水平比较落后,以及原材料工业工艺技术的可分性差,形成上游产业与下游产业之间的技术断层和原材料产品结构与加工工业对原材料的需求结构之间严重错位,大部分原材料产品输往区外,而加工工业所需要的大部分原材料又从区外输入。1989 年,西北地区原材料工业产品在区域内的加工度仅为 1.99,而东部五省则高达 2.77。二是优势产业技术老化。西北地区的大中型骨干企业大部分建成于 50 年代和 60 年代;进入 80 年代以后,这些企业相继进入更新期。但是由于更新改造资金短缺,使其技术装备无形损耗日见严重。1980 年,全民所有制工业企业固定资产净值率,西北地区比上述除河北以外的东部四省还高 4.79 个百分点;到 1989 年,则比后者低 1.28 个百分点。80 年代,西北地区采掘、原材料工业的超前系数仅为 0.31,已经成为制约国民经济持续、稳定、协调发展的一个重要因素。这些都表明,西北地区还未形成具有较高的资源转换效率的资源配置结构,这是导致其经济比较粗放的重要原因。

此外,西北地区大部分属于内陆干旱地区,生态环境严酷,可以直接利用的水资源比较短缺,对西北地区发展农业、工业也形成了难以克服的障碍和约束。

上述分析表明,在现阶段,西北地区经济的产业结构从其整体功能来看,既存在着符合国家产业政策和国民经济发展总体目标需要的合理、积极的因素,也存在着不利于提高区域经济资源配置的质量和水平方面的障碍和约束。这些,就是西北地区产业发展及结构成长的现实基础。[①]

二、西北地区产业及其结构调整的方向

西北地区必须从产业发展的现有基础及结构现状出发,综合考虑内部、外部的制约因素,以及有利的条件和机遇,探讨具有西北特色的产业发展道路,才能构建能够推动西北地区经济进入 21 世纪的产业结构体系。

(一)选择西北地区产业发展及产业结构成长模式的出发点

西北地区产业发展及产业结构成长模式的选择,必须以缓解本地区经济发展所面临的矛盾及约束,最大限度地发挥经济优势为基本出发点。具体包括以下几个方面:

1. 把国家产业政策的要求与地区产业结构的调整目标有机地结合起来,通过重点产业的选择,缓解国民经济发展对能源、原材料的扩张需求与区域比较利益流失的矛盾。

2. 从西北现有生产力的基础和进一步发展的条件出发,重点产业的选择,应扬长避短,发挥优势,有利于实现地区内各类资源的合理配置,提高资源转换效率,增进比较利益,缓解"资源富、经济穷","城市富、农村穷"的矛盾。

[①]能源、原材料工业和交通运输等基础产业超前或滞后发展的程度,可用基础产业超前系数来表示,其计算公式为:某基础产业超前系数=某基础产业产品产量或产值的增长速度÷社会总产值增长速度–1。系数大于零,说明其超前发展;小于零,则说明其滞后发展。

3. 从实现西北地区经济的适度均衡发展出发,重点产业的选择,应有利于弥补地区内双重二元结构的断层,在发展区域分工和产业关联的基础上,形成区域内部良性的经济循环,缓解产业结构转换与结构刚性之间的矛盾。

4. 从商品经济发展的规律出发,重点产业的选择,应适应资金供给多元化的趋势,把聚集内资、吸引外部资金和国家投资有机地结合起来,把投资主体的资金投向与产业成长及其结构优化有机地统一起来,以最大限度地提高资金的聚集能力和增值能力,增强地区经济的自积累、自发展能力,缓解产业发展与资金短缺的矛盾。

5. 从西北地区水资源短缺、生态环境恶劣的严峻现实出发,重点产业的选择,应有利于缓解水资源的硬约束,有利于生态环境的保护和改善,实现地区经济、社会和生态的协调发展。

根据以上原则,西北地区经济的产业发展及结构成长的目标模式,应包括以下几个方面的内容:(1)立足于优势资源开发,建立适应国家工业化发展新阶段的要求,保持和巩固在全国的能源、原材料工业战略地位的产业体系;(2)发展不同层次的优势组合,促进资源开发优势向区域经济整体比较优势转换,实现产业发展专业化和产业结构综合化;(3)实现开发体制创新、产业组织创新、产业技术创新的有机结合,建立中央与地方相结合、大中小企业相结合、全民与集体相结合、高新技术产业与传统产业相结合的集团化产业组织;(4)以保护和改善生态环境、节约和合理开发水资源为重点,建立国土整治与开发的产业体系。

(二)产业发展及产业结构成长的思路比较与选择

西北地区经济的产业发展及其结构成长的模式选择,大致有三种思路:

1."以轻促重"。即努力扩大轻工业在产业结构中的比重,通过轻工业的发展,刺激原材料工业和装备工业的发展,尽快提高地方经济的实力。

发展技术较低的消费品生产为主的轻工业,继之发展以投资类产品生产为主的重工业,进而发展资本、技术密集的高新技术产业,这是世界上许多国家,特别是发达国家工业化发展所采取的模式。但是,西北地区的产业体系是在传统经济体制下发展起来的,指令性计划是推动其资源配置的主导因素,使其跨越了轻工业的成熟发展阶段而直接进入重工业发展阶段。这实际上是一种逆向的超重工业化发展道路。它虽然有其客观的必然性和合理性,但也产生了如前所述的种种弊端。从这个意义上讲,"以轻促重"是对逆向演进弊端进行反思之后的一种选择,有其积极的意义。第一,它遵循了市场需求→消费品生产→资源开发的发展规律,有利于市场机制的发育和完善,提高资源的转换效率;第二,轻工业项目投资少、见效快、效益高,对劳动就业的吸纳能力强,因而是解决西北地区发展与投入矛盾的最实际的选择;第三,经过40多年的建设,特别是经过80年代的调整和发展,西北地区的轻工业已有相当规模,一些产品已有一定的竞争能力。

但是,"以轻促重"的思路有很大的局限性:(1)与西北的资源配置优势结合程度较低。西北地区已建立了较为强大的重化工业基础,并且与全国的产业体系相匹配,有很强的刚性。因此,轻工业难以在十年甚至更长一点的时间内取代重化工业而成为西北地区的主导产业,也难以对重化工业产生全面的"促进"作用;(2)轻工业所需投资虽少,但不是国家对西北地区投资的重点产业,它主要靠地方财力及吸纳外部资金来推进。但在"吃饭财政"和整体投资环境不佳的前提下,用于轻工业的投资十分有限,轻工业的发展难以达到"促重"的规模水平;(3)从总体上看,西北地区轻工业的生产技术水平、产品开发能力、企业素质等，都远远落后于已经形成优势产业群的区内重化工业和东部的轻工业。在区内消费品市场主要由沿海发达地区占领，消费者的偏好向"高、新、精"倾斜的情况下，西北地区轻工业因其产品结构倾斜于中低档产品而缺乏市场竞争力，形成较强的市场障碍，使其发展空间受到很大限制；(4)西北地区经济效益不高的主要原因，在于原材料工业的产业链过短和价格体系的不合理。这个问题不解决，企图单靠轻工业的发展从总体上提高经济效益，显然是不现实的。虽然西北地区需要加快农业和轻工业的发展，但由于上述诸原因，西北地区难以通过"以轻促重"来推动产业体系的发展和成长。

2. "能源兴区"。即优先发展能源工业，以其为依托，发展高耗能工业。这是强化基础产业，消除"瓶颈"效应的一种思路。

它的合理性在于：立足于区内煤炭、石油和水力资源丰富，开发潜力大、条件好、有发展基础的现实，适应了国民经济发展对强化基础产业的要求，考虑了区内能源供给尚不充足、进而影响重化工业发展的实际情况，容易得到国家投资的支持等。但它的局限性也是明显的：(1)这一思路基本上是西北地区 50 和 60 年代产业发展思路的"翻版"，未能解决西北地区原材料产业链过短的主要矛盾。因而，地方经济很难进入基础产业的产业链体系，并借助关联效应得到相应的发展，不利于弱化中央和地方、大中型企业与地方企业、重化工业与轻工业的二元反差；(2)在现时中央和地方二者的经济关系尚未完全理顺、不合理的价格体系短期难以完全解决的情况下，发展能源产业的好处大部分为国家所得，地方经济利益外流的现象仍将持续下去；(3)能源工业建设周期长、见效慢、所需投资多，还需要地方有足够的配套资金。在国家投资"扩张—收缩"周期波动的情况下，这些产业的发展难以得到资金的稳定供给，地方也会因财力拮据而不能有更多的投入。总之，"能源兴区"不利于西北地区产业的协调发展，不利于西北地区走出"资源富、经济穷"的困境。

3."原材料启动"。即把原材料工业作为产业发展的重点,通过其产业链的前向延伸,启动包括轻工业在内的加工工业的发展,从而使西北地区既有的优势产业在总量上和高级化方面都有一个较大的突破,达到增长与发展的统一。

"原材料启动"较之前两种思路的优长之处在于:(1)90年代,原材料工业仍将是国家产业发展的重点;同时,国家要大力调整加工工业内部结构,压缩一般加工工业,发展投资类加工工业,努力增加出口创汇和替代进口的产品。这一思路,符合国家产业政策的要求,有利于充分发挥西北地区资源型产业优势及投资类加工工业的技术和产品优势;(2)原材料工业作为西北地区的优势产业,聚集了西北地区工业中资金、人才、技术等生产要素的主要部分,具有较高的生产技术和规模经济水平。作为区内的主导产业,地方为其发展在产业基础、资源配套、生产和生活服务等方面提供了较为充分的准备和条件;(3)通过原材料工业产业链的前向延伸,能够改变西北主导产业的产业链缺损状态,提高区内的加工增值率。从而建立起把资源优势转化为商品优势的循环体系,形成以主导产业为依托、上游产业与下游产业相对均衡、配套的产业群,提高资源转换效率;(4)以原材料工业启动加工工业的发展,还有可能形成以增量调整促进存量调整的产业结构转换机制。原材料工业启动的着力点,在于推动重化工业适度轻型化。基本途径是以重促轻、以大带小、以城带乡、以工支农,走区域经济一体化的发展道路。由此必然形成重轻结合、大小结合、城乡结合、工农结合的中间产业体系。这些中间产业群体主要是靠产业组织结构的调整和企业经营机制的改善建立起来的,它们将成为各层次优势紧密结合的纽带。其操作和运营成本,远远低于外延扩张所需的投入,形成的聚集优势及所产生的关联效益,也大大高于后者。

这一过程能够弥补西北地区双重二元结构的断层,提高产业结构的整体功能,为西北地区的产业发展奠定扎实基础;(5)这种思路易于吸引省外较发达地区的资金,形成国家、省外、本省投资主体"三位一体"的互补格局。即国家投资主要投向基础产业,省外资金部分投向原材料工业,部分投向初级加工业;省内资金主要投向地方配套产业(多数可能是地方加工业)。这样,既能保证基础工业一定程度的发展,又能通过投资与原材料及初级产品的输出,发展区际联系,并适度降低地方的投资份额,缓解发展与投入的矛盾。

不容忽视的是,在现行体制下,由于原材料产品大部分被国家直接调走,原材料产品价格偏低的情况未能得到有效的改善,加之西北地区资产存量少、技术水平低等因素,都制约着这一思路的顺利实施。但是,权衡利弊,原材料启动的思路核心合理、比较可行。随着经济体制改革的深化,这一思路将在推动西北地区的产业发展和结构成长中发挥越来越显著的作用。

三、建设有特色的西北地区产业新体系

根据上述分析,在本世纪最后十年到下个世纪初,西北地区产业及其结构的发展趋势和方向是:建成以农业为基础,能源、原材料工业为重点,高新技术和第三产业为纽带,各产业协调发展的产业结构体系。要建成这样一个产业体系,西北地区应该进行产业发展途径的合理选择。从西北地区经济发展目标的双重性、产业结构的二元化、发展机遇和面临挑战的共存性出发,其产业发展途径的选择应包括以下几个方面:

1. 巩固"两个基础"。一是巩固农业的基础地位,缓解农业对地区经济发展的强约束。按照"努力增加粮食生产、积极发展农牧副多种经营"的方针,在实现区内粮食自给的基础上,推动农村工业化,促

进农业现代化；二是发展能源、原材料和交通运输等基础产业，缓解这些产业对国民经济和地区经济发展的"瓶颈"效应。这些基础产业应成为地区经济中的重点产业。

2. 依托"两个优势"。一是依托能源、矿产资源优势，发展资源开发型产业，以巩固这些产业在全国的战略地位；二是依托大中型骨干企业的优势，形成优势产业的核心和发展极。以这两个优势为依托，发展劳动—资源、资金—技术、资源—劳动—技术等不同层次、不同类型的优势组合，形成资源开发与加工有机结合，企业的发展与产业的成长有机结合的产业体系。

3. 确立"两个先导"。在能源开发与原材料工业的发展中，以煤炭、水电、石油等能源开发为先导，带动耗能型工业和基本原材料工业的发展；在资源开发型产业与加工型产业的发展中，以有色、黑色金属和基本化工原料工业为先导，形成能源-资源-加工相配套的综合型产业体系。

4. 发展"两个融合"。一是轻、重工业的融合，即以重促轻、以重带轻，使重化工业适度轻型化，扩展其前向产业链，实现原材料、初级产品就地加工增值；二是中央企业与地方经济的融合，即以大带小，提高大中型企业对地方工业的渗透能力和融合程度，扩展大中型企业在区内的带动效应，提高地方小企业的组织化程度，提高区内重点产业的集中度。

5. 形成"两个纽带"。一是以城带乡，发展工农结合型的中间产业，作为提高农村工业化水平，实现城乡一体化的产业纽带。这些产业或者依附于现代工业中的资源开发产业体系，发展乡镇矿业或粗加工工业；或者以农牧副产品为原料，发展消费品工业；二是依靠大中型骨干企业、军工三线企业、大专院校、科研单位等研究与开发机构的技术优势，进行新技术、新工艺、新材料、新产品的开发，发展高新技术工业,形成各类产业之间的产业关联,促进技术进步,开拓资源开发深度和广度的技术基础。这类以研究开发为基础的新兴产业,是推动资源优势向经济比较优势转化的纽带。

6. 推动"两个创新"。一是产业组织创新。即组建各类企业群体和企业集团,把城乡大中小企业纳入资源链式开发和综合开发体系,实现产前、产中、产后分工合理化和专业化,形成具有规模效益和关联效益的产业群体。以企业联合促进产业联动,以产业联动促进区域的整体优化开发;二是产业技术创新。即强化科学技术要素的投入,推动传统产业的技术更新,增强高新技术产业在地区经济发展中的领航作用。这主要包括确立以应用技术推广为主、研制开发为辅的技术发展方针和以点式跳跃与梯度推移方式相结合的技术发展路线,把产业的发展建立在科技进步的基础之上。

7. 实行"双向调整"。一是在外延扩大再生产的过程中,合理调整投入的增量结构,在扩大资源开发规模的同时,适当增加原材料工业的前向生产环节和加工工业的后向生产环节的投入,以弥补产业链的缺损;二是在发展内涵扩大再生产的过程中,促进资产存量向产业结构的薄弱环节和领域流动,改善产业结构的整体功能。通过增量和存量的"双向调整",实现外延扩大再生产和内涵扩大再生产的动态有机结合,优化资源配置结构。

8. 开拓"两个市场"。根据市场需求,建立与市场需求结构相对应的产品结构,增强市场的开拓能力。一是开拓国内市场,即发展以区内的资源、技术优势为依托的产品,形成在国内市场具有竞争能力的比较优势,特别是重点开拓本地区的市场,增加市场的占有份额;二是开拓国际市场,即"东挤西进"。一方面发展以轻纺、日用消费品工业和食品工业为主的西进产业;一方面发展以电子、有色冶金、新型机械制造业为主的东进产业,形成东西双向对外的外向型产业体系。

9. 实现"两个协调"。一是实现区域经济中重大比例关系、生产力空间布局、产业结构和省(区)际关系的协调。建立起比例合理、分工有序、结构优化的区域资源配置体系;二是实现经济、社会、生态之间的协调发展。在改善人文环境和生态环境的基础上,使区域经济步入持续、稳定、协调发展的轨道。

上述9个方面,实际上包括了对西北地区的产业发展实施政策导向的基本内容。这些内容,正是西北地区省、区群体优化战略在产业发展与产业结构成长方面的具体化。选择这一途径,西北地区就能够建成既能发挥各省、区优势,又能将不同类型、不同层次的优势合理组合、聚集起来,形成地区经济整体优势的产业结构体系。在这一结构体系中,第一产业的基础地位将得到巩固,第二产业则是发展的重点,第三产业将在为第一、第二产业提供基础设施和服务配套中得到长足的发展。这将是一个由有色金属、石油化工、能源、机械—电子、轻纺、食品等工业组成主导产业群,资源配置较为合理,产业创新能力较强,资源转换效率较高,能够使西北地区经济步入21世纪的产业结构体系。

原文刊于《中国西北地区经济发展战略概论》甘肃人民出版社,1992年版

甘肃农村电话发展探讨

电话通信系统是国家神经系统的重要组成部分,是现代经济和社会发展的基础设施。在现代社会中。一个国家有无完善和高效的通信系统,是衡量该国行政效率和经济效率高低的重要标志,也是制约该国经济社会发展水平的重要因素。毋庸置疑,我国与发达国家之间存在的重要差距之一是信息差距。信息作为一个新兴产业正在发达国家兴起,在那里,作为信息产业组成部分的电话通信系统,已经发展到了一个新的水平。这对我国比较落后的电话通信系统来说,是一个严峻的挑战。我国整个电话通信系统的发展水平落后于发达国家,甚至也落后于经济不发达的一些非洲国家,而农村电话(以下简称"农话")系统在我国整个电话通信系统中又是一个薄弱环节。对于像甘肃这样一个不发达省份来说,其电话通信系统的发展已落后于全国水平,而农村电话更为落后,这种状况,已经和正在阻碍着甘肃农村和整个甘肃经济的振兴。因此,发展甘肃农话,已经成为亟待解决的重要问题。

一、甘肃农村电话的沿革与现状分析

(一)甘肃农村电话的历史沿革

甘肃农话发轫于 1952 年,经过 20 世纪 50 年代后期的急剧膨胀,60 年代初发展到历史的最高峰。1961 年,农村电话机总数达到 23333 部,比 1952 年增长了 680 倍,平均每年递增 126%以上;电话普及率也达到 0.228%，这为甘肃农话以后的发展奠定了良好基础。1961 年以后到 1965 年，甘肃农话从其发展的顶峰跌落下来。1965—1985 年的 20 年中，它又经历了一个曲折起伏的发展过程，大致分为四个阶段：

（1）缓慢波动的发展阶段（1965—1972 年）。这一时期农话的发展态势呈两个波峰，两个波谷。1965—1968 年，农话复苏回升，增加到 14254 部，1969 年又下降到 13258 部，1970 年又增加到 18127 部。此后两年中，农话连续下降，到 1972 年只有 14993 部。但与 1965 年相比，它还是获得了 2.33% 的年增长速度。

（2）高速发展阶段（1972—1978 年）。如果把 20 世纪 50 年代末 60 年代初作为甘肃农话发展的第一次高潮，那么这一时期则是农话发展的第二次高潮。从 1972—1976 年，农村电话机数以平均每年 8.02% 的速度递增，达到 20419 部，这次高峰持续时间最长（约 3 年时间），其衰减势头到 1978 年才渐露端倪。

（3）萎缩阶段（1978—1982 年）。与 60 年代初期的情况十分相似，这一阶段农话急剧萎缩。衰减趋势一直持续到 1982 年，该年的电话机总数只有 13684 部，仅为 1976 年的 2/3，还不到 1961 年的 60%，成为甘肃农话发展史上的"谷底"。其间电话机年递减率为 8.9%，几乎与 1972—1978 年期间的年递增率一样。

（4）缓慢发展阶段（1982—1985 年）。1982 年以后，农话停止了连续四年的下降态势，走出谷底，开始回升，电话机年递增率为 4.35%，至 1985 年达到 15549 部。这一时期的增长速度，大约是 1952—1961 年期间的 1/30，为 1972—1978 年期间的 1/2，但比 1965—1972 年期间的增长速度却高出一倍。尽管甘肃农话目前与历史最高水平尚有较大差距，但它却预示着农话正进入一个与过去不同的新的历史发展阶段。

（二）甘肃农村电话的现状及通信水平

1. 尽管甘肃农话发展道路曲折坎坷，但经过 33 年的努力，它还是获得了较大发展，1985 年与 1952 年相比，电话机总数和电话机总容量分别增长了 450 多倍和 460 余倍，平均每年递增 20% 以上；农村电话杆路总长度增长了 8 倍多，平均每年增长近 7%；电话明线线条总长度增长了 34 倍，平均每年递增 11.4%。1985 年，甘肃农村电话交换机总容量为 35125 门，其中邮电局经营的约占 3/4，为 16027 门。载波电话终端机 634 部，绝大部分是单路载波。电话杆路长度为 18072 公里，其中县到交换点的中继杆路占 68.2%。水泥杆路占全部杆路的 51.9%。农村电话明线线条为 35399 对公里，其中中继线条占 67.2%，架空及埋设电缆已达到 1532 皮长公里，固定资产原值为 2212 万元，约占全省邮电系统固定资产的 10%。

2. 目前，在甘肃农村 1546 个乡镇中，有 1478 个通了电话，占 96.18%；在 17362 个行政村中，通电话的有 3348 个，占 19.3%；44 个专业户安装有电话，约占全省专业户总数的万分之三。全省每一百个农村人口拥有电话机 0.08 部，大约是全国农村电话平均水平的 1/2。目前有农话交换点 986 处，其中国营农话交换点 798 处，乡镇集体办的交换点 184 处，私人经营的 4 处。这就是甘肃农话现时的通信水平。

综合地理、政治、经济、社会诸因素来看，与我国东部农村相比较，甘肃农话表现出以下特点：

第一，农话的社会功能强，经济功能弱。这在党的十一届三中全会以前表现得特别明显。三中全会之后，农话的社会功能大大减弱，但经济功能却还未显著增强。目前，农话用户结构中，行政事业单位仍占有主要比重，绝大部分乡镇企业和专业户没有电话，这说明农话的经济功能尚未被人们所认识。

第二，农话的生产能力大于需求能力。与我国东部和中部地区农村中电话机数超过交换机总容量、设备超负荷运转现象十分普遍而成强烈对比的是,甘肃农话多年来生产能力有相当大的富裕,在不饱和的状况下营运。全省农话交换机容量有一半闲置。

第三,农话网络节点稀疏,终端和末稍基本停滞在乡镇。以国营农话为例,平均每个交换点的服务半径为12.8公里,几乎要为两个乡镇的人口服务。甘肃平均每个乡镇面积为289平方公里,每个国营农话交换点的服务面积还不到两个乡镇面积的90%,在乡以下行政村农话延伸基本停滞。

甘肃农话的基本特点,是甘肃经济社会发展水平落后、自然地理环境不良的条件下的产物。但是,处在变革中的甘肃经济社会必然改变农话赖以发展的社会经济基础,给农话的发展注入了新的因素。目前,种种迹象表明,甘肃农村正在兴起的商品经济,正在进行的社会变革,要求农话在规模、水平和速度上得到新的发展。这样,甘肃农话本身存在的问题及环境制约因素,就到了需要认真解决的时候了。

二、甘肃农村对电话发展的障碍及原因

(一)甘肃农话发展的困难与问题

1. 农话的发展大大滞后于农村商品经济的发展。1960年到1980年的20年间,全世界国民生产总值年增长率为4.7%,而电话机的年增长率却是前者的1.5倍,达到6.6%;在我国,建国以来的工农业总产值平均每年递增9.4%,而电话机每年只递增5.9%,后者仅为前者的62.7%;在甘肃,"六五"期间农村电话机年增长率仅为0.5%,而同期农业(包含乡镇企业)总产值的年增长率却达10%左右,前者仅是后者的1/20。农话发展的滞后性,直接制约着农村经济的迅速发展。

2. 农话通信能力弱,服务水平低。一般来说,电话业务的能力和水平是电信服务水平与质量的重要标志,而电话业务能力与水平主

要包括:服务网点的数量及服务人口和服务面积、电话普及率、自动化程度、申请装机等待时间、多种电信服务及合理的资费等。通俗一点讲,电话服务质量的基本要求,就是装得上、打得通、通得好,从这些要求来看,甘肃农话存在的问题主要是:(1)农话交换点少。国营电话交换点只设到乡镇一级,乡以下的中心村还没有专门的邮电服务机构来经营农话。据统计,我国每个农村电话交换机平均服务的面积为 175 平方公里,服务人口为 1.6 万人;在印度农村,是每 29 平方公里和 0.45 万人就有一处交换点;甘肃则是每 517 平方公里和 2.05 万人才有一处交换点,电话网点过于稀疏。需要强调的是,由于乡以下电话是集体所有制经营的,资金无来源,管理无人抓,维护不落实,致使撤机和挂线的现象至今得不到有效控制。1970 年,全省通话的行政村曾达到 58.3%,而目前仅为这一水平的 1/3,这同东部经济发达地区行政村通电话已达 53%~57%的水平以及正在增长的趋势形成显明的对比。一个值得注意的迹象是,在行政村电话停滞和下降的同时,乡镇的电话却在回升。1985 年,以行政村为主要服务对象的乡镇,农话交换机总容量减少了 535 门,邮电局经营的农话交换机总容量却增加了 350 门。全省交换机总容量虽然减少了,但实占容量却比1984 年增加了 3.4%,这正是乡镇电话机增长数量大于行政村电话机减少数量的结果。因此,发展乡镇电话是当前国营农话的中心任务,而巩固并适当发展行政电话则是乡一级集体经营农话的中心任务。(2)电话普及率低。甘肃农村电话机的普及率为全国平均水平的 1/2,仅为苏联在 70 年代的 1/20。(3)农话线路串杂音严重,通话水平质量差,甘肃农村有线广播 60%是单线,大多与农话线路平行,不合技术要求;广播载波电压高达 50 伏、音频电压 240 伏,也都超过有关规定,使 50%(42 个)县的农话线路受到严重干扰。(4)农话职工业务技术素质差,队伍不稳定。大部分农话职工没有经过专门的业务技术训练，机线和话务人员中初中和小学文化程度的分别占 48.37%和 38.49%。加之市话、农话体制上分下不分，职工互相"窜户"，业务技术好的往往被调到市话系统，农话职工队伍素质提高缓慢，因而，技术不熟练，处理故障能力差，影响了服务质量的提高。

3. 农话设备简陋陈旧。目前，甘肃农话 98.5%的交换机还是第二次世界大战时期的磁石式产品；现有的单路载波机中有 520 部是 50 年代的产品；比较先进的环路载波机只有 10 套 52 路，特高频收发信机也只有 22 套。农村没有一部自动电话机，基本上都是磁石手摇电话机。农话线路绝大部分也都是铁线。甘肃农话在创建过程中，因强调因陋就简、土法上马，许多机线设备本来就不符合传输标准和要求。多年来，农村设备的改造与更新又未引起重视，缺乏更新改造资金，维护和建设所用三材不落实。因此，大部分设备性能继续恶化，难以保证通信畅通，还加大了维护费用，增加了亏损。目前，国营农话三类杆路和三类线条各占其总数的 1/3 以上，电杆腐烂，电线锈蚀严重，抗灾能力差。设备的落后，加上人员技术素质和经营管理方面的问题，直接阻碍了农话的技术进步速度，从 1969 年到 1980 年，甘肃农话的技术进步速度只有 0.43%，技术进步对农话发展的贡献只有 8.4%，这对技术密集的农村电话来说，显然太低。

4. 经济效益低，自我发展能力严重不足。这是农话发展缓慢的内部障碍。甘肃农话长期以来连年亏损，从 1980 年到 1985 年，全省农话系统共补亏 473 万元，平均每年补亏 78.8 万元，亏损补贴最低的年份也是 50 万元，其亏损的特点是：(1)亏损幅度随着农话的发展逐年增加，二者表现为同步增长的态势。(2)农话的亏损表现为强烈的地域性。60%的亏损额发生在少数民族地区和边防通信线路地区，20 个少数民族聚集的县中，年亏损额在 2 万元以上的就有 17 个；而交通方便、工业发达、农村商品经济比较发展的及靠近城市的地区亏损相对就少,其中部分小城镇的农话甚至还有一定的盈利。(3)亏损项目中工资和其他变动费用增长过快。一是管理费用急骤增大,逐年上升;二是开始出现增长趋势;三是附加工资增长过猛。尽管其他项目的增加不大,但由于这些变动费用,或随政策的变化,或随业务量的上升而大幅度增加,降低亏损的任务迟迟不能实现。加之价格(资费)扭曲,使部分农话收入被变相转移,造成农话越发展,亏损越严重的局面。甘肃农话1981—1984年的盈亏平衡分析表明,农话的盈亏平衡点,四年中平均高于营业收入的15%以上。

甘肃农话收入微薄,严重地削弱了自我发展能力。1983年,农话每万元固定资产收入率只有18.20%,居全国第21位,然而每万元业务收入中固定费用支出的比例却相当高,其中折旧费就要支付3352元,居全国第19位。甘肃地方财政对农话实行财政包干的办法,由于亏损降不下来,留给农话可用的自有资金十分有限。1983年平均到每个县的生产发展基金只有1068元,这对亟待发展的农话事业如同杯水车薪。

(二)影响甘肃农话发展的主要原因

1. 认识和政策上的偏颇是阻碍农话发展的一个重要的外部原因,人们对电话能够带来巨大的、直接的、特别是间接的经济效益和社会效益这一点,还缺乏充分的认识;甚至还把电话看作是社会福利事业,视为消费奢侈品。认为它会随着生产力水平的提高而自然发展,而没有看到它发展的超前性及其对农村商品经济的促进作用。基于此种认识,农话的发展既得不到有效的政策指导,也难以得到足够的资金支持。

2. 从农话本身的功能来看,政治和经济是影响和制约农话发展的两大重要因素。传递政策信息是农话的重要功能之一,反过来,政治就往往成为农话发展的助推剂,而且这种助推作用一般都带有强制性。1978年以前,政治因素对农话的这种强制性助推作用是强大的。甘肃农话发展的两次高潮,就是在这样的背景下形成的。尽管经济的发展是农话发展的前提与条件,但在政治顺应经济发展时,政治因素的强制性注入所产生的效应,不但促进经济的发展,而且也推动农话的稳步发展,但政治破坏或阻碍经济发展时,农村电话却可以在其强制性注入作用下,摆脱经济的制约,作超越经济基础的增长。这种没有经济基础的增长,在错误的政治因素的干预消退后,自然要跌落下来,退回到与其经济发展水平相适应的位置上去。甘肃农话发展的历程和现状正是后者运动的结果。

作为现代通信系统的农话,是生产社会化发展到一定水平下的必然产物,因而具有经济上的功能。农话与经济的发展是相互促进、相互依存的。1978年以前,甘肃经济的发展与农话的发展之间表现的此起彼落的态势,以及其在低水平上的徘徊,有其深刻的经济政治根源。长期以来,甘肃农村经济自给而不足,其可供交换的产品十分有限,交换的范围十分狭小,呈现出强烈的封闭性,对外界信息的需求量和依赖性甚小,因而对以传播经济信息为主要功能的农村电话没有多大的需求欲望。在党的十一届三中全会以前,甘肃农村经济实际上是被极左的政治因素强制性注入所扭曲了的自然经济,那时候不能也不可能去发展农村的商品经济,因而这种强制性注入一旦弱化,就只能引起被扭曲的自然经济的复原。而在当时的历史条件下,这种复原比起极左的政治因素强制性注入,尚能起到发展农村经济的作用。但是靠着强制性注入而发展的农村电话,却在自然经济的环境中削弱了发展的基础。由此不难解释为什么在1961年以后,当甘肃农村经济得到发展时,会出现农村电话急剧衰落的局面。1978以后,顺应并刺激经济健康发展的政治因素替代了极左的政治因素,这就是党的十一届三中全会所制定的关于发展农村经济的一系列方针、路线和政策,这些政治因素的注入,使甘肃农村经济发生了巨大变革,农村的商品经济正在取代千百年来居于统治地位的自然经济,从而才使甘肃农村电话在 1982 年走出"谷底",开始稳步而健康地发展。

现阶段,甘肃农话发展起步不大的主要原因,是农话赖以存在和发展的商品经济基础薄弱,农民普遍比较贫穷。在商品经济转变初期,横向联系十分有限,从事商品生产和商品交换的专业户、联合体及乡镇企业的数量远远低于东部经济发达地区。全省乡镇企业生产值 1985 年只有 17 亿元,仅占全国乡镇企业总产值的 0.7%,不但产值低,而且产品少,基本上是建筑、建材、农副产品加工、采矿及服务业,真正的制造业为数不多,一般来说产品生产周期长,销售半径短,原材料自给成分大,竞争对手少;农村专业户中,从事种植业、林业、养殖业和建筑运输业的占 3/4;从事工业、商业、生产服务业的只占 1/4,这种内向型经济生产水平低,交换范围小,远辐射功能弱,对产供销的信息需求量不大、不急迫,以致在乡镇企业、联合体和专业户中安装电话的比重甚小,农话的业务收入得不到较快增长。可以说,农话用户在农村商品经济发展的初期阶段,不会有显著增长,农话收入低所造成的亏损局面,也只能缓解,而难以得到根本扭转。

3. 农村电话投资少。这是甘肃农话发展的主要外部障碍。邮电通信发展的超前性已是世界各国经济所证明了的规律。今天,世界任何一个国家,邮电通信业都是主要由国家投资兴办的。在发达国家,邮电投资一般占全国总投资的 3%~15%,仅 1982 年,日本的邮电投资达 100 亿美元,美国高达 246 亿美元。而我国邮电投资仅占总投资的 0.8%~1%,建国以来的累计邮电通信投资还不到 100 亿人民币。在甘肃,邮电通信累计投资只占全省累计总投资的 0.9%,而农话投资则更少,累计仅有 2000 万元左右,仅为全省累计总投资的 0.08%。

这种状况在"六五"时期并没有改变,1981—1984年中平均每个农村人口平均分摊的农话建设费不到0.20元。应该看到,在现阶段,对农话投资过少,主要是由于过去政治因素的强制性注入,长期单一依靠国家建设和发展农话,造成今天农话投资渠道单一,忽视调动农村集体、个体及其他社会力量办农话的积极性,致使农话的建设和发展缺少资金来源。

4. 甘肃特殊的地理环境,是阻滞农话发展的又一客观因素。地理条件是先天存在的,它对农话线路的延伸范围产生直接的影响和制约作用,并且在时间上具有持久性。甘肃地域辽阔,地形复杂,山大沟深,草原戈壁相间,人口的密度低,乡镇的范围大,居住的聚集程度小。甘肃农村人口密度为39.2人/平方公里,平均每个乡镇的人口1.02万人,每一千平方公里的范围内只有3.8个乡镇。这种特殊的地理环境,影响着农话网络的布局,使农话的服务面积大,线路延伸里程长,平均每个乡的杆路长达10.8公里,是内地的2~4倍。不利的自然环境既加大了发展农话技术上的难度,也使甘肃农话单位初期投资和固定成本费用远远大于人口密集和自然条件较好的我国东部地区。甘肃农话职工虽然付出同样的劳动,却得不到与东部各省相同的利润与效益,客观条件先天地决定了甘肃农话的投入产出比要小于东部、中部各省区。

5. 概括起来讲,认识上的偏颇,使甘肃农话的建设和发展难以得到有效的政策输入和足够的资金收入;农村商品经济的落后,又使农话的发展缺少强有力的经济刺激;收入低微、价格扭曲、长期亏损使农话陷入连简单再生产也难以维持的困难境地;地理环境的复杂,加大了农话发展的技术难度和资金难度。这一切,对甘肃农话来说是一个险峻的局面。

三、甘肃农村电话发展的有利形势及机遇

（一）甘肃农话的发展虽然存在上述障碍和问题,但它毕竟面临并已进入了一个与以往不同的新的历史时期

这一新的历史时期,为甘肃农话的发展奠定了更为坚实的经济社会基础并提供新的契机。甘肃农话面临并已进入的新的历史时期是以农村发展的深刻的经济社会变革为背景的:自然经济开始向商品经济过渡,单一的粮食生产逐步向多种经营发展;在经营管理体制上,取消了以生产队为基本核算单位的管理形式,代之以家庭经营为基础的联产承包责任制,专业户、重点户迅速发展,小集镇的建设正在兴起;单一的农业向包括农牧副渔以及乡镇企业在内的大农业发展,城乡之间交往逐渐频繁,差距逐步缩小;农村内部的不同地域和各生产者之间的联系日益增强。这一切新的变化,无疑对农村电话的发展创造了良好的环境和有利的条件,将起巨大的推动作用。

（二）农村经营管理体制的变革,大大削弱了农话的政治功能

旧的人民公社集行政组织和经济组织的功能于一身。其核心和基础是自然经济,本身没有什么发展横向联系的要求;人民公社与产品经济体制的城市经济之间, 也只有按指令派购、征购和交售的联系。在这种情况下,人民公社只是上面下的指令计划和各级党政部门政策指令的承受者,农话的作用也就只能以传递这种渠道单一的信息为主,行政方面的信息在其中占有主要比重。农村经济体制改革后,原来人民公社的经济职能大部分已转移到农户和新的经济组织(联合体、乡镇企业)身上。高潮叠现的大规模政治已成为过去时代的陈迹,除了必要的政策信息外,那种干扰农村正常经济活动的信息已大大减少。促进农话发展的新型机制将是经济动因和符合经济社会发展规律的政治因素的注入相结合。但与过去不同的是:新机制中的

政治因素将顺应经济社会发展的客观规律,并促进其发展,此其一。其二,新机制的政治因素的注入将更多地依靠政策的指导和疏理,并主要依靠健全的法规和制度来实施。因此,它既不会像过去那样使农话急剧膨胀,也不会不适当地去强化农话的政治功能。它将给农话造成一个宽松的政策环境,并尽快形成促使农话发展的稳固的社会经济基础。新型的政治因素的注入,将通过一系列灵活的政策,为甘肃农话的发展开辟广阔的前景。

(三)同促进农话发展的政治因素相比,经济动因更为重要,它对农话发展的作用与政治因素不同,一是作用的弹性比政治因素大;二是作用的方式和过程比政治因素复杂

前者表现为农村经济发展水平对农话的促进作用之间存在着一个高原曲线,即农村商品经济经过一定时期,发展到一定水平和规模后,才对农话产生较大的需求,并可能使需求量随经济的发展而增大,这里的时期、水平和规模很难用精确的数量来描述,但它的确存在于社会经济的发展过程之中;后者主要表现在农村商品经济和农话发展之间彼此存在着作用和反作用,即农村商品经济的发展,必将促进农话的发展;而农话的发展,又会将农村商品经济的发展推进到一个新的水平,经济因素对农话的作用还表现在它作用效果的稳定性,即在一定的经济技术条件下,农话的发展主要表现为渐变,不会发生大起大落的现象。对经济因素作用于农话的这些机制性特点进行分析,将有助于我们顺应甘肃农村商品经济发展的趋势,寻求有利于农话发展的恰当时机。

甘肃农村商品经济正处在崛起的前夜。在这一时期,经济因素对农话的作用十分复杂。一方面,农村经济发展水平在这几年的确有了显著的提高。这将可能为农话提供较多的建设和发展资金;另一方面,现阶段甘肃农村商品经济的发展层次、规模、范围和结构,又难以

形成促使农话发展的大规模的要求。这就产生了一个十分矛盾的现象，即农村经济发展了，农话的通信水平却下降了。但诚如我们在前面剖析的那样，甘肃农话近年来大幅度衰退的局面，实际上是甘肃农村自然经济回归的必然结果。令人乐观的是，从1982年开始，这一自然经济回归的过程已经中止，农村商品经济的积极因素正在发展，这为甘肃农话迎接新的发展带来了希望。1982年以来，农话发展水平开始缓慢增长就是明证。之所以增长速度还比较缓慢，在经济上的主要原因乃是甘肃农村商品经济在现阶段的发展水平，尚未能给农话的大规模发展积累一定的条件。比较有意义的是，这样缓慢的增长速度，恰恰真实地反映了农村商品经济的发展对农话发展的直接影响，同时，它也从农话这一角度反映了甘肃农村商品经济现实的规模、水平和结构。可以预料，甘肃农村商品经济大规模、高水平发展的阶段将会很快到来，甘肃农话发展缓慢的状态将会随之改观。

（四）农村经济振兴必然带来农村社会的繁荣，社会因素也将对农话的发展产生积极的作用，在这方面，影响较大，作用最直接的是农村集镇的建设和发展

农村集镇是商品经济发展和体制改革的必然产物，它居于城市之尾，农村之首，是沟通农村与城市物资、商品和文化科技交流的桥梁，是农副产品进行加工储存的集散地，也是众多乡镇企业的集聚地，又是文化教育及城乡之间、乡乡之间科学技术和人才交流协作的集中区。总之，作为农村的政治、经济、文化的中心，它具有开放性、凝聚力和辐射功能。

集镇的发展对农话的需求表现在三个方面：一是农村行政机构所需电话的增多，随着集镇的建设与发展，党、政、文教、卫生、社会服务等事业也将逐渐完善，新的需求将会产生；二是经济结构对农话需求的猛增，主要表现在乡镇企业、专业户以及各类经济联合体对信息

的需求量上；三是集镇及其周围人们经济水平首先提高后对农话需求的增加，由于他们生活水平与城市居民生活水平的逐步接近，农村居民文化的迅速提高，农村地区对公用电话通信的需求也将不断增长。与新兴的小集镇经济区的建立与发展相适应，农村电话网的发展也将打破单纯按行政区划组织的格局，将由辐射型变为网络型，它在一定阶段还可打破本身的范围，上下延展和深入，与现在的市（县）话网渐融一体，出现长、市、农合盘的局面。

（五）总之，随着农村商品经济的发展和社会的繁荣，大规模要求发展农话已成为必然的趋势

作为社会基础设施的农话对农村社会经济发展产生的作用将越来越大。一个包含政治、经济、社会诸因素在内，促进农话发展的良性机制的形成，将把农话发展的规模、范围和速度推向一个新的水平。甘肃农话将拥有比以往任何一个历史时期更为稳固的社会经济基础，去迎接它发展的黄金时代的到来。

四、甘肃农村电话发展的目标选择

（一）关于甘肃农话的发展模式

甘肃农话既不能求得平衡发展，在近期内也不能实现高速增长，因此应当采用重点突破、渐进发展的模式。依据在于：（1）甘肃农村经济社会发展水平所表现出的强烈地区性差异，既难在短期内消除，也难求得不同地区的同步发展，由此导致经济社会发展水平不同的地区对农话发展的促进程度不同，对农话产生的需求在规模、速度、水平等方面也表现出不同；（2）处于商品经济发展的初期阶段的甘肃农村在近期不会产生对农话的大规模需求，也难以满足农村发展所需的生产要素投入；（3）甘肃农话虽然已开始出现增长趋势，但农话企业的活力尚未完全形成，自我发展能力仍很低，需要一段自我积累、

自我完善的过程;(4)甘肃农话已经出现向经济社会发展水平较高地区集中,向乡镇集中的趋势。农话发展的重点突破渐进发展模式将根据这些因素,规定农话的发展布局、规模、速度,以及这些方面在不同地区的差别,确定其在短期、中期和长期所要达到的数量和质量水平;确定农话在各个阶段上的发展方式,这里包括扩大再生产的方式,投资规模及方式,技术选择发展方式等等。

(二)关于甘肃农话的发展布局

根据重点突破,渐进发展的模式,农话在发展布局上,应首先完善现有的网络。在此基础上,重点发展经济社会发展水平较高的铁路沿线地区和交通条件比较好的地区的网络,再向边远地区、少数民族地区和贫穷落后的山区延伸和扩展,向中心行政村延伸和扩展,以各个经济地理区域为基础,形成有机合理的网络体系,在发展速度和发展规模上,也应体现不同地区经济、社会、地理条件的差距,即商品经济已有一定基础、人口密集、地理条件较好的地区,其发展规模可以大一些,发展速度也可以快一些;经济、社会发展水平比较落后、人口稀疏、地理条件较差的地区,其发展规模不宜过大,速度不宜过快;同时,发展规模和速度应体现不同发展阶段上的差别;即在近期,发展规模不宜过大,发展速度不宜过快,只有在奠定了一定的基础、积累了一定的条件之后,再去考虑扩大规模和加快速度。总体上看,甘肃农话的发展宜采取适度的发展规模和适中的发展速度。在发展方式上,在近期应以内涵的扩大再生产为主,即重视设备的更新改造、注意增加交换机的实占容量,等等;在取得了实实在在的发展之后,再进行外延的扩大再生产,同时,还应该确定各个时期合理的投资规模及投资方式,确定合理的技术发展方式,等等

(三)关于甘肃农话的发展目标

到本世纪末,甘肃农村应该形成以乡镇为节点,向下延伸和扩展

到中心行政村,向上与电讯干线网紧密衔接的四通八达的网络体系;要实现每个乡镇都有交换点,电话的普及率将由现在的0.08%提高到0.5%。这些目标是通过"七五"和"八五"前期奠定基础,通过"八五"后期和"九五"期间的大发展来实现的。具体来说,在"七五"期间,主要是整治好乡以上的电话线路,完善乡镇一级的网络体系,提高设备的技术性能和质量等级,提高通讯质量,通过巩固现有用户和适当发展乡镇等居民密集区的电话用户,以提高现有交换机的实占容量。农村电话交换点要普及到小城镇,电话线路要通过各个乡。制止乡以下的裁机撤线现象。这一时期农话的发展方向应该是巩固和充实,并且将持续到"八五"前期,为"八五"后期和"九五"期间的大发展奠定可靠的基础和积蓄后劲。

"八五"后期,以提高和重点发展为指导方针,普及所在乡镇的电话,农话交换点要普及到所有的乡,电话通达部分中心行政村。"九五"期间将是农话的大发展和大普及时期,农话交换点将设到部分中心行政村,电话通达全部中心村和部分自然村。在经济发达、交通方便的县及工矿区的农村,实现自动电话的普及,"九五"期末,实现0.5%的电话普及率。

除了电话普及率这一目标以外,甘肃农话发展还包括以下几方面的目标:(1)标志着农话的发展规模和生产能力的目标,如农村电话交换机拥有量;(2)反映农话的需求量的目标,如农话的业务量等;(3)反映农话经济效益的目标,如农话的业务收入、利润,等等;(4)反映农话技术发展水平的目标,如技术进步的速度及其在农话增长中所占的份额等等;(5)反映农话所需要的生产要素收入的目标,如资金需求量等;(6)反映农话服务水平的目标。这些目标,形成农话发展战略的完整的目标体系,它们可以通过定量是或定性的方法予以确定。应该指出的是,在确定这些目标时,要综合考虑各种因素对农话发展的影响。其中包括现状和未来趋势分析,同时,对未来的目标,应随着各种因素的变化及时地予以修正。

五、加速甘肃农村电话发展的途径与对策

(一)实现甘肃农话发展的战略目标决非易事,需要采取正确的途径、措施和对策

这些途径、措施和对策,应该有利于促进农话发展的良性机制的形成,使农话的发展模式在各个阶段、各个地区得到有效的实施,它们包括认识方面的、政策方面的、技术方面的、资金方面的、职工素质方面的、经营管理方面的以及体制方面的种种可行或经过努力可以达到的良策。

(二)正确认识农村电话的性质与作用,适当增加国家投资

农村通信在发展农村商品以及振兴整个甘肃经济中具有特殊的功能与作用。与任何企业一样,电信企业也有直接经济效益和间接经济效益,即微观效益和社会宏观效益之分,但与其他企业所不同的是,电信企业的间接社会效益远远大于直接的企业经济效益。这是电信一大特点,也是它需要超前发展的根本原因。据统计,在苏联,通信总效益中,电信企业的直接经济效益只占 5%~10%,而间接的社会效益却高达 90%~95%;在美国和落后的埃及的联合调查表明,直接效益和间接效益的比值是:商业 1:69、服务业 1:85、设备制造业 1:120、手工业 1:78。据国际电联的研究,如果五年之内电话普及率增长 1%,则今后七年内人均收入增长 3%。国外统计资料表明。电信产生的经济效益大都在投资的 2 倍以上,电信对收入低、电话普及率低的农村地区的经济增长的刺激作用尤为明显,也即人均国民生产总值的增长是话机普及率的函数,在不发达地区,人们使用电话的所得大大高于所费。在印度,用户因使用电话获得的平均效益

比他支付的费用高 4~6 倍;在埃及则高达 36 倍。由此可见,重视并努力发展农话,是振兴甘肃经济不可忽视的前提条件和重要环节。

农话属资金技术密集性行业,一次性投资大、建设周期长,初期投资高于市话,它应与交通等基础设施相配套超前发展。建设基础设施是国家的重要经济职能之一,因此,在国家、集体、个人办农话过程中,应由地方政府每年提供主要的资金。但甘肃是一个财力困难的省份,虽然从长远来看必然要增加对农话的投资,但就目前看,可以在适当增加投资的同时采用其他办法来达到较大幅度增加投资的目的。其对策是:一是提高农话资费,使价格与价值趋于合理,使农话收入有个较大幅度的增长;二是建议国家免征农话的能源征集金;三是合理核定过线费。根据电信全程全网这一特点,充分考虑由于经济社会发展水平的限制造成的农话中来话多于去话这一因素,要通过核收过线费来合理分配电信收入,目前甘肃在这方面采取的"估大数"拨付的办法应予改革,以使农话得到它本应得到的那部分收入。此外,邮电部对甘肃这样的落后省区的农话,应给以适当的补贴。

(三)以小城镇为农话发展的生长点,实现重点突破、渐进发展的模式

小城镇应作为甘肃农话发展的重点。首先,这些地方已是甘肃农话交换机和电话的相对密集区,形成了初步的网络,有较高的电话普及率。甚至一些中心集镇的电话现在就有盈利。其次,小城镇是甘肃未来经济社会发展的重点地区,有发展商品生产的巨大潜力,自然也是农话的需求集中区。再次,在人口密度较大的集镇发展农话的初期投资比分散的村庄要少得多,投入产出比高。最后,甘肃目前的财力不可能广泛满足农村发展电话的需求。因此,现阶段不宜过分强调村村通电话,这既不现实,也不必要,反而容易使有限的资金分散而不能有效地发挥促进农话的作用。应该由过去重视外延转变到重视内

含,通过内含与外延相结合的道路,先行技术改造机、线、路的配套,然后逐步扩大,最后全面铺开,共同发展。这样,既能最经济地促进农村商品经济的发展和其基地的建设,也有效地形成了农话的发展基地,为乡村农话的发展建立了可靠的依托。

(四)建立以适用技术为主的多层次技术体系

机线设备是农村电信的物质基础,也是农话提高服务质量及经济效益的先决条件。由于甘肃农话简陋陈旧设备所占的比重甚大,改造不可能一次完成,必须分步进行,在贯彻技术进步的前提下,根据甘肃地域辽阔、发展不平衡的特点,农话应形成先进、中间、后进多层次并存的技术体系,随着技术与资金的准备,滚动式向前发展,到本世纪末达到崭新的水平。

农话的技术改造和技术选择,应遵循这样三个原则:第一,进行成本与效率比较。技术改选的投入,一定要引起工作效率和经济效率的提高,尽管对后者的提高有较大的促进作用,若投入太大,地方财政无力付出时,也不应急于选择。第二,考虑该种技术设备在农村环境中的适用程度。农村不同于城市,其地理、气候、交通等因素彼此之间差异很大,同样的新技术在同样经济水平但不同环境的农村中,发挥的作用大不一样,产生的效果也就各异。因此,要考虑具体地区的具体特点,进行科学的分类指导。第三,要考虑劳动力素质与采用新技术的配套程度。技术设备是由人来推动其作用的,光有先进设备,而无训练有素的劳动者来使用、维护,同样不会产生理想的效果;相反,个别情况下反而还会出现不如使用简单而较低的设备的情况,只有将上述三种因素结合起来考虑,才能在技术进步方面选择最佳方案。

根据上述的原则,农话的技术进步应该是有层次、有重点、梯度滚动、逐步扩大、渐次提高的。换言之,甘肃农话的先进技术装备和落后装备还有一段较长的共存期,前者完全替代后者将是一个较长时期的运动过程,这与甘肃的财力、劳动力的素质以及特殊的地理环境的状况是相适应的。由此出发,对甘肃农村的不同地区以及农话的不同方面应选择不同层次的技术。

从地域上看,小城镇、城市、郊区及工矿区周围的农村、铁路和主要公路沿线,以及边远山区、草原和沙漠地区宜于首先考虑采用新技术新设备,如特高频无线电话、一点多址电话等。其他地区在短时期内可以维持较后进的技术和设备,而着力加强经营管理来改善和提高服务质量。这样做尽管一次性投资大于传统方式的改造,但因其在维护费用和劳动力占用少等方面的优势,其经济效益则是令人满意的。

在交换技术方面,注意发展自动交换装置。目前,应逐步使已有盈利的中心集镇电话实现自动化,使农话的交换技术尽快形成一个较高的层次,以此为基点带动其余地方交换技术的自动化、微波载波化。

杆线建设应以提高现有线路的质量为主。农话的发展方向是自动化、小微波、载波及数据通信,但其实现的主要条件是杆线的质量及其标准化程度,线路改造的重点是县至乡的中继线,除了采用先进科学的办法提高线路的复用指数外,可考虑使用年限长、消耗常数小、综合投资效益好的有色金属线来增加或更换线条。线路改造的另一内容是实现杆路标准化,除陇南山区和偏远地区外,应逐步实现水泥电杆化。

(五)重视职工业务技术素质的提高

为了适应今后农话事业的大发展和尽快提高电信服务水平与质量,需要通过各种渠道培养一批高中级技术人才和管理人才。第一,组织有一定文化技术水平的同志,组成讲学团,编写一套适合甘肃农话经营管理和技术操作的乡土教材,深入专县流动办学,结合实际直接培训。第二,省邮电学校设立农话班,对各地的业务骨干进行轮训,培养一支中级业务骨干队伍。第三,对新吸收的职工实行师徒责任制,不能按合同规定达到培养目标要求的,师徒双方都应受到一定的经济惩罚,反之则应受到鼓励和表扬。第四,各县农市话人员应明确定编,农话系统的人员必须由农话部门来管理,市话不能随便抽调,以避免抽优留劣,人为地造成农话职工队伍素质的下降。第五,农话职工的待遇应与市话职工一样,要重视职工居住等福利生活条件的改善,从生活待遇的改善与提高上,来稳定职工队伍。

(六)改革农话管理体制

目前农话的管理体制分三级:市话(包括县城)归中央国营;县到乡的电话归地方国营;乡以下电话由集体经营。这种体制是建立在现有生产力水平基础上的。但是,这三个层次的两种所有制形式,使人财物在不同的轨迹上独自运行,而全程全网的生产特点又需要电话的产、供、销在一个纵向系统中统一运动,因而带来了一些矛盾。从农话来看,在省一级中央国营和地方国营是分家的;但在各县、市,农话却是千丝万缕分不清楚。这样,在经济核算上只能划大账,人员相互串调,物资上时有平调,市话为扩展业务经常提出要囊括业务较好的近郊农话,等等,这一切矛盾的焦点又都集中在利益上。而乡以下集体经营的电话,省农话局又无力用资金、材料等去扶持,形成农话的自生自灭、自由发展状态。鉴于此,可以考虑在乡以下成立农村电话公司,专门从事电话事业的经营和发展。农村电话公司是一种以集体为主的混合所有制性质的公司,可以是乡与国营邮电部门以及个人合资来经营,也可以个人合股经营、联户兴办。总之它是依靠乡以下多维力量来发展自己的通信事业,即主要依靠集体和个体的力量,国家的力量在这里只是辅助的。这样,既减轻了地方政府在资金上的压力,又调动了当地的积极因素。当然,要使农话公司健康地发展,政府用经济的法律的手段予以扶持是必不可少的条件,诸如在一定时期取消营业税,给以低息和贴息贷款并适当延长归还期,等等。农话公司也应采取灵活多样的经营方式。

至于省农话局的体制,目前可以暂时维持。它是地方政府对农话进行人、财、物投入的主要承受者。需要强调指出的是农话应建立比较严密的经济核算制度,应该建立一套较为全面的指标体系来考核农话企业,以此作为计算职工个人报酬和考核投资效果的依据。农话的人、财、物应明确交省农话局管理,市话、农话之间的经济关系应当遵循经济规律、按商品交换的原则去办理。同时,从邮电行业的持点出发,省邮电管理局需要强化协调功能,合理解决市话、农话之间的矛盾,使双方的积极性都能调动起来,共同发展甘肃的邮电事业,随着电信事业向更高水平和更高层次的发展,以及甘肃小城镇的普遍建立,则应适时地将农话与市话合并管理,这既是电信企业生产力水平进一步发展的必然要求,也使甘肃省地方政府能腾出手来,集中精力去建设和发展乡以下广大农村的通信事业。

原文刊于《开发研究》1986年第5期

甘肃农村电话经济效益探析

甘肃农话收不抵支,长期亏损,其原因是多方面的,有政治、经济、社会、地理、企业管理等内外部的多种因素。但从总体上看,收入太少,支出太大,而且在现阶段,收入的增长又伴随着支出的增大,致使短期内亏损还不能彻底扭转。目前,全省平均每个农话交换点只有电话用户 10 个左右,年收入不足 4800 元,计次通话每天也不超过 11.2 张;按近年亏损较少的 1983 年看,每万元农话固定资产的收入率只有 18.13%,居全国第 21 位,1985 年的农话收入也仅仅高于新疆、青海和宁夏,增长幅度十分有限。然而,甘肃农话每万元业务收入中的固定费用支出比例却相当高,1983 年仅折旧费就占到 3352 元,居全国第 19 位。这种一小(收入小)一大(支出大)的状况,主要是由下列因素决定的。

(一)甘肃农村商品经济处于初期发展阶段

农村商品经济发展的速度和水平,是影响农村电话发展的决定性因素。一般来说,商品经济发展,对农话的需求增加,收入相对提高,从而盈利增加或亏损相对减少。但是,当农话长期处于亏损的情况下,问题就比较复杂,它将出现三种趋势:(1)当农话交换机的利用率不足时,话机的增加,业务收入的增长,一般主要引起变动费用的上升,而不会引起固定费用的增大。因此,业务收入对农话亏损的影响主要和工资、企业管理费等变动费用的增长幅度有关。业务收入大于变动费用的增长,亏损减少;反之,则增加。(2)当农话交换机的容量已经饱和,农话还没有突破其盈亏临界点时,其业务收入的增长,不但会引起变动费用的增加,还会因内含扩大再生产引起少量固定费用的增加。从而,尽管亏损的相对数额会大大下降,绝对数额还不一定有大幅度的下降。越接近盈亏临界点,亏损的绝对额越小,亏损在这个阶段的特点是,只能缓解,不能消灭。(3)当商品经济持续发展,农话的收支突破了盈亏临界点,那时,农话收入的增长将和其经济效益成正比例关系向前发展,收入越多,盈利越大。

长期以来,甘肃农村处于自然经济的封闭状态之中,除了与产品经济统治的城市在粮油、农副产品的统购统销,以及农业生产资料的计划供应上有联系外,与其他方面的经济联系甚少,因此,其经济的近辐射功能小,远辐射功能弱。近几年来,在地方政府的促进下,甘肃农村商品经济有了较大的发展,但与东部沿海农村相比,基本上还处于商品经济发展的初期阶段。现阶段,甘肃农村正在进行产业结构调整、商品经济组织和人才准备,在一定范围和层次上初步进行生产和交换。因此,商品生产、商品流通的范围有限、规模有限,与各方面经济上内在的联系还不广泛,从而引起对信息要求的迫切性不高。这样,只能对农村电话在一定范围和一定程度起到需求和促进的作用,不可能普遍掀起农话的大量需求,农话的业务收入的增长也就十分有限,未能引起农话收支突破盈亏临界点,整个农话亏损的局面自然不可能得到根本性的改变。

(二)农村商品经济的结构对农话有较大制约作用

如果一个地区的商品生产的结构是外向性的,即产品的生产周期短,销售半径大,那么这种生产对农话的需求强烈;如果其商品生产的结构是内向性的,即产品生产周期长,销售半径小,对农话的需求就弱。特别是在商品经济发展初期,由于缺乏强有力的竞争对手,这种情况相当明显,就是在农村商品经济有了较大发展的情况下,如果基本是内向性生产结构,它对农村电话的需求程度,比起商品经济虽不发展,但对外向生产结构的地区来说,仍然要小。东部各省农村电话普及率迅速增长,业务收入大幅度提高,正是由于这些地区不仅农村商品经济发展很快,而且其产品在激烈的竞争中要远销省外,或相当一部分原材料要依赖外省,企业本身也有相当的规模和产品具有一定的稳定性。因而,在生产经营的内在需求上产生了对农话的需要,其业务收入的大幅度增长是顺乎经济规律的必然结果。甘肃农村的商品经济与东部各省相比尚有一定差距。粮棉油的生产主要是满足本地的需求,无调拨交换的义务。近年来兴起的乡镇企业大部分是服务型、加工型、流通式的企业,真正具有工业制造能力的不算太多,规模一般都很小,缺少强有力的竞争对手。这样,有的企业产品周期长(如建筑业),有的企业产品销售范围就在本地,大部分企业的原材料也依赖本地。因此,在卖方市场存在的情况下,信息的重要性就并不为大家所重视,对农话的需求自然小。

(三)甘肃输入型的商品经济使其农村电话的投入产出比远远小于东部输出型商品经济地区

电信企业的生产特点是全程全网,在其产品生产的过程中,要求所有的机网全部畅通,这样,对所有的省区,投入是均衡的。但是,产出(即收入)对每个省来说,却不均衡。电信生产的特点,决定了每个省不能按照本省业务收入的多少决定其投入的多少,换言之,投入缺乏弹性,具有相对的稳定性。与此同时,农话的收入又沉淀在去话局,收话局虽然也参与了整个经营过程,但在财务上却表现不出直接的成果。甘肃许多消费和生产还要依靠外省的供应,农村的各种商品生产主要是满足本地需要,属内向型经济,对外界的联系相对东部各省要少,信息的摄取量小,农话业务收入自然少,而东部各省经济是外向型经济,市场、价格、原材料的供应对它们企业的命运休戚相关,对信息的需求使他们不断与外界建立各种联系,农话收入自然与日俱增。这样,在相同投入的条件下,甘肃农话的收入远远低于东部各省。

(四)西部地域辽阔、山大沟深、交通不便,使农话的初期投资和维修费远远大东部各省

这是甘肃农话经济效益差的环境因素。甘肃特殊的地理环境,影响着农话网络的布局,使农话的服务面积大,需要的交换点多,电话线路的延伸里程长。这既增加了发展农话技术上的难度,初期投资量大于东部人口密集区,也使农话经营中的固定费用高于东部自然条件较好的地区。

(五)活劳动成本逐年上升

电信是技术密集型行业,因此,电话业务量的增长与职工人数及工资支出的增长并非同步进行。一般来说。后者的增长比例要远远小于前者的增长比例。但是,在像甘肃这样地广人稀,点多线长,交换机不能满负荷生产的情况下,全员劳动生产率难以提高,在固定资产占用量相同的前提下,占用的劳动人数要比东部农村多。这就必然产生劳动力相对"浪费"。使甘肃每百元支出中的劳动力支出的比例相当高,这种状况只有到各交换机的利用率达到 100%以后才能得到改变。不仅如此,近年来职工劳动收入的增长,又使农话的减亏受到了制约。

综上所述,甘肃农话亏损客观上的制约因素大,其亏损的性质基本上属于政策性亏损。在甘肃农村商品经济没有得到大规模发展之前,由于农话本身的固定费用比例高,局部地区营业收入的有限增加并不足以突破其盈亏临界点,亏损的局面难以得到根本的扭转。亏损只能相对缓解,而不能立即消除。

因此,现阶段甘肃农话只能向"以话养话"维持简单再生产的方向努力。在缺少财政补贴的同时,目前还达不到这个目的,过高的要

求反而不利于农话事业的发展。说农话存在亏损，并不意味着农话没有为社会主义经济建设做出贡献。因为，通信的间接经济效益远远大于直接经济效益是邮电企业的一大特点。农话企业虽然在微观效益上是亏损的，但由于它的运转而引起的旁侧效应而带来的宏观社会经济效益却是相当可观的，一般来说，在总效益中，直接效益仅占 5%~10%，间接效益却占 90%~95%。所以，评价农话的经济效益，不能单纯考虑投资的利润，而要看到它给农村以及整个社会带来的效益。从上述两点出发，甘肃农话的扩大再生产，主要还得依靠国家的投资。这种看法并非说明农话的亏损具有永恒的不可避免性，而只是说明，在其收支没有突破盈亏临界点之前亏损只能缓解，不能消除，只有当农村商品经济的大发展到来了，收支突破了盈亏临界点，这时，农话自然出现盈余，并随商品生产的发展大幅度提高。

目前，努力降低甘肃农话的亏损是完全可能的，这应当做好以下几方面的工作。

第一，顺应商品经济的发展，积极扩大农话用户。电话对收入低、话机普及率低的农村地区的经济增长作用特别明显。我国农村商品经济的发展，市场体系的完善，良好投资环境的建立，以及交通运输发挥最佳的效益等等，都要借助和依赖现代的信息传播工具电话。地方政府和农话业务部门，应大力宣传农话在经济建设中超前发展的意义，积极发展用户，扩大业务收入。在这方面可以采取灵活多样的方式方法吸引用户，提高电话的普及率，只有电话普及率的提高和业务量的提高，亏损才能较大幅度地减少。

第二，搞好设备的更新改造，提高农话企业的技术素质。甘肃农话简陋陈旧的设备占的比例较大，影响了农话的服务质量和服务水平，也影响了农话企业的经济效益的提高。因此，必须重视农话的技术改造，提高农话企业的技术素质，在进行农话设备的更新改造时，既要进行成本与效率比较,即更新改造的投入,一定要使工作效率和经济效益有明显的提高;也要考虑设备和技术对农村环境的适用程度,还要考虑新技术与劳动者素质的配套程度。这样,才能使农话的技术改造收到满意的效果。为此,要把适用技术和先进技术有机地结合起来,形成多层次的技术体系。另外,要选择好更新改造的重点,这就是那些能够成为各地区农话网络中心的乡镇,迅速提高技术水平,使它们成为甘肃农话发展的生长点。

第三,提高通信质量,扩大业务范围,增加业务收入。农话经济效益的提高,主要还决定于其业务收入提高的幅度。而农话业务收入能否提高,则取决于农话提供的服务质量。而对甘肃农村经济文化落后这一特点来说,提高服务质量还有其他的形式和途径。例如,甘肃农村文盲多,农民打电报困难较大,各级农话企业可考虑开设代客打电报等业务;又如,农民方言难懂,代客打电话也应考虑开展,其他如为专业户、乡镇企业开设有关的专业电话业务,如电话订货、电话传呼、电话信息服务、电话咨询;把农话深入到工贸、农贸市场中去,等等。这些业务的开展,既方便并满足了顾客的多种需要,也开阔了农话服务领域,使农村对电话的依赖性增强,用户不断扩大,农话也因而能够提高其业务收入。

第四,建立健全农话企业的内部经济责任制,要提高农话的服务质量和服务水平,必须有一套行之有效的经营管理办法。在这方面,必须建立一套科学的内部经济责任制体系,使企业职工从对自己经济效益的关心上去搞好本职工作,在经济利益的分配上,要真正贯彻按劳分配原则,企业内部的分配一定要体现劳动量的差别和劳动条件的差别。农话企业内部经济责任制的完善,建立一套有效的检查与监督制度是必不可少的。这方面,一是要有一套切实可行的农话服务标准,二是要有一套科学的检查制度,这个制度的核心就是检查各项质量指标的完成状况,要把完成状况与奖金、工资挂起钩来,实行奖罚。

第五,挖掘潜力"以话养话",对农话企业来说,资费的调整只是缓解了亏损,而不可能在现时消除亏损因而不能丝毫放松核算,放松内部潜力的挖掘。各级主管部门也不能因为农话实行了资费调整就可以实现"以话养话"了。实际上,在整个"七五"期间,甘肃农话的前景不容乐观。农话实现"以话养话"尚需一段较长的过程,需要各有关部门大力扶持,当然也要靠农话企业的自身的努力。

原文刊于《开发研究》1986 年第 5 期

发展我国清洗业的近中期设想及相关政策

清洗业是一个国家工业化和现代化进程中派生出的新兴行业。它的发展不仅能为全社会的节能降耗提供有效的技术服务，而且是企业安全文明生产和人民物质生活文明程度的重要标志，从而也是社会文明程度的重要标志。

在国外，美、日、西欧及苏联、新加坡等发达国家和一些发展中国家均已建立了物质技术力量雄厚、专业化程度很高的清洗产业体系。我国的清洗业长期以来则处于技术手段落后、服务领域狭小、部门企业各自为政、进行分散的自我服务的小生产发展阶段。这种低层次发展水平，使清洗业难以形成作为一个新兴行业所必须具备的物质技术手段和产业组织，也未能在国民经济发展中发挥显著作用。

我国专业化的清洗业起始于1984年化工部化工机械研究院清洗总公司的建立。它适应了我国10年改革开放中经济现代化进程的需要，迅速发展成为"蓝星化学清洗集团公司"，在全国28个省、市、自治区建立了130家分公司，30多家联合体，在第三产业中开创了清洗业这一新的分支行业，奠定了我国第一代专业化清洗业的物质技术基础和宝贵的人才及组织资源，揭开了用现代技术手段，替代传统技术手段，使清洗业发生根本性变革的新一页。

目前，我国的清洗业已具有良好的行业基础和广阔的发展前景。但现阶段它在规模的进一步扩展，生产技术工艺体系的进一步提高和深化，行业体系的进一步健全和完善等方面，都存在着一些困难和障碍。一是体制障碍,主要表现在分散于各个行业和部门的非规范、非专业化的清洗力量系列行业和部门本位利益的保护,排斥专业清洗队伍进入本行业和本部门;同时,劳动和环保等部门由于对专业清洗认识不足,使专业清洗的认证工作受到障碍;从而形成限制专业清洗领域扩展的行政壁垒。二是装备水平障碍。我国目前尚没有清洗专用设备生产企业,现有的专业清洗设备比较简陋,影响了清洗过程中监测、分析、控制的自动化程度和准确性,此外,清洗剂的研究开发,也缺少先进的技术手段,这些,都制约着生产技术工艺的提高深化。三是资金障碍。我国的清洗业,是在没有花国家一分钱投资的情况下,依靠企业自己的力量发展起来的。要建立规范化的行业体系,推动其规模的进一步扩展,单纯依靠企业自身的积累,显然难以承担这一重任,因而清洗业的进一步发展,在现阶段急需国家予以适度规模的资金投入。

克服上述障碍,需要国家给予政策方面的支持和企业发展潜力的进一步挖掘。根据我国清洗业的发展现状,国家的政策投入应倾斜于蓝星化学清洗集团公司这一全国最大的专业清洗企业;蓝星集团公司则应把自己的发展目标与行业的发展目标有机地结合起来,在"八五"期间实现更大的发展,把行业发展推进到一个新的阶段。

一、蓝星化学清洗集团公司在"八五"期间发展的主要设想

从总体上说,蓝星在"八五"期间目标设想是:推进清洗产品的"四化"进程,即向专业化、社会化、系列化和高级化纵深发展;提高清洗业务的"两全"服务水平,即提高全能化(多种清洗方式、多个清洗领域)和全程化(清洗对象的产前、产中和产后清洗相结合,清洗过程和防护等后处理过程相衔接)的服务水平。其内容主要包括:

（一）巩固与扩大产业职能中心（基地），作为促进部门发育的"增长极"，是产业得以多层次开发和三体推进的物质依托体系

1. 生产中心。继续依托和借重集团公司在兰州的生产基地，就近获取原料，利用原有和新增生产能力，不断吸收新技术，扩大生产规模，以产品的新型、高效、多功能为特色，成为蓝星系列产品的集中供给基地。

2. 科研与开发中心。在增强兰州科研与开发力量的同时，加快北京科研所的建设速度，争取"八五"期间在北京和兰州形成实力雄厚的两大科研密集点，使之成为研究开发清洗行业新技术及相关技术和产品的全国性中心。此外，在办好行业刊物《化学清洗》的同时，申请牵头组建中国化学清洗技术协会和化学清洗业标准化委员会，以促进清洗行业科研与技术开发的规范化发展。

3. 信息与经营中心。在继续办好深圳、厦门两个经营与信息"窗口"的同时，尽快扩大北京分部的经营职能，使之成为集团中最大的业务洽谈中心。另外，力争在有关部门的政策支持下，直接开拓国外业务，并首先在日本选点设海外公司，以此为信息与业务支点，继而开拓海外清洗市场。

4. 技术转让中心。在兰州先行开辟并常设系列清洗技术市场，专营蓝星系列清洗技术和产品的转让与销售，实行期货交易与现货交易相结合，技术转让与技术咨询信息服务相结合，并以完备和优惠的市场配套设施，吸引企业各类清洗专业技术与产品对市场的介入，由此形成我国清洗技术与产品的转让与扩散中心。

5. 培训与教育中心。以清洗产业的专业技术和相关的学科知识为重点，从普及和提高两个方面，进行全行业和公司员工的智力投资，尽快形成一般技术培训和高等专业教育（大专）两大类正规系列，并首先在兰州建成师资、教材和教学手段完备的培训与教育中心。电

大班的招生事宜已从今年开始。

6. 战略研究与策划中心。根据行业发展的需要，开展行业发展战略、企业经营规划、市场预测等软科学课题的研究。所需人员将从近期外聘为主、兼职研究为辅逐步发展，争取"八五"中后期，建成与行业发展相适应的、具有一定规模与手段的专业研究与咨询机构。

(二)形成多元化的专业清洗领域与队伍

清洗行业需要发展和有待开拓的服务领域十分广阔。蓝星集团根据当前与今后一段时期国民经济发展的需要与可能，重点拓展以下专业清洗领域及相应的专业队伍。

1. 工业设备清洗。其覆盖面包括石油、化工、食品、冶金、矿业、机械、轻纺、交通、建筑、电力等工业部门的设备与设施的清洗。蓝星清洗技术目前对上述多数工业领域已有初步介入，拟进一步向深度与广度开拓。其中，需要优先开发的对象，一是电站清洗，既对各类发电厂特别是火力电厂及核电厂成套设备，包括锅炉、发电机组(定子、转子、原动机等)的专业化清洗；二是大型引进装置清洗。即在承接多项大型引进化工装置清洗工程并取得成功经验的基础上，扩大承揽引进设备的清洗业务。

2. 楼寓清洗。其对象是楼寓形态的各种建筑物，包括公、商业建筑和民用住宅建筑的清洗。可以预料，随着城乡文明水平和环境洁净标准的提高，楼寓的专业化清洗的发展前景将日益广阔。蓝星集团已计划相对楼寓清洗的专用器材如墙轨式升降清洗机、外墙清洗剂等进行研制。

3. 汽车清洗。根据我国汽车拥有量迅速增加，汽车的表面清洗日益常规化的现状与趋势，"蓝星"将发展机械化、自动化汽车清洗技术，力争在城市率先占领汽车清洗市场。为此，拟在"八五"期间引进、仿制各种技术先进的城市过往式汽车清洗装置约 200 台，分别布点于各地城市进行专业化服务。

4. 工、民用管网清洗。主要对作为工业和城市基础设施的各种管线,如输油、输气、输煤粉、给排水、地下电缆等管道输送系统,进行除垢、防锈、抗腐、去污等配套性清洗处理。

5. 特种清洗。即对有特殊功能、特殊形状、特殊材料或有特殊清洗要求物品进行清洗,包括文物、装饰物清洗等。

(三)提高清洗行业设备手段的开发与配备水平

为了扭转我国目前清洗技术(剂料)先进而清洗装备落后的局面,加快清洗行业的机械化进程,特别是提高清洗监控、检测等环节的装备水平,开发或改造清洗剂料的生产设备和服务于生产的科研设备,从而扩大生产规模和科技实力,蓝星集团拟按四大设备系列,对清洗设备、生产设备、检测设备和科研设备进行开发与引进。今年,"蓝星"已从西德引进一套高压联合清洗装置,并通过仿制与改进,发展相应的替代产品;近期还计划建设七个标准化试验室和一个3500平方米建筑面积的中间试验工厂,已被甘肃省列为省长任期项目之一。这些计划、措施的落实,必将有力地推动我国清洗行业向技术高级化发展。

二、发展我国清洗业需要研究和解决的政策问题

应当看到,行业发展的重大设想,如离开国家的政策配合将难于实现。为此,需要国家有关部门从产业政策、技术政策、资金(信贷)政策和进出口政策等方面提供支持,形成有利于清洗产业进一步发展的政策体系。

(一)产业政策

要充分认识清洗业与其他产业乃至整个国民经济增长的相关性,应将清洗业作为一个正规的行业加以开拓和发展,并争取在国家

的"八五"规划和行业管理系统中正式列项。同时合理解决清洗行业上目前发展所遇到行政性"壁垒"（如劳动、环保部门对专业化清洗的认证），以及专业化、社会化清洗力量与各系统的传统认证之间的行政性竞争障碍的问题。

（二）技术政策

应从清洗行业发展与管理的现实需要出发，授权蓝星集团会同有关部门专家，尽快研究制定清洗产业的各种行业标准与规程，以实现行业考核、评价和检验过程指标化与规范化；同时，应吸取国外先进经验，将清洗项目正式列入有关大型装置的安装和运行的总体设计或工艺技术规程之中，强制并普遍实施，改变目前清洗程序和清洗款项无章可循、无账可列的局面。

（三）资金（信贷）政策

需要积极扶持清洗产业新上项目，帮助解决投资立项问题。对目前存在资金缺口的在建项目，优先纳入资金（信贷）计划，给予追加与补充资金和相应的物资保证。

（四）进出口政策

一是给予蓝星总公司直接对外经营的权限，以适应清洗对外业务量扩大的需要。现行的进出口代理制，由于代理者不熟悉清洗业务而降低洽谈成功率，由于中间环节的存在而使产销信息阻滞等问题，已经不能适应清洗行业（产品、技术、劳务）走向国际市场的发展要求，亟待加以改变。二是商请海关给予进口清洗设备及行业发展所需的其他专用设备以低税待遇，比如可享受"高技术开发试验区"进口设备同等的关税优惠，调整目前过高的税率标准，并鼓励这些设备从进口逐渐转向进口代替。

原文刊于《发展》1990年第5期

把西部开发研究推向新阶段

不发达地区经济社会的开发与发展问题，已经成为当今人们关心和研究的热点之一。基于对 20 世纪末我国战略西移的认真思考，随着改革深入发展需要分类指导的要求，广大理论工作者、实际经济工作者及一切有志之士，以极大的热情和非凡的努力，从不同的角度和侧面思索探讨西部经济社会发展的规律、机制和趋势，奉献自己的真知灼见，这对振兴西部无疑是一种很大的助动力，并由此形成了一股"西部热"，出现了一批西部问题专家。

近一年来，西部问题的研究，已由一般性议论进入到针对性研究的层次；由综合研究推进到专题研究；由生产关系的研究深入到生产力领域的研究；由单纯的理论分析进展到对策的选择与提供；由注重定性研究发展到定性定量相结合的研究。尤其是区域经济发展战略和生产力配置重塑的研究已有了一定的深度。这种状况与特点，标志着我国西部问题的研究，已经从一年前的宣传和呼吁阶段进入了实质性的研究阶段，取得了可喜的成果。

当然，从总体上看，整个西部问题研究尚处在初期阶段，西部经济社会发展的理论武装相当薄弱，部分研究还处在归纳梳理的低级层次，简单借鉴和移植发达地区以及国外发展经济学经验和作法的倾向依然存在，整个研究力量还处在各自为战的分散状态等等。这一切，亟待扭转与改变，否则，西部开发问题的深入研究难以推进与提高。

西部经济社会有其自身的特点和规律。其一，二元经济结构的现象十分明显,在广袤的以落后农业为基础的地域中镶嵌着现代化的大工业,大工业又与落后的地方工业形成很大的反差;大城市高度的凝聚力和发达健全的体系与县乡的普遍落后长期共存;人才和技术的点式密集与广大农村和地方企业人才技术的极度贫乏共生共存;等等。这一切,随着党的经济体制改革的有效政策,已经出现中间转换渠道和机制,二元结构开始处于松动转变的初期阶段。其二,地区经济发展上的封闭性、自足性较强,开拓与创造的活性不够。由于长期的自然经济造成的生产力低下及商品交换能力的弱小,加之社会发育程度不高造成人们观念的陈旧,在敞开大门,开发致富中所进行的区域内外生产要素流动的转变,速度慢、渠道少、能力弱,整个经济仍然没有从根本上突破内向性经济的体系与模式,各方面的发展总比东部慢"半拍"。其三,西部是中国资源的基地,这无与伦比的优势,却因其内部深度加工能力的不足,往往不能转换为经济优势乃至效益优势。

处在这样一个环境和条件下的西部,其发展的道路自然不能雷同于东部和中部,而应提出一整套崭新的理论思考和中肯的对策意见,这就必然要求把西部开发问题的研究推进到第二个新阶段。

(一)在全国经济运行的大系统中研究西部开发

研究西部问题的出发点是加速西部开发,在东、西互补之中使双方得到共同发展,并尽可能使西部发展快一点,进而在第二轮中促进东部的更大发展。这就必然要求把西部置于中国经济的大系统中去认识、去探讨。任何孤立与割裂的作法都会得出片面的结论和失真的信息导向。因此,当前仍应强调东西对话、共同探讨,既包括理论上的交流,也包括实际工作中的协作。东部的同志应把脚踏进西部"神秘的大地",对已经变化和正在变化的西部来个再认识,提出精辟又符合实际的新建议;西部的同志则应根据中国经济发展的新进程,对以往的经验式观点进行深思和新解。东、西部的同志只有根据已发生深刻变化的中国实际,进行科学的实事求是的分析,才能得出有益于西部开发的结论和意见,任何仅凭一些静止僵死材料研究西部的作法,无助于问题的解决,甚至可能导致东西对话的复杂化。

(二)西部问题研究应强化理论上的深思

总起来看,目前许多文章是从有限范围进行归纳整理,就事论事,上升不到理论,总结不出规律,不易引起普遍的关注和讨论;也有些说理文章,虽不乏"闪光"的见解,但大有"一石数鸟"之感。这两种倾向,只能把西部经济社会发展问题的研究限在低水平上晃荡,对国家决策的影响也就十分有限。提高理论性,加强针对性是西部问题研究发展到一个新阶段的关健。

(三)西部问题的研究应在重点选题上有所突破

西部问题已经到了深刻分析和深透说理的时候了。今后,进一步深入研究的问题应当从如何弱化西部二元结构及东西如何互补发展的角度去选择。诸如,如何把事实上既定的梯度推移政策与西部普遍要求的跳跃战略恰当的渗透与结合;西部增长点理论的研究与横向联合深入发展的方式和途径;资源的输出与深加工在不同行业优势的比较研究;人才的双向流动规律与利用问题研究;西部农业内部结构第二步大转移的特点;西部乡镇企业的特点及发展道路;西部资金流动变化的新趋势与筹集;东西部之间的贸易与西部的得失和对策;西部生产力的合理调整与配置;西部投资环境问题研究;西部交通等基础设施发展的超前研究;西部经济区域的形成与发展研究;等等。这些主要问题与经济改革结合起来深入研究,才能使人们对西部问题有明晰正确的认识,采取坚实有益的对策和政策。鉴于西部内部也存在的差异,有些问题则需从西北与西南两个方面去探讨。

（四）建立不发达地区经济社会开发学

西部发展问题研究需由目前的对策研究阶段向理论研究阶段急速转变。缺乏系统雄厚的理论基础,对策研究容易傍徨、动摇和碰撞。我国理论界几十年来在这方面的研究十分薄弱,而西方的发展经济学虽给我们许多启迪但却不能替代。这就必然要求建立中国式的发展经济学——不发达地区经济社会开发学。这是摆在每一个研究西部问题的理论工作者面前的光荣而艰巨的任务。甘肃省的部分理论工作者开始了这方面的尝试,是值得称赞的。"开发学"的创立应有完整的体系,它以经济开发为主,还要涉及社会、技术、文化教育、生态等多种相关的因素与内容;"开发学"的思路和主线是从比较经济的角度从最佳经济效益的要求出发,来加快西部开发,缩短东西部的前进差;"开发学"的方法应广泛吸收当代社会科学、边缘学科的新成就。近年来,广大理论工作者和实际工作者对西部问题的大量专题研究为建立"开发学"奠定了良好的基础,大家应当继续团结协作和努力工作,深入研究,创立不发达地区经济社会开发学,它必将成为我国社会科学百花园中的一支奇葩。

原文刊于《开发研究》1986 年第 6 期

资源的深度开发与技术进步

一

地表资源的相对贫乏和地下资源的丰富蕴藏所表现出来的强烈反差，构成了西北地区经济资源的一大特点。而丰厚的地下资源尚未给西北的地方经济带来人们所期望的那种巨大发展，与此同时，那些天赋资源短缺的国家如瑞士、日本、新加坡等却在崛起，它们有的已经跻身于富国的行列。面对这种强烈的对比，出现了两种观点的争论。一种观点认为，必须以市场为目标，然后寻找原料，组织技术和劳动力，尽快实现产品的价值，提高经济效益，而不必拘泥于天赋资源的有无或多少——这是当代商品经济发展的大趋势。另一种观点则认为，天赋资源是大西北无与伦比的优势，实行资源战略仍是大西北发展的重要出路。我们认为，这两种观点并非互不相容、互相排斥的，而是能够统一融合的。也就是说，大西北的经济发展，并不是对原有基础来一个彻底否定，从零起步，而是把资源优势置放于社会主义有计划的商品经济的大系统中，确定一种新的资源——技术型战略，使技术进步真正成为利用资源优势，开拓商品市场的主导因素，从而在充分利用现有的各种有利条件的基础上，大幅度提高经济效益，实现西北地区经济的振兴，尽快地达到人们预期的发展目标。

为什么我们的资源优势长期未能形成充分的经济优势和效益优势？从甘肃来看，其产业结构是以重工业为主的能源、原材料和初级产品加工的生产体系。在国民经济的地域分工中,国家对东部的要求主要是逐年增加财政上缴;而对甘肃这样的西部不发达省区,则主要求其增加产品产量,尤其是扩大为东部所短缺的能源、原材料和初级产品的输出规模。根据我国东西部经济发展的现状,在现阶段形成这样的地域分工是必要的。但问题在于,作为西部主要产品的能源、原材料和初级产品的附加价值低;而东部又以其在国内外市场中的垄断地位形成西部参与市场竞争的壁障。这样,东部既可以获得由能源、原材料及初级产品输入量的增加而增加的转移价值,又可以获得由这些输入所支撑的加工工业所创造的利润。另一方面,西部作为东部加工工业产品市场的组成部分,在转移价值(其中包括利润)流失的同时,其支付行为又成为东部加工工业产品实现利润的重要源泉。东西部之间现有的产品贸易格局,使东部处于"双重顺差"的有利地位。只要西部能源、原材料和初级产品的输出规模逐年增加,"双重顺差"所形成的利润动机,将使东部加工工业只要靠外延扩大再生产就可实现产品产量的增加,而不去关心技术进步。同时,我国长期以来一直执行着由沿海向内地和西部推移技术的单一的技术转移路线,东部又基本掌握着技术市场的主动权。这样,像甘肃这样的不发达省区的工业技术也就主要来源于东部地区,其技术水平从总体上看就无论如何也不能超过东部。这又削弱了东部地区追求技术进步的紧迫感。在上述两方面因素的合力抑制下,东部的技术进步步伐比较缓慢。在这种情况下,甘肃的能源、原材料和初级产品加工工业不得不牺牲自己的技术改造和舍弃内含扩大再生产的途径,而依靠外延扩大再生产来扩大对东部的输出规模,以满足东部加工工业的外延性扩张对这一输出不断增长的需求。其结果使甘肃能源、原材料产品的附加价值一直难以在本地提高,也导致了甘肃资源开发难度的增强,使成本不断上升,边际效益递减,资源浪费、环境污染难以根治,资源的综合利用和深度加工能力十分低下。总之,在东西部之间现有的产品贸易格局中,东部的"双重顺差"和西部的"双重逆差"所形成的利益机制,使东西部双方在一定程度上都缺少追求技术进步的动力和可能。使甘肃经济长期以来停滞于依靠低水平的技术和外延性扩张上,很难直接受惠于资源优势。同时,这也必将导致我国国民经济技术进步缓慢的严重后果。

国家采取合理的产业调整政策是使甘肃的资源优势变成经济优势和效益优势的前提。从长远看,要使东部向新技术新产业发展,建立外向型的生产体系,就必须抑制高耗能、高耗原材料工业在东部的外延性扩张,实行合理内移的产业迁移政策。这类新建企业应该转向西部,重大的技术开发也应投向西部。这一方面要依靠价格改革在东西部之间形成合理的利益机制,以改变东部的"双重顺差"和西部的"双重逆差"的格局。另一方面,则要改变西部处于相对封闭的经济环境,为西部创造参与国际分工的条件。

从国际分工来看,在我国提出全方位开放的战略思想后,打通我国西部口岸的呼声大倡,其构思也日趋完善。这一设想的实现有很大的现实可能性,事实上,目前西部口岸的易货贸易就是现实的基础。

上述设想的客观必然性在于,甘肃所在的西北地区,虽然在我国属于经济的低势能区,但与之毗邻的中亚、南亚次大陆及邻近的中东地区,却在很大程度上居于更低的经济位势。尤其是这些地区轻纺工业落后,是我们不可忽视的一个重要的国外市场。尽管在东部口岸及西欧、北美市场上,西北地区的竞争能力较弱,但在西部口岸、苏联、东欧和一些伊斯兰国家的市场上,西北地区却可以凭借距离较近的地理优势、穆斯林居多的民族特点等条件而处于有利地位。这样,甘肃可凭其矿产资源优势,扩大其在东部市场的份额,在东西互补中发挥特殊的作用;又可凭借其农副资源上的部分优势,发展以农产品为原料的加工工业，还可以发展某些以非农产品为原料的日用消费品工业，通过西部口岸，占领部分国际市场。无论是矿产资源的向东指向，还是农副资源的向西指向，都表明甘肃仍是资源开发型的经济体系。因此，甘肃的发展前景就十分有限。

在人类已进入知识、信息时代的今天，国家之间的较量，企业之间的竞争，在很大程度上是知识、技术的较量；取胜的因素在很大程度上取决于拥有知识、信息、技术这些"软"资源的多寡，而不在于简单地凭借天赋的"硬"资源（自然资源）丰厚。以"软"资源来抑"硬"资源不足之短而取胜，日本、瑞士、新加坡可作借鉴；虽然天赋资源充裕而"软"资源短缺，导致经济社会发展缓慢，许多发展中国家的实践可引以为训。实践证明，高技术、高知识，可使一份资源产生十份效益；低水平的技术和知识则只能大大降低资源利用效益，使比较利益被高技术、高智力区所获取。因此，资源是财富之母，技术则是启动财富之源的闸门，是增加资源经济价值的放大器。技术越先进，资源的效益也越大；反之，只能得到最基本的补偿。从这个意义上，技术进步是甘肃经济的前途所在。

<h2 style="text-align:center">二</h2>

制约甘肃经济技术进步的内部制约因素在于甘肃产业结构所形成的障碍。这主要是甘肃目前能源、原材料工业与农村产业之间存在着一个断裂区，使工农业两大产业之间形成分离型的低层次二元结构。克服这一障碍的根本途径，在于用加工工业的关联环来替补断裂，使现有的二元结构的恶性循环，向高层次的工农结合型二元结构的良性循环过渡。从技术进步的角度来考察，应当抓好以下四个方面的工作：

第一，开拓资源开发的深度和广度。资源开发的深度，从狭义上理解,就是向生产的纵向发展,即同一生产部门完成原材料生产——初级产品——高级加工产品的全过程;而广度则是指物质生产的横向发展。对甘肃这样的不发达省区来说,由于加工工业比较落后,矿产资源优势还没有转化为经济优势和效益优势;单纯出卖原料的情况仍然存在;在西北地区,甘肃的矿产资源开发相对较早,少数重要资源已进入开采后期,开采难度大,还存在着共生矿、伴生矿的分离及利用水平低的问题;相对来说,甘肃的矿产资源丰度不如新疆和青海,未来甘肃传统工业如有色冶金和石油化工等的大规模发展,还有赖于青海的能源和新疆的原油的供应。这些情况表明,一方面,较之西北其他省区,甘肃有较强的资源加工条件和基础,在进一步提高技术水平条件下,可以进行产品的深度开发;另一方面,甘肃矿产资源开发及其附加价值大量转移到东部加工区的现状,也必然要求发展资源的深度开发和利用。这正是甘肃工业经济增长的基础。只有在这个基础上,甘肃工业经济的总体水平才能提高到一个新的层次,也才能尽快提高其附加价值和经济效益。资源的深度开发和利用,必然要求保护资源环境,实行有计划有组织的资源开发,防止乱采滥挖,制定合理科学的综合利用规划。同时,也要求已占据资源优势的大中型骨干企业与地方企业实行合理的分工与协作。大中型骨干企业应将其部分初级产品转移或下放给地方企业,来发展附加价值高的精细产品的生产,从而在省内合理分工的基础上,实现资源——技术型战略。

第二,围绕资源开发,实行以应用推广为主、研制开发为辅的技术进步模式。科学技术进步是甘肃资源深度开发和利用的主导因素。目前,对科学技术进步方向的构思大致有三种:一是推广应用型或引进型,即大力引进移植国内外先进的应用技术,来缩短差距,提高水平;二是研制开发型,即依靠自己的科学研究力量进行深入研究,以自己的科研成果带动本地区经济的发展;三是混合型,即以应用推广为主,研制开发为辅,既取引进型便捷之利,又采研制型结合实际之长,稳步而快速地实现科学技术进步。三种构思各有利弊,我们应当按照科学技术的发展规律和经济上的最优原则来确定自己的发展方向和模式。

从甘肃的经济承受能力看,资金短缺是经济发展的严重制约因素。而科学研究中的研制开发,则需要大量投资。但引进推广成熟技术,以及应用过程中的科学研究,却不需要大量投资。甘肃财力的现状决定了我们只能将推广应用作为有限资金的主要使用方向。

从甘肃工业生产对技术的接受能力看,研制开发是一种较高层次的科研活动,其成果一般只能被较高水平的生产力吸收并转化;推广应用则不同,它主要是成熟技术的普及与转化,需要的生产力水平相应要低。甘肃工业生产技术水平总体上比较落后,就更迫切需要通过应用先进技术加以改造和提高。

从甘肃工业科技现有水平的初始条件看,由于科学研究的力量和基础都比较薄弱,不具备从研制开发起步的条件,因此宜于以推广应用作为科学技术的发展方向。

从资源——技术战略来看,发展资源的深度开发和利用,需要加强科学技术成果的推广和应用。而在这方面,一是发展领域十分广阔,它包括矿产资源的深度开采技术,综合利用技术,以及与发展深度加工相应的新产品开发技术等等;二是国内外有大量的成熟的科学技术成果可供引进和移植;三是可以以此为契机,联合、聚集、组织本省现有的科研力量,形成一支实施资源——技术战略的技术攻坚队伍。

以上分析,说明甘肃工业科技进步必须以推广应用的发展方向为主。但推广应用需要一定的成果储备,它也不是简单的套用和移植,而是要根据甘肃的地方特色和企业的具体情况,进行一定的研制开发后才能适应。这也就是说,甘肃工业科技发展的方向既非完全的推广应用,更非单纯的研制开发,只能是以应用推广为主,研制开发为辅。这也是使甘肃资源优势尽快地转化为经济优势和效益优势的道路。

第三,实行梯度转移与点式跳跃的技术进步路线。技术进步是资源优势转化为经济优势的启动器。那么,像甘肃这样的西部不发达省区,应选择怎样的技术发展路线呢?这是关心西部开发的人们争论的"热点"之一,其核心是,选择技术梯度转移路线,还是选择技术跳跃发展路线?一部分同志从技术发展的一般规律、资金准备条件、劳动力素质状况以及企业接受能力出发,认为应该选择国外→东部沿海→西部的梯度转移路线;另一部分同志则从新技术革命所引起的时空范围大大缩小这一特点和迅速缩小东西部之间差距的愿望出发,提出跳跃发展,即直接从国外引进先进技术的路线。我们认为,从整体上看,单一的梯度转移,在目前的体制下,由于地方利益的屏蔽,先进适用技术的转移速度十分缓慢,规模十分狭小,这将大大延缓甘肃工业技术进步的进程;而单一的跳跃构思,又超出了我们财力、物力及人力的现实基础。究竟选择什么样的技术进步路线,需要对甘肃的经济和技术结构进行深入的分析。

甘肃的经济和技术结构呈现出典型的"二元特征":一面是广大而经济落后的农村,一面是为数很少但经济密集而发达的大城市和工矿型城市;一面是普遍落后的地方工业和乡镇企业,一面是生产力水平相当可观的大中型骨干企业;一面普遍存在着技术不足、竭求引进的现象,一面是军工企业技术闲置、人才积压和部分三线企业的技术、人才向东部的输出与外流。这种割裂的状况,固然使甘肃的高低水平不同的技术在两个层次和轨迹上各自循环运转,使内聚力很强的大中型骨干企业高水平的技术无法流入技术稀缺的地方工业和乡镇企业,但同时也赋予了那些高水平技术聚集的经济密集区(大城市、工矿城市、大中型骨干企业)作为甘肃经济增长极的功能。这些增长极具有较强的内聚力、较高层次的技术水平、较好的劳动力素质、较先进的管理水平和相对雄厚的财力。它们完全可以采用跳跃发展的技术路线,来加快自身的发展步伐,首先缩短与东部的差距。由此出发,要加快资源的深度开发与利用步伐,甘肃可采取梯度转移和点式跳跃相结合的技术发展路线。从总体上看,这既非单纯的梯度转移,也非单一的跳跃发展,而是一种复合型的发展路线。

所谓点式跳跃,是指甘肃生产力密集地区(如兰州、天水、白银、金昌、嘉峪关等)和生产要素整体水平较高的大中型骨干企业,在技术进步中走主要依靠引进国外先进技术的途径。这有利于尽快提高经济密集区的技术水平层次,强化甘肃经济增长极的实力和辐射力,以促使这些地方尽快转移较低层次的生产技术,开拓生产的深度和广度,发挥增长极和支柱产业的带动作用,并形成一批高、精、尖的拳头产品,扩大甘肃在东部市场中的份额。

所谓梯度转移,主要是指省内大中型骨干企业、军工企业和生产力密集区的先进适用技术向地县和中小企业、乡镇企业的转移,以及东部地区适用技术向甘肃地方工业的转移。技术转移实质上是产品和市场的让渡,梯度转移不但适应地方工业资金、技术、人才短缺的现状,也有利于大中型骨干企业和中小企业的横向联合与生产力的重组,有利于省内市场的合理分工,而且容易得到地方政府的组织和政府诱导,从而取得较好的经济效益。

上述技术进步路线,既改变了国外→东部沿海→甘肃这一单一的梯度转移路线,克服了延缓甘肃技术进步和资源深度开发进程的弊端,又弥补了甘肃开发资金严重不足的矛盾。

第四,发挥政府的经济职能,依靠行政和经济手段促进资源的深度开发与利用。资源的价值伴随着其加工深度的开拓而不断提高,而资源加工深度又受到技术水平高低的制约。因此,我们从合理利用资源的角度提出了依靠技术进步进行资源深度加工的战略思路。要实施这一战略, 就必须借助于政府的经济职能和政策的约束及引导。(1)把资源开发纳入社会的分工协作体系。要通过政府的引导实行各方面的经济联合,使资源开发在纵向上与后加工尽量结合起来,形成原有生产体系中的一支补充力量, 在横向上发展不同规模的联合开发,提高聚集效益。即使是单一的资源开采,也要进行粗加工使之转化为初级产品。(2)要发挥经济杠杆的调节和引导作用。在税收方面,应按资源开发的不同深度实行分解税收制, 浅层开发, 税收相对要高;反之,税收相对要低。在贷款上,凡纳入横向联合系统的可以较低的利息予以扶持,否则,就不提供这种优惠。在价格上,凡利用资源优势开发的新产品,可以按成本定价,实行优质优价原则,甚至可考虑对新产品在头一二年予以免税。对中央在甘肃的大中型骨干企业,应当开征资源税。(3)建立资源开发利用的科学技术进步奖励制度。为了加快资源开发、发展资源综合利用、发展资源深度加工以及节约资源的新技术、新工艺、新产品,对在研制开发和推广应用中作出贡献的科研机构和个人,应及时予以奖励。(4)加强资源深度开发和利用中的人才培训工作。要特别重视对目前十分短缺的中初级技术人员的培养,形成合理的技术人才结构,充分发挥人才这一"软"资源的主体的作用。

原文刊于《开发研究》1987 年第 4 期

白银市经济发展战略

一、白银市经济发展的现状评价

白银市是在基地式工矿型城镇的基础上发展起来的新兴工业城市。解放后,国家在这块荒漠的土地上以26亿元的规模进行了密集的倾斜投资,形成了以铜矿资源开发为主的第一次建设高潮和以三线军工企业内迁为主的第二次建设高潮。目前,国家和甘肃省正以24.6亿元的巨额投资,以有色金属、能源、化工为重点,掀起第三次建设高潮。这种外部强力输入和生产要素的急骤增生,大大加速了白银工业化的进程,同时也形成了以有色金属冶炼、煤炭开采、电力为主,包括化工、建材、轻纺等在内的具有相当规模的独特经济结构,奠定了白银市作为我国重要有色金属工业基地的基本形象。

(一)白银市经济发展的特点

1987年,白银市工农业总产值13.3亿元,其中工业总产值占到83.6%(11.08亿元),289个工业企业的固定资产原值已达22.36亿元,标志着第二产业已成为白银经济发展的主导力量。然而,从劳动力的分布情况来看,工农业就业人数比重为7.28∶78.41,在农业中,种植业劳动力高达88.6%。粮食产量低而不稳,农村人均收入267元,低收入劳动力大量充斥并伴有大量的隐蔽性失业。广大乡村存在着大片工业空白带。第三产业普遍落后。这表明,白银市工业化的发展过程基本脱离本地经济的支撑,工业化对本地经济的发展,特别是

对产业结构的变化未能产生显著影响。从总体上来看,白银市仍处在工业化初期,具有三大特征:

1. 以高耗能工业为主的重型产业结构。白银市的工业在全省占第二位,具有显著的集中优势,其轻重工业之比为 11.4∶88.6,远高于以重型结构著称的甘肃省的平均水平。在重工业产值中,原材料产业占 82.66%,采掘业占 8.79%,两项合计也远高于全省水平,反映了本地高耗能产业的突出地位。随着靖远电厂、白银铝厂、白银铅锌矿厂的建成投产,这一趋势还会强化。目前,白银市以铜为主的大规模资源开发已到后期,新的资源接替不上,整个重型结构正在向利用外地资源进行粗加工和深加工的方向转轨,一个以高耗能为基点的多种矿产资源加工产业带正在兴起。

2. 以高扬程灌溉农业为支柱的农业经济。经过多年的艰苦奋斗和政府的全力支持,本地已形成以景电、靖会、兴电等大中型高扬程水利灌溉为主,井、泉、库、窖结合的水利设施体系。宏大的农田水利工程初步改善了这里的农业生产基本条件,使干旱土地中 23%的耕地发展为连片的灌区,提供了本地 60%以上的粮食产量,为调整本地农业经济结构打下了坚实基础,这显示着经过相当时期的努力后白银将具有成为甘肃又一商品粮基地的潜在力量。

3. 甘肃区域经济发展中最大的二级经济增长极。白银市在宏观经济格局中有其独特的地位和作用。随着"七五"计划的完成,重型结构的白银有可能发展成为我国最大的有色金属生产基地,它正在并将进一步以其远辐射功能,与东部地区进行资源、技术、资金、信息的交流与联系,并在相当程度上决定一些企业生产的涨落。因此,它是一块吸引东部沿海乃至国外投资的磁石,将仍然发挥国家原材料基地式城市的功能和作用。白银在经受了资源产业受"盛—衰"规律支配的冲击之后,由单一采掘业向多元原材料产业转化,积极寻找替代产业的做法，以及本地已经形成的比较雄厚的企业实力和丰裕的能源，使它能够吸附多种生产要素的投入，成为黄河上游经济区中段开发潜力最大的经济圈。作为中间环节和桥梁，它把兰州—青铜峡—银川经济带连成一片。在兰州经济圈中，白银是其最大的经济外推和扩充中心，即为兰州市经济的进一步发展提供了良好的外部空间，为其产业结构的合理调整提供了极为有利的互补条件。白银市在以上三个层次的地位和作用，表明它已成为全省区域经济中最大的二级增长极。

（二）白银市经济发展的优势

白银市的优势可从两个层次来认识，即区域优势和市区优势。区域优势是指本市所拥有但不为本市所左右的优势。一般表现为中央和省属企业的优势。它对白银市经济的发展有很大的影响，是制定白银经济发展战略的重要外部参变量。市区优势是地方政府能够掌握和支配的优势，是制定经济发展战略的重点和主要依据。市区优势只有借助和依托区域优势，才能促进市区优势的充分发挥；区域优势也只有市区优势的充分发挥，才能进一步巩固和完善。

从区域优势来看：（1）拥有一批高技术水平的生产要素密集点。白银是甘肃大中型企业最为密集的地区之一。17个实力雄厚的中央和省属企业集中了白银市90%的工业生产力，其中4户中央企业的产值就占到全市工业产值的56.2%。这些资金、人才、技术、设备的高密集点，在全国和全省同行业中均有举足轻重的地位。诸如在铅锌矿方面属全国第一的白银公司，技术设备高度现代化、位居全国第一的银光厂，运东第一的稀土公司和针布厂，全省最大的热电厂和煤矿，等等。这里拥有一支近10万人的产业大军，科技人员的密集度很高，在全民所有制工业企业中高达15.4%，远高于全国（7.9%）和西北五省（8.4%）的水平。白银地区生产着国内市场最为紧缺的铜、铝、铅、锌、稀土、TDI 等一大批拳头产品，并且都是可以进行后续粗加工、深加工和精加工的原材料产品，这为白银经济的发展奠定了重要的物质基础。(2)丰裕的能源资源和强大的能源工业。白银可供开发的黄河水电资源有 300 万千瓦，黄河上游甘肃部分拟建的 5 座水电站，有 3 座在白银境内。正在建的大峡水电站和计划建设的乌金峡、黑山峡水电站逐步建成投产后，加上靖远热电厂，到 1995 年总装机容量可达百万千瓦。这不但将大大缓解甘肃能源短缺的尖锐矛盾，也势必推动白银经济圈和黄河上游经济带的迅猛发展。

从市区优势看：(1)合理的交通结构与畅通的骨干网络。本市有横穿全境的铁路大动脉 321 公里 29 个铁路车站分布两县两区；3 条公路国道、2 条省道和与之相配的二级路面及 90%已通汽车的县乡公路，配合以距白银只有 70 公里的优良空港和大有发展潜力的黄河水运，构成了白银立体交通网络。这为白银以交通促流通，以流通促生产、实行多层次横向经济联合与开发，提供了极为便利的前提条件。(2)潜力较大的非金属矿藏资源及农副资源。白银三县二区分布着保有储量较高并急待大规模开发的石灰石、石膏、煤、芒硝、沸石、麦饭石等非金属矿产资源，这些资源易于构成跨越门槛低、地方生产要素易于进入的建材及其他加工产业。一定数量的亚麻和羊毛资源有利于农村工业和轻纺业的起步、发展。(3)富饶的黄河河谷经济区和大面积灌溉农业，与干旱山区形成极大反差的黄河河谷地带，经济作物、蔬菜、瓜果等已形成规模经济和传统产品优势。大面积产量稳定的灌溉农业区，为进行农业结构的调整，促进农业整体水平的提高提供了保证，也是白银市农业的潜力和前途之所在。

应该指出，白银市的矿产资源优势正在逐步下降或已不成为决定性的优势，能源和已形成的巨大生产能力则上升到主导的地位。因此，白银市应从比较优势中，通过发挥技术的放大效应，去选择自己的发展方向。然而,这种方向只有在正确认识自己限制因素的同时,才能制定出可行的方针、重点和对策来。

(三)白银市经济发展的限制因素

概括地讲,白银市在经济发展过程中存在着五大障碍因素。

1. 观念障碍——思想保守,发展商品经济的动力不足。农村受自然经济观念束缚很深,墨守成规,安于现状,满足于温饱,创新、风险、竞争意识差,依赖国家和政府的思想根深蒂固。农民文化素质低下,区域环境、信息闭塞,城市中产品经济的思想和方法还很严重,运用价值规律发展经济的魄力欠缺。这一切增大了改革和发展商品经济的难度。

2. 生产要素障碍——地方工业弱小,农业生态脆弱。地方工业生产要素存量太少,资金原始积累不足,市属企业固定资产只有 0.79 亿元,仅占全市固定资产的 4.8%。“七五”期间市属企业投资也只有 0.96 亿元,占总投资的 4.8%。随着中央和省属在建项目的上马,这个比例还有下降的可能。在产业结构上,基本上还是原材料工业,只有少数初加工产品。许多企业生产技术落后,中间技术人才缺乏,经营水平低,经济效益差。这决定了本地工业的发展在相当一段时期内还要走外延扩大再生产的道路。白银干旱土地约占全市总土地的 75%,农业生态脆弱,粮食产量低而不稳,生产手段落后,耕作粗放,许多干旱山区还无法摆脱靠天吃饭的局面。粮食平均亩产 178 斤,人均占有粮食 544 斤,每年需调入粮食 1 亿斤左右。35 万农村人口纯收入低于 200 元,处于贫困状态,占总人口 27% 的农民属于扶贫对象。这部分农民的收入还不足以维持基本生活和简单再生产的需要,至今还有 198 个村,25 万人,30 万头牲畜饮水未能根本解决改变这种非农产业发展极慢的状况,因自然条件和地方政府财力的限制,将成为一项十分艰巨的任务。

3. 基础条件障碍——城市功能不健全,基础设施差。由于历史的原因,白银的商业投资滞后于工业投资,加之大而全企业模式的影响,有限的公用服务事业以至教育等基本上掌握在大中型企业手中,而且还有强化趋势,由于企业布点分散又很难协调联合成为有社会功能的大服务系统,使白银呈现一种"大企业、小社会","小政府、大企业"的格局。市场体系和市场环境尚未形成,资金市场、技术市场、劳务市场、信息市场,或是雏形,或在孕育之中,基本上停留在单一集市贸易的初级市场体系阶段。这种状况,使城市的吸附功能有限,近辐射功能很弱,极大地影响了政府职能的施展,不能适应全市经济社会发展的需要,也使本市的投资环境较差,延缓和削弱了省内外大规模投资与协作的速度与步伐。

4. 资金障碍——地方财力薄弱,启动资金不足。景泰、会宁、靖远均为财政补贴县,白银、平川两区也仅为吃饭财政。每年全市财政收入约千万元左右,这与一个急需发展非农产业、地方工业和市政建设而需较大的初始投资形成尖锐的矛盾。大量的低收入劳动力又使民间财源贫乏,因此吸引外来资金就显得更为必要和艰难。

5. 体制障碍——白银市与中央和省属企业双轨经济导控体制在很长一段时期仍将存在。白银市的经济实力和经济命脉目前仍掌握在大中型企业手中。这些企业从原料供应、生产至到销售均受中央和省上控制,关联产业也大部分在外地,与本地的经济联系十分微弱,联合与扩散十分有限。呈现出高集中度与低分散度这种极不合理产业组织结构,专业化分工与协作的现代经济体系未能形成。大中型企业在设备、技术、人才、资金方面的优势无法外溢到地方经济中去,未能真正对本地经济发展发挥积极作用。

上述障碍和不利因素,随着价格体制的推进、原材料价格的调整和提高,双轨经济体制向单轨经济体制的转变,以及黄河上游经济区的开发,将得到不同程度地缓解,而且上述宏观改革与发展机遇也为选择和制定白银市经济发展战略提供了极为有利的条件。

二、战略指导思想与战略总体模式

(一)经济发展战略的指导思想

白银经济发展战略的指导思想是:深化改革,加快发展,重点开发,分层推进,城乡同步,工农协调,依靠科技,保护环境。具体讲有以下几条:

1. 弱化二元结构。白银市经济中的二元结构比较突出。不仅有一般意义的先进与落后农业并存的二元结构,而且还存在着中央工业和地方工业这种体制性二元结构。这种双重二元结构沿着各自的轨道运行,缺少产业、技术与体制关联,融合度低,成为白银市经济发展中的一大障碍。弱化二元结构就是使工农之间、中央工业与地方工业之间的技术与发展水平反差逐渐缩小,体制性壁垒逐步消除,使工农互促互补,中央工业能够为地方工业和区域经济发展服务。白银市经济发展战略的目标设计的制定,都要有利于弱化而不是强化现存的双重二元结构。这一指导思想把工农、城乡,中央与地方经济发展与管理体制视为一个整体,认为只有从结构与体制上实行双重突破,才有可能取得较快发展。

2. 强化自主发展能力。白银市的经济发展要立足于本地资源和社会经济力量;在自主自力的基础上吸引外部生产要素,开展横向联合,实行对外开放。白银市虽有较久的开发历史,具有可观的物质技术基础,但毕竟投资环境较差,吸引外部生产要素的能力较弱,市属经济就更差了。先眼睛向内,脚踏实地苦干五年六年,使白银工农业有一个大的发展,才可能拥有对等谈判的经济实力;另一方面,政府要增强自主制定政策和对中央、省上政策的再加工能力,改变等、靠上面下达政策的被动局面,要在干部群众中树立主要靠自力更生,靠地方政策解决问题的信念。

3. 城乡改革与发展同步。白银市的经济发展战略模式及其实施,要解决城乡经济发展中的生产力与生产关系之间的矛盾,不仅要在结构调整和重组上解决城乡差别问题,而且要从深化城乡改革方面,使农村改革和城市改革同步展开,并且适时汇合,形成区域发展的合力。也就是使城乡的改革与发展很好结合起来。改革是发展的动力和手段,发展为改革提供物质条件,并且是改革的归宿。在改革中发展,在发展中改革,使二者有机结合,是一门极高的领导艺术。在白银城市和农村,将改革与发展同时推进的思想,实质上是战略实施中的动态协调思想,是手段与目的统一的思想。

4. 重点倾斜、分层开发,滚动式发展。白银市的发展在很大程度上取决于两个投入,一是政策投入,二是资金投入。在政策已定的情况下,投资起决定性作用。当前,白银市发展的制约因子中最关键的是资金短缺。用较少的投资,办更多的事或用相同的投资办更多的事,是开发建设中应遵循的一项基本经济原则。据此,白银市的开发与建设,一开始就不能热衷于铺摊子,而要将有限的资金用在刀刃上,集中攻关以提高投资经济效益。白银市不可能采取大推进的开发方式,而只能是在比较优势选择中,实行重点投入,分步开发,见效一个,再建一个,滚动式前进。与此同时,对于重点开发区实行政策优惠。有层次有重点的滚雪球式的开发建设,是白银市经济发展面临严峻现实中的正确抉择。

5. 科技进步是经济增长的主要因素。白银市经济发展要靠科学技术。这一方面是经济发展与科学技术之间存在着越来越密切的关联,另一方面,白银市背靠兰州市和大专院校、研究机构,依托市内大企业,具备了利用这些硬、软技术要系的条件。白银市必须把以增加科技要素为内容的内涵扩大再生产作为技术发展战略的重心，即使是对原有工业的改造，也要靠先进的科学技术；新建企业一开始就要有一个高的技术起点，不能老跟在别人后面亦步亦趋，进行淘汰或落后技术的平移；对本地或外地的自然资源进行加工增值，则更要依靠科技进步，因此制定白银市发展战略应该高瞻远瞩站在世界新技术革命的高度瞄准先进科学技术，建立自己的工农业科学技术及其推广应用体系。

6. 在发展经济中注意保护环境。环境保护是经济持续稳定发展的重要基础，是一个重大的战略问题，白银市作为国内重要的冶金工业基地，已经出现的大气、水质的重金属、氟、二氧化硫等污染仍会随着建设规模的扩大而加剧；白银市虽有较多金属与非金属矿藏，但若不注意资源开发利用中的统一规划与环境保护，那么，资源破坏和浪费的状况将会有增无减，进而导致有限的非再生资源的提前枯竭；白银市的乡镇企业将有一个较长时间处在速度型的数量扩张阶段，无力顾及环境保护，容易以牺牲环境和人类自身的生存条件来谋求短期经济增长；黄灌区的盐渍化问题如不及时采取综合治理措施，将会持续扩大而缩小宝贵的灌溉面积，影响农业特别是粮食的持续稳定发展。目前业已出现的各种竭泽而渔的掠夺式开发、经营应尽快终止。生态失调、环境污染状况应提到战略高度予以重视。否则，将会给子孙后代留下无穷忧患。在制定和实施经济发展战略的过程中，既要考虑经济发展，也要注意保护环境，把适度开发利用与保护自然资源统一在各项经济建设的决策和实践之中，把经济增长与建设优美、无污染的生存环境结合起来，这是社会主义生产目的所决定的，同时，又是科学的经济发展战略所不可缺少的内容。

（二）白银经济发展战略的总体模式

根据白银市情特别是对其有利与限制因素的分析，遵循上述战

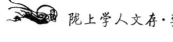

略指导思想,白银市中长期发展战略的总体模式是:开发两点(白银市区和平川区),发展一线(黄河沿岸农业多种经营区及包兰公路国道沿线远景开发区),启动一面(三县的山区、干旱区贫困面),即两点一线一面战略,简称"点、线、面"战略。"点、线、面"战略的优点主要有四条:

1. 突出了战略重点。没有重点便没有政策。该战略把白银和平川以及国道沿线作为工业开发重点。农业重点则是原有基础较好的黄河沿岸,同时把解决农村贫困问题放在重要地位。

2. 不同重点有不同的战略内容。白银市各地自然、经济、社会条件呈现较大的空间差异,重点战略区域的发展应各具特色。两个工业区及国道两侧侧重于开发。它既包括对白银市区内的市属老企业的技术开发,提高技术等级,并进行老企业的潜力开发,培育其适应市场环境的企业经营机制,也包括白银西区、平川及国道两侧的规划、引进、联合等白手起家的新开发,对于黄河农业"黄金带"的建设,则是更上一层楼,上新水平、新台阶、提高它的农林牧副渔、工、运、商、建等综合发展水平;对于三县的贫困区,则立足于启动,培植其自我积累能力,先脱贫、后发展。

3. 体现了工农、城乡同步发展,脱贫与致富双管齐下的双重目标,并将它们作为一个整体置于同等战略地位。

4. 该战略模式以工业为先导,重视农业的基础作用,同时在产业和区域发展中又实行有重点地分步推进,即由两点一线一面地逐步发展。

"点线面"战略的实施,将使白银市的经济发展出现以城带乡,以川(灌区)带山,城乡一体,以工补农,以工促农,工农并举的新格局。经过20年左右时间的建设,白银市将成为一个具有比较完整的城市基础设施,比较完备的城市综合功能,比较强大的经济实力和地方财力,成为甘肃工业、科技、文化的二级中心。农村贫困区已经脱贫并达到了小康水平,灌区农村普遍富裕;农村非农产业将有一个大的发展,粮食商品率有较大幅度提高。一个富庶、繁荣、文明、优美的新白银将展现在人们面前。

三、产业发展重点

白银市产业发展战略可以概括为:积极发展第一产业,稳定区域经济的基础;重点发展第二产业,积极推动区域内外各类生产要素的优势组合,形成具有持续发展能力和区域特色的综合性工业体系;配套发展第三产业,为区域经济的发展创造良好的投资环境和市场环境。到本世纪末,形成白银市以有色金属加工、能源、非金属化工、建筑、轻纺工业为主导产业的现代工业群体,把该市建设成具有重型特色、远近辐射功能较强,充满生机与活力的开放式城市。

1. 第一产业。第一产业的发展应以解决温饱问题为出发点。其重点产业应选择为粮食种植业,瓜、菜、麻等经济作物及饲养、放牧业。积极推动自给性农业向商品性农业,一家一户为单位的小土地经营向适度集中的规模经营,低层次平面垦殖的粗放经营向种养加、农工商立体型综合发展的集约经营转变。形成以灌区农业为基础,农林牧综合发展的农业生产体系。

——在"七五"期间力争解决温饱的基础上,2008年实现粮食自给,2000—2010年期间,把灌区建成区域性商品粮基地奠定基础,实现区域内粮食供求平衡,农村由低收入水平进入中等收入水平。

——"七五"和"八五"期间,通过调整内部结构,降低粮食种植业的比重,提高经济作物的份额形成商品性农业雏形。"九五"期间,使蔬菜、瓜果、黑瓜子、亚麻、洋芋的商品性生产基地初步形成,提高为本地农副产品加工业和轻纺工业提供原料的能力,要逐步提高农副产品的综合商品率,扩大农副产品基地规模,进一步提高集约经营水平,同时,也使本地成为白银市区和兰州市肉乳禽蛋、蔬菜瓜果等鲜活食品的副食品供应基地,并形成具有出口创汇能力的农副产品生产基地。

2. 第二产业。足立于提高处于"开发后期"的工矿型城市的持续发展能力,提高区域工业化水平。围绕铜、铅、锌、TDI泡沫塑料,硫酸、亚麻、磷盐,建筑材料等系列产品的深度和广度开发,积极推动区域内中央、省属大中型企业与地方经济的融合,把农村工业纳入现代工业体系,形成既能参与国民经济地域分工,又能带动地方经济发展,具有"开发后期"递补功能的综合性工业生产体系。

——在"七五"、"八五"期间,进行大中型企业的资本存量调整,使其部分生产要素脱离母体加入地方工业体系,或向地方经济扩散、渗透,与地方工业融合,按照产业关联原则,形成原材料生产到深度加工的序列开发型国家-地方性集团性产业。主要有:有色冶金金属材料及制品工业集团;稀土材料-稀土材料制品工业集团;非金属化工原材料-精细化工工业集团,TDI塑料原料—塑料制品工业集团。同时,聚集区域内外各类生产要素,利用本地的农副产品和非金属矿产资源及地方工业生产的原材料,发展地方性产业群体和企业集团;主要有亚麻加工—纺织—服装生产企业集团;磷盐化工企业集团;建筑材料生产企业集团;羊毛加工—纺织工业集团;鲜活类农副产品加工工业集团。

——从提供初始积累入手,发展农村工业。在"七五"、"八五"期间,重点是以粗加工为主的劳动密集型产业。主要有:金属和非金属采矿业、小煤矿、淘金业;亚麻、羊毛、洋芋的粗加工;粗加工型的建筑材料工业;以低收入劳动力为主的建筑业,等等。同时,要逐步使乡镇工业由速度型、数量型向质量型、技术型转变,使其成为地方工业的重要组成部分。

——利用本地的能源优势,吸引区域外部生产要素的投入,发展高能耗工业,并且把这些产业纳入国家-地方性集团产业或地方性产业群体和企业集团。

——以市场为导向,建立适应不同的市场区位的开放性经济体系。轻纺、食品等消费品工业,主要面向本省和西北低收入人口地区较低层次的市场需要;部分产品,如麻纺织品,应治成能够参与国际市场竞争的能力;还有一部分轻纺产品,应能进入西部口岸外的国际低区位消费市场。重化工业产品,部分材料形态输往东部,部分经过深加工,形成在国内市场上具有竞争能力的最终产品。大部分工业产品,应从立足于资源优势,转移到立足于市场需求,形成具有竞争能力的优势。

到本世纪末和下世纪初,白银市将成为我国以兰州为中心的黄河上游经济开发区的能源和有色金属工业重要基地,各类国家-地方性集团产业以及地方性产业群体和企业集团,将发展成为具有较高的社会化水平和产业关联度的工业生产综合体。

3. 第三产业。第三产业的发展,应立足于为发展第一产业和第二产业提供良好的基础设施和市场环境的配套服务。其发展的重点,应是完善城市基础设施和健全市场体系两个方面。

重点进行白银市区和平川区的基础设施建设。1995—2000年,平川区的市政建设应基本达到现白银市区的水平。到2000年,白银市两区的市政建设主要指标(包括铺装道路面积、公共汽车、社会公用事业、居民生活用电、电话机、下水道长度、绿地面积、居住面积等)应达到当时全国20万~50万人口城市的中上水平。2000—2010年,白银市两区应逐步提高基础设施的现代化水平,形成有较好的生产条件和生活环境的工业城市。在进行城市基础建设的同时,改造县城和建设集镇,进行乡村的基础设施的建设,县城和集镇,应有比较完善的服务设施,村应逐步实行通邮、通车、通电。

——建立和完善要素市场体系,发展区域性开放的金融市场、信息市场、技术市场、劳务市场、以及工业品和农副产品的现货和期货交易市场等,并逐步建立以活跃要素为主旨的经济实体,如投资信托公司、金融证券和债券交易中心,设备租赁、拍卖公司,技术、信息开发与咨询公司,劳动力及人才开发交流中心,工业品和农副产品贸易中心,等等。

——建立和完善信息、商品流通网络,提高通讯设施的现代化水平,发展包括铁路、公路、航空、水运在内的综合性立体交通运输体系,把白银市建成全省第二个交通、通讯中心。

——建立健全市、县(区)、乡(镇)三级农业服务体系。为农民发展商品生产进行农业技术推广和农业产前、产中、产后等方面的专业化服务。

——把教育的重点转移到职业教育和技术教育方面,为发展农业、农村非农产业和地方工业提供初级、中级技术人才和熟练劳动力。

四、区域战略布局

白银市的"两点一线一面"的战略总体模式,实际上也是其生产力战略布局模式。这一战略布局模式是在全国经济发展战略重点倾斜于东部沿海地区的总趋势下,像甘肃这样的西部不发达地区实施优区位发展战略的具体选择。它既与甘肃的"一线两翼"发展模式相衔接,也为白银市主导产业的发展和实现区域内外各类生产要素的优势组合提供广阔的发展空间。

(一)黄河川谷灌溉农业区

黄河流经本区214公里,占全省黄河流经长度的44%。本区属中温带南缘的暖温带谷地,光、热、水、土条件好,地势较为开阔平坦,水浇地约 50 万亩以上,占全市水浇地的 54%,物质技术装备具备一定基础,除发展水浇地和种植暖温带果类外,某些地段可种植水稻,是全市农业生产的精华地区,农业生产水平高,农村非农产业有较快的发展。本区应利用农业生产条件较好、农业资源丰富、靠近城市、交通方便等优势。重点发展商品性农业和以农业资源转换为主的劳动密集型的农村非农产业,促进地方工业发展,服各城市,走贸—工—农相结合的道路,建成商品性农业和农村非农产业开发区。在试行土地使用权的有偿转让,进行规模经营,提高粮食的商品率的同时,发展菜、瓜、果和以猪、鸡为主的养殖业,开发水域,发展渔业,使之形成粮食、瓜菜、林果、渔业、肉蛋奶基地,满足市场需求;农村非农产业,以采掘、建筑材料、毛纺和农副土特产加工为主,形成外贸出口基地。适应农业和农村工业发展,要发展以集体、联营、个体经营为主的农村交通运输和商业、饮食、服务业等。

(二)高扬程灌溉商品粮区

高扬程灌溉商品粮区,分布在全市三县两区,其中景泰川电力提灌第一期工程,位于景泰县中部,灌区包括草窝、寺滩、芦阳、兴泉四个滩地。总面积 55 万亩,是全省除河西走廊外,川地面积分布最大的地带。

灌区作为省内的商品粮基地,目前只具有可能性,离建成商品粮基地还有一段距离。其理由是:(1)从灌区粮食生产的现状来看,其商品粮在未来的增长幅度不会很大。一般来说。在灌区建成初期,粮食产量会有较大的增长,但在其后会趋于稳定。以灌区面积最大的景泰县为例,1973—1986 年,粮食年平均递增 7.08%。其中 1973—1978 年,是灌区建成发挥效益的初期阶段,粮食年平均递增高达 18%左右;而在其后的 1978—1986 年的 8 年中,粮食年平均仅增长 0.85%。

在未来的十几年内,对老灌区,若无农业生产技术上的重大突破,其粮食生产不会出现突发性的增长对新灌区,则会经历与老灌区大体相同的发展阶段;(2)灌区作为全省商品粮基地条件还不完全具备,还存在技术、物质条件和生态等方面的问题,制约着产量的提高。新老灌区最突出的问题是次生盐渍化。目前,景泰灌区有5万多亩盐渍地,其中严重的1万亩,每年以千亩的速度扩大。盐渍化的蔓延发展,将影响粮食的稳定和持续发展。

因此,灌区经济发展的方向是:以商品粮为主,实行多种经营,逐步形成以商品粮为主的多种商品生产基地,为实现白银市粮食供求平衡提供可靠保证。

(三)贫困干旱区

全市贫困地区人口约34.55万人,除社会救济者外,贫困对象达29.2万人,占总人口的27%。主要分布在会宁县中、北部的14个干旱乡和南部的9个半干旱乡,靖远县的曹岘、若笠乡及北部5乡,景泰县的红水、大安、寺滩乡和平区的种田、复兴乡。这一地区干旱少雨,水土流失严重,生产条件严酷,生产单一经营,农村经济基础薄弱,处于自然经济的封闭状态,自我发展能力弱。其主要任务是改善生产和生活条件,解决群众的温饱问题,逐步向小康水平过渡。

白银市提出解决温饱的标准是,以县为单位,人均占有粮食300公斤,人均纯收入300元,脱贫面要达到80%以上。我们认为,白银市应把人均纯收入的多少作为衡量解决温饱的主要标志。因为,白银市的贫困地区主要是由自然障碍导致的"原发性贫困",这种贫困类型非人的努力在短期内所能改变,粮食产量也就很难实现稳定持续的增长。而强调纯收入的增长,则有利于抑制贫困地区商品经济的悖逆因素,促使贫困人口寻找自己的比较优势去改善生存和发展条件。为此,全市脱贫的标准的纯收入指标可适当提高到350元左右,人均占有粮食可确定在 250~300 公斤,其不足部分可实行以钱换粮。

从长远发展看,贫困地区仍应以发展农业为主要发展方向,但不宜简单强调粮食自给,而过分依调入粮食亦不经济。因此,在相当长的时期内,仍应重视粮食生产,为逐步减少粮食调入创造条件,要通过小流域综合治理和"三田"建设,逐年扩大稳产农田的面积;重视并推广旱作农业和土特产品生产技术,在稳定发展粮食生产的同时,积极发展山区养殖业(养兔、养羊等)和麻、洋芋等经济作物种植。与此同时,应推广应用初级技术和常规技术,根据当地资源,积极发展适于低收入人口的劳动密集型的农村非农产业,其中包括小矿业和粗加工为主的毛、麻生产及建筑建材、黑、黄、白开发、食品加工等企业群体。贫困地区的经济启动,要把劳务输出,减少人口压力,"借地生财"作为主要途径。

(四)西部开发区

白银市西区,总面积 20 平方公里。区内地势平坦,地质条件好;除 3000 亩耕地外,均为荒丘,开发成本低;可以借助于白银老区的有色金属、化工、电力、建材、轻纺等原材料工业优势和煤炭,发展稀土、有色冶金、塑料、化工等具有较大潜力的产业;铁路、公路及航空便利,运输条件好;市区内人才、技术集中,县区农村剩余劳动力较多,可支援技术和科技人才,提供充足劳动力;城市已初具规模,可为开发提供良好的生活、生产物质条件。

开发区以转变大企业势能为经济目标,重点发展加工业,形成以有色金属原材料为主,发展铝材、锌材及其制品的有色金属加工和化工原料加工体系;利用地方资源,发展毛线、毛毯、地毯的毛纺加工、亚麻加工、制革、裘皮服装等轻纺工业体系;以粮食、果菜为主的食品加工和副食品加工体系。此外,还可发展电子元器件、新材料等新兴工业。西部开发区是白银城市经济的重要组成部分,是全市经济发展和城市规模扩大的基础。西部经济的开发,将使白银市由基地型矿业城市向综合性工业城市发展。

(五)包兰公路国道沿线开发区

贯穿白银全境的国道——包兰公路,连接着白银市区和平川区,与白(银)宝(鸡)铁路和黄河大致平行,交通条件十分优越。公路两侧有广阔的灌区和黄河川谷农业区,是发展商品粮基地、多种经营基地和农村非农产业的理想地区。公路沿线煤、水、电及非金属矿产资源(主要是建筑材料)组合条件较好,发展高能耗工业的空间广阔,应以白银市区的有色金属、非金属化工工业生产综合体和平川区煤—电工业生产综合体为辐射源,通过银光材料厂、氟化盐厂、稀土公司、279厂、磷盐厂等大中型企业生产要素的扩散,并吸收区域外部的生产要素,发展成为稀土材料、氯碱、磷盐化工、有色金属材料、建筑材料等产业组成的重化工业产业带。同时,发展以工业二次资源为原料和以农副产品为原料的乡镇工业,使这一地带成为白银市的农业—工业综合产业区。应先在沿线的大企业周围进行点式开发,再连点成线,进而扩充成带。"八五"是其开发的准备阶段,"九五"以后进入开发的实施阶段,2010年,初步形成包兰公路国道沿线重化工业和农业—工业综合产业带。

(六)城市经济区

城市经济区包括白银、平川两区和靖远、会宁、景泰三个县城区。其产业配置可分为城市大工业和工农结合型产业两大体系。前者主要是分布在白银、平川两区的能源、原材料工业及其相关产业;后者主要是分布在三个县城区,发展把农副资源、易于开发利用的工业资源与低收入劳动力结合起来的加工工业。白银、平川两区是白银煤—电—有色冶金工业生产综合体的基地,三个县城区则是农业—工业综合产业的中心。为了支持主导产业发展,必须相应并适度超前进行市区和县城的基础设施建设。主要包括：建设以市区为中心的商品流通网络，重点完善市区的二级批发中心；以市区为中心，建设上通下达、内外畅通的邮电通讯网络，重点完成白银市万门程控电话系统的建设；建设交通运输干线，重点是延伸白宝铁路，使之与宝中铁路相接，修建通往中川机场的二级公路，疏浚黄河航道等；此外，还包括市区的供水、供电、公共交通等基础设施的建设。通过基础设施的完善和第三产业的发展，使白银市经济发展的"软""硬"环境得到有效的改善。

五、经济发展战略的实施步骤

（一）启动开发阶段（1988—2000 年）

1.开发准备阶段（"七五"期间），1988—1990 年白银市应通过经济体制改革和产业结构的初步调整，为启动区域经济莫定基础。

——按照中央和全省经济体制改革的部署，重点进行大中型企业的制度改革；对西区等重点开发区，实施创新型的配套改革方案；在市权范围内，进行计划、财政、税收、金融方面的配套改革；完善政府经济管理的职能，促进城乡经济中市场机制的发育。

——进行以兰州为中心的黄河上游经济开发区在白银市区域范围的产业布局、项目选择及资金筹措等方面的准备工作，重点进行西区开发。

——进行农村经济改革，调整农村产业结构，推动乡镇企业的发展，大力发展农村商品经济所必需的初始积累产业，力争使大部分贫困地区和贫困人口脱贫。

——进行使白银走出"开发后期"困境的递补产业体系的选择。在靖远电厂、白银铝厂及白银铅锌冶炼厂建设的同时及时选择相关产业和产品，并超前进行财力、物力和人力方面的准备；对已经确定的系列开发产品,要选择聚集效益较高、扩散功能较强的核心企业,为形成企业集团奠定基础。

2. 全面开发阶段("八五"、"九五"期间)。1991—2000年期间,应在"七五"后三年的基础上,余面进行经济开发。

——继续进行经济体制改革,建立商品经济新秩序,建立城乡商品经济机制和区域市场体系,完善投资的"软"、"硬"环境。

——从形成合理的区域布局和资源配置方面深化产业结构调整,完成西区等重点开发区的产业配置;培育各类国家-地方性集团产业和地方性产业集团,初步建成黄河上游经济区内以有色金属、煤电为依托的白银重化工业经济圈。

——提高农业的集约化和规模经营水平,逐步提高粮食和农副产品的商品率;扩大积累,进一步发展农村非农产业,在脱贫的基础上富民,进而增强县的经济实力,使县财政实现收支平衡或有余,初步形成自积累、自发展能力。

(二)加速发展阶段(2000—2010年)

在前13年取得初步发展的基础上,进一步完善产业结构功能,使农村工业化向更高的水平发展。提高区域经济的资源转换效率和持续发展能力,形成综合比较优势,实现经济、社会、科技的协调发展,使白银进入中等收入水平的发展阶段。

六、经济发展战略的实施对策

(一)体制改革对策

白银市经济体制改革的目标是:逐步建立以城市的有计划商品经济为主导,以广大农村的市场经济体制为基础的混合型体制框架。根据这一目标,改革应分两个层次:(1)国家和甘肃省的改革政策在白银市的投入;(2)白银市权范围内的改革。后者对白银市来说具有较多的自主性,当然也要受前者的制约;但白银市也并非完全被动地接受宏观政策的制约,它一方面要用足、用活宏观政策,另一方面则要用自己创新的改革措施,去丰富和完善国家和全省的改革实践。改革的主要内容是:

——"核心松动"。这是白银的中央、省属大中型企业改革的主要内容。白银市大中型企业应全面实行"一厂两制"、"一厂多制","一业为主,多种经营",推动大中型骨干企业经营主体多样化,所有制成分多样化,以便按照商品经济的利益原则,诱导这些企业的生产要素流入白银地方经济,形成地方新的经济实体。与此同时,对那些经营效益好的大中型企业,以其10%的固定资产,作为股权向社会出售,既筹集开发资金,也控制白银市消费积金的过分膨胀。

——"迫降"。即适当降低公有制的水平。这是白银市对地方所属的国有小企业及城乡集体企业进行改革的重要内容。包括:(1)对国有小企业通过"卖、租、包",将产权和经营权有偿转让给私人或集体。今后一般不再建立全民所有制小企业;(2)对乡镇企业,应清理资产,划清产权,把乡政府的产权份额转变为股份,或拍卖给私人经营,以适应白银较低的商品经济发育水平。建立"企业产权市场",组织协调企业的"卖、租、包"等产权转让活动。

——鼓励包括私营经济在内的非国有经济的发展,逐步增大其在所有制结构中的比重。这是白银市发展地方经济的重要改革内容。(1)为私营企业、集体企业创造较为宽松的信贷和资金环境,放宽经营范围,扩大经营规模,并保障其合法权益和与公有制经济平等的竞争地位;(2)鼓励外资、外商及东部沿海地区在白银租借、购买企业、办"特厂",以及租借土地进行独立自主的开发和经营。所有独资企业或在租借土地上获得的利润可以自由汇出。

（二）扶贫对策

（1）稳定山区，发展灌区，对灌区实行人、财、物重点投入，"以灌区之利，济山区之贫"；（2）组建扶贫经济实体。集聚各类扶贫资金，作为贫困地区的开发基金，采取易地立项，易地招标等办法，兴办见效快、效益高的企业，逐步使扶贫工作企业化。在把消费性扶贫资金转化为生产性扶贫资金的同时，把行政性扶贫转变为经营性扶贫，使有限的扶贫资金在有偿周转使用的基础上，进行增值；（3）扩大贫困地区劳务输出。政府应通过信息服务、项目开发等，积极为贫困地区提供劳务输出机会，面向全国劳务市场，有组织地发展全方位劳务输出；对有机会而坐地守贫的人，应减少或终止其生活上的无偿救济；对黄河上游经济开发区在白银市的建设项目，特别是国土开发项目，应优先考虑利用本地区低收入劳动力。

（三）资金对策

（1）设立白银市开发专项基金。国家和甘肃省应在黄河上游经济开发区的启动资金中，划出10%~15%，作为白银市的专项资金。白银市应组建区域性专业投资公司，对国家和省上在白银的投资项目进行配套建设；（2）扩大地方财政留成。中央和甘肃应扩大大中型企业税收留给白银的比重；省上对白银在财政上应实行"超收全留，亏损不补"的自给自足的体制；白银市对其所属的三县，实行"包死基数、减亏留己"的财政包干制度；（3）实行资源股份制，以资源换取或替代资金。对利用本地资源生产的大中型企业，白银可以资源入股与大中型企业共享经济利益。具体作法是：通过科学地计算矿山、土地、水能等自然资源价值或价格，折算为股份，参加开发项目的投资，各参股单位，按投入的资金、资源、劳力或固定资产等所折算的股份分红，建立股份制经济实体；（4）建立环境补偿收费制度。

对利用地方资源进行生产、同时造成环境污染的产业，应给地方以经济补偿,或者采取给地方得到较多的产品分成比例和利润份额的办法,解决治理污染,改善环境质量所需资金的困难;(5)多形式、多渠道筹集资金,通过补偿贸易、产品协作、技术协作等多种形式及优惠政策,广泛吸引国内外资金;鼓励民间资金以私营方式投向多种开发性事业;(6)拍卖经营不善的小型企业,启动沉淀资金。白银应把长期亏损、发展前景不好的国营小企业拍卖给集体和私人,作为开发基金,投向经济效益好、有利于形成区域经济优势的产业,使沉淀资金转变为扩大再生产资金;(7)组建白银市设备租赁公司。把大中型企业的闲置设备和生产场地租赁给地方企业经营,使地方以较少的资金投入及时形成新的生产能力;(8)建立高扬程灌溉设备折旧基金制度。灌区的提灌设备应逐步建立起折旧制度;或从灌区水电费收入及农业收入中划出部分资金,作为灌区水利设施的维护资金,以保证灌区设备后劲的持续发挥;(9)逐步建立农田肥力补偿收费制度和以工补农返还制度,对农田分等按亩收取肥力补偿金;对承包田肥力下降的农户收取肥力罚金。补偿金和罚金专用于农田再投入,由村社统一收取,集中使用。在乡镇企业收入中提取支农基金,"以工补农";(10)建立资金市场。实行股份集资、短期借贷、赊欠等多种融通资金的手段,搞活资金市场。与此同时,积极促进资金股票化、股票市场化,使资金市场向更高、更深层次发展。建立多样化的资金市场,发展包括民间"钱庄"在内的多种金融组织,动员居民和企业的闲置资金,解决地方工业和乡镇企业资金短缺问题。

(四)产业政策

白银市产业政策的基本内容可以概括为"引、拉、联、融"。即以各种优惠政策吸引区域外部的生产要素及区域内中央和省属大中型企业的要素进入地方经济;以产业关联来拉动地方经济中的生产要素形成聚集规模和效益;以资源的硬约束强化大中型企业与地方经济的联合；以融合二元结构来形成区域经济的综合优势。

——发展"西西互补"利用西部的有色金属和非金属矿产资源发展白银的原材料加工业，利用青海的盐资源，发展氯碱工业；利用内蒙古、云南、山西、江西及河南等省区的稀土、钢、铝土、铅锌、磷矿等资源，发展有色金属冶炼和加工业及磷化工业。发展"西西互补"，可以建立白银的递补产业体系，使白银市能源和重工业生产能力较强的优势得到充分的利用和发挥。

——实行资源分成制。对已开发的矿产、能源资源，在中央与省上七三分成后，省上再与白银实行六四分成，以发展地方加工工业。

——发展地方工业与大中型企业的联合与分工。利用大中型企业的技术、地方资源和劳动力，从工业分工角度，在产前和产后，发展地方工业与大中型企业的联合，在启动和开发阶段，以原材料工业为重点；在加速发展阶段，要逐步使重化工业通过专业化分工实现轻型化，扩大最终产品和轻工业的比重。

——利用农村廉价劳动力和地方资源发展乡镇企业。重点发展低收入劳动力易于进入的采矿业、农副资源加工业和建筑业，为农村工业化提供初始积累。鼓励大中型企业到县区农村开办分厂或企业，并使其享受与外地企业一样的优惠政策；鼓励城市企业管理人员和科技人员到农村兴办企业和开发性事业，并使其享受与外地引进的人才一样的优惠待遇。为乡镇企业培养和提供初、中级人才。

——发展替代型农业。发展灌区粮食种植业，逐步提高粮食产量，为其他农区调整种植业结构提供条件和基础。在黄河沿岸农区，适当减少粮食种植面积，扩大各类经济作物比重；在干旱山区等粮食低产区，退耕还林、退耕还牧，发展养殖业，以迅速形成白银市农副产品生产基地，以农副产品的经济收入，支持粮食种植业。同时，积极发展农村非农产业，推动农村剩余劳动力的转移，尽快提高低收入人口的收入水平,包括乡镇企业在内的各类农村非农产业发展速度,是农民收入增长快慢的重要标志;其发展水平和规模,是使白银走出低收入困境的关键。

——根据不同区域的经济发展水平,以不同的产业组织形式推动农业的规模经营,在粮食生产集中和非农产业发达地区,建立粮食生产专业队,每队承包一定数量耕地,使农村非农劳动力的耕地逐步向专业队集中;在经济落后的农村,实行土地经营的"两田制",即按人口或劳力承包"口粮田",其他土地按统一规划,实行招标经营。

——增加农用生产资料的计划配额。省上应重新核定白银市化肥等农业生产资料供应基数,增加化肥、农用薄膜等生产资料供给;同时,省上有关部门应积极帮助白银对其现有化肥生产企业进行改建和扩建,增加白银区内的化肥生产和供给能力,以支持农民增加对土地的投入。

——国家和省上应增加对白银的邮电和交通建设投资,支持白银进行交通、邮电等基础设施建设。其中白宝铁路的延伸工程、白银—中川二级公路、白银万门程控电话系统,应主要由国家和省上投资建设。

——扶持和建立白银市商业集团和二级及专业批发企业,给他们以与小商小贩同样的优惠政策,实行轻税政策,促进市区、县城和集镇的农副产品集散市场的建设;培养一批善于经营、搞活商品流通的市场经纪人;鼓励白银的工商业者到兰州及外地城市举办摊点、门市部和企业。

——实行分层次重点倾斜的区域开发方针。白银市的经济发展不能继续沿用平面推进和均衡投入的办法,而应根据效益原则,把区域开发与产业发展结合起来,对重点区域实行倾斜投入,强化开发。以白银市区和平川区以及大中型企业作为区域经济的增长中心,发展县城和集镇,形成市区-县城-集镇的三级要素梯级传递体系,形成合理的区域经济网络,以带动农村和贫困地区经济的发展。

——强化科学技术要素投入。以大中型企业为依托,建立和完善技术市场,为地方工业和乡镇企业提供常规技术。与兰州地区科研单位和大专院校建立广泛联系,以本地企业作为其科研开发、推广应用的中试基地,或联合开发技术和产品;与国内同行业企业建立广泛的技术信息网络,加速企业的更新改造,不断开发新产品,所有新建企业的技术和产品,均应在国内同行业中居于中等以上水平,农业技术进步可分为两步,2000年以前,普及已有的成熟的适用技术,包括良种繁育、模式化栽培技术、饲料和肥料的复合技术等,以满足主要农产品增长目标的需要,提高农业技术进步在农业增长中的份额。要通过农业科技体制改革,建立和健全农民专业协会和农业技术经营实体,使适用技术普及到农村;2000年以后,对现有的适用技术更新换代,缩小同全省和全国水平的差距,逐步用优质高产技术替代单纯高产技术,用增加货币投入的目标替代单纯增加实物产量的目标,形成面向全省、全国市场的生产。在农村,要完善三级科技网,重点治理灌区盐碱化;建立"星火计划"发展基金,以先进的农业技术,进行小流域综合治理,促进养殖业和农副土特产品生产。

(五)以创新政策启动白银西区开发

白银西区是全省确定的五个重点开发小区之一。它应当成为白银市率先改革、开放致富的示范区,区域经济发展新的增长点。对白银西区的开发和建设,应实施重点强化开发的政策。首先应建立专门机构,全权负责开发区的建设。这一机构应统筹开发区的资金筹集、项目确定、物资调度及制定实施有关政策的权力,应有高效率的办事能力,其一切工作应简化手续,一个公章对外。其次,应把西区的开发与完善城市功能有机结合起来,确定产业发展方向和产业结构模式。

其产业配置主要有:铝、铅、锌等有色金属加工业,硫酸、氯碱、磷盐等非金属化工原材料生产与加工业;毛、麻纺织业,部分高技术产业,等等。为了加速西区开发,必须制定优惠政策。

——欢迎省内、省外、外商、外资以独资、合资、合作及其他形式在开发区内兴办工商企业,允许土地批租或租借,也可以免收土地费,经营形式可自由选择。

——凡开发区兴办的外向型企业,可独立对外洽谈项目、引进外资,创汇收入除按有关规定上缴部分外,享有外汇使用权。

——开发区实行低税或无税以及信贷优惠。

——省内企业在开发区投资兴办的项目,享有同省外、国外客户同样的优惠待遇。对开发区引进项目和技术作出贡献的可予以重奖。

——开发区建立"法不禁止即自由"的全新体制。

(一)树立商品经济观念,使政府职能与行为合理化。未来的白银经济,只能在商品经济体制不断强化并确立其主导地位的条件下才能得到发展。这就使白银市的各级决策者面临着削弱乃至消除产品经济和自然经济的观念与习惯的双重任务。

——进行商品经济的启蒙教育,要经常宣传、奖励在发展农村商品经济中脱贫致富的典型,对那些为发展农村商品经济作出重大贡献的人,要为他们树碑立传,以成功的商品经营者的示范效应,带动农民通过发展商品经济脱贫致富,教育广大农民和农村干部摆脱小生产的封闭、狭隘、保守和依赖思想,激发其发展商品经济的积极性和创造精神。

——培养企业家阶层。组建有大中型企业家及地方企业的厂长(经理)参加的白银企业家协会,参与白银经济发展重大问题的决策,对产业发展、项目建设及企业发展等问题提供咨询意见。任何企业,只要为发展白银地方经济作出贡献,都应得到政府的奖励。

——强化政府的硬管理职能。白银市在其经济发展的启动开发阶段,必须强化政府对发展商品经济的调节、疏导、协调、监督和服务功能,同时,也不能削弱其原有的行政管理职能。政府应按照商品经济的原则和规律,建立社会主义商品经济所必须具备的企业秩序、市场秩序和金融秩序。在城市,政府应对大中型企业施以资源约束和利益诱导,与大中型企业建立"共损共荣"的"命运共同体";在农村,政府应与农民建立商品经济的契约关系,通过具有法律效力的合同和契约来强化农民的商品经济观念和意识。要从完善城市功能及发展县城和小集镇两个方面入手,形成健全的区域要素市场体系和不同层次的商品生产集聚中心。同时,要大力加强乡镇综合服务体系、推广体系和村庄组织的建设,使政府职能的发挥有可靠的组织保证。

原文刊于《开发研究》1989 年第 3 期

陕甘川毗邻十二方经济区经济发展战略研究

一、经济区的特色与地位

陕甘川毗邻十二方经济协作区（以下简称经济区），系指陕西省的宝鸡市、汉中地区；甘肃省的天水市、陇南、平凉、庆阳地区；四川省的广元市、绵阳市，以及宝鸡（西安）、兰州、成都、安康铁路分局十二方共同组建的一个跨省区跨行业经济协作区域。

1986年，正当西部各省区热衷于单个对外、强调省区利益的时候，这一自愿联合、充满活力的新型经济协作区在我国中西部腹地商品经济很不发达、信息闭塞的经济低谷区悄悄地诞生并迅速崛起。这一经济区横跨16.3万平方公里，拥有67个县区，2320多万人口；1.27万个工矿企业和4800万亩耕地。1987年，全区工农业总产值近180亿元，其中工业总产值达123亿元；当年财政收入13亿元。经过几十年的艰苦奋斗，这一地区初步建立了以军工与机械、电子、轻工、纺织、食品、建材六大行业为支柱的门类较为齐全的工业基础，成为我国重要的三线建设地区之一。

（一）经济区的特点：贸易导入的贫困联合

在全国诸多经济协作区中，十二方经济区一开始就显示了符合本地区情的三大特点：

1. 主体——省际边界贫困地区的大联合。经济区带有明显的"贫困联合"特征。它既是西北与西南不发达地区的协作，也是三省边界毗邻地区的联合。八地市中有半数以上是贫困县,其北部和南部分别是原陕甘宁边区和川陕苏区的组成部分。因此,它又是贫困地区、老区之间的联合。这一联合反映了贫困地区广大干部群众亟待改变落后面貌的强烈愿望,也在一定程度上协调或突破了经济发展"省自为战"的区域分割状态和利益主体多元化的地区格局。这种低区位的联合,虽然缺乏高区位的直接支持和互补,却因利益导向一致,毗邻地区经济发展的同质性和同类资源的配套程度高,易于组合为整体优势,参与国内分工与竞争;而区内产业结构的差异性,则又为加速这种联合提供了良好条件。值得强调的是,铁路部门作为一方参与经济协作区,在我国经济协作区中尚属首创,它为中央企业与地方的条块结合走出了新路。

2. 功能——服务性的政府组织功能。经济区的最高决策层是由八地市和四个铁路分局领导组成的"十二方经联会",它发挥着引导、协调和组织作用,负责经济区发展方向、大政方针的制定。具体的经济服务功能,目前则由各方计划、经委、商业、物资、供销、金融、科委、经协办八个分会来体现,分别协同开展商品交换、物资协作、资金拆借、技术合作、企业联合等横向经济活动。经济区最高领导班子的服务性,一开始就把政府的经济功能与社会功能分割清楚,防止了过去那种政府对经济运行主体——企业的直接干预,而将服务重点放在为企业创造其力所不及的外部协作条件,研究、制定与协调经济区的重大经济杠杆和政策等方面;政府参与的行业性决策、协调体系,使政府的服务功能实体化,弥补了本地社会经济服务功能的弱环,适应了经济落后地区市场体系需要政府引导、推进的要求,从而发挥了政府在横向经济发展前期,对于市场组织的必要的替代作用。

3. 突破口——以贸易导入的逆向发展道路。经济区总体生产水平的低下和体制障碍,使其不可能从生产项目的联合起步。经济区实际上选择的是以商品交易会、物资串换会等第三产业的初级合作形式作为突破口,催化要素市场发育,进而推动区内产业联合的逆向发展战略。流通领域的超前发展,推动了历史上已有的商品协作关系,促进了发展商品经济的意识,增大了信息容量,加速了资金、技术要素的流动,为贫困地区的产业联合打开了坚冰。

(二)成就:市场体系的孕育与产业关联的肇始

处在起步与推动阶段的经济区,没有国家投资的支撑,却大大缩短了本地自然经济、产品经济向商品经济过渡的进程和距离,为掀起自三线建设以来的第二次经济发展新高潮积蓄着可贵的内聚力。

其一,区域市场体系已见雏形,在贸易先导方针的带动与促进下,商品经济发展比全国慢"半拍"的十二方经济区,已突破地方狭隘的市场边界,以异军突起的姿态构建联合性的大区域市场。贸易市场和生产资料市场开始步入成熟阶段,规模越来越大。1987年在宝鸡举办的商品交易会,成交额达5.4亿元,而到1988年的广元交易会,则高达24亿元,相当于经济区全年社会商品零售总额的30%。目前,商品贸易市场正在向形成大跨度、高层次的中国西部商品交易会的方向迈进,伴随着商品市场的发展,协作区内的金融市场、技术市场、劳动力市场异常活跃,从无到有,已见雏形。区内资金拆借9亿多元;第一期科技市场就有7000多项科技项目转让,签订合同536项,成交537万元;首次举办的劳动力市场,使1100多名求职者进行了劳务交易,促进了人才流动和人才结构的调整。尽管目前的要素市场带有集中式、间歇性的特点,但却适应了落后地区商品经济发展初期的需求,标志着区域市场雏形的建立。

其二,提高了区域产业结构向合理化方向演化的微调机能。经济区的建立,加快了十二方双边和多边联合协作的频率,扩大了实质性合作项目的规模,使有限的财力物力开始朝着优化本区产业结构的方向流动和重组。短短两年中,已经建成和正在建设电石、黄磷、硅铁、化肥、食品加工、纺织机械等 18 个国民经济滞后发展的项目;并且通过区内生产资料市场,使大多数企业通过订货合同落实了第二年的生产任务,极大地鼓舞了地方政府振兴西部经济的信心,加快了地方工业化的进程。

其三,加快了以交通运输为主的社会基础设施的建设。经济区内商品流通和企业联合的需要,使各地冷落了十几年的断头公路始告接通,县乡公路的建设正在卓有成效的进行,地方毛细公路网日见完善。铁路部门根据商品经济发展而兴盛起来的物资集散中心,移地扩建车站,以及多种适合经济区协作的运输方式,加快物资流转。交通运输体系的日趋完善,已经为大规模开发国土资源提供了良好的基础条件。

上述成就表明,一个具有凝聚力和生命力的经济区正在形成。当然,从总体上看,联合协作还处在主要以流通促动经济交往与发展的低层次阶段,发挥资源集合优势和产业集团作用的时期还未真正到来。

(三)经济区的地位与作用:近西部腹心地带的异军突起

第一,东挤西进的基地和依托。经济区地处我国东中西三大经济地带的结合部,具有经济上的过渡性,客易接受相邻经济带生产要素的转移。随着地区倾斜政策所带来的发展与公平方面的弊端,西部地区经过几十年强投入而积累下来的庞大资产得不到充分利用,已有的生产能力急速衰退,东西部过分拉大的"断层",已危及东部地区能源、原材料供应,不利于国民经济的协调发展和整个国家现代化的进程。因此,国家今后的发展布局将由地区倾斜转变为产业倾斜,对市场急需而又开发效益好的产业优先投入,而经济区八地市富集的工业资源和其他相关条件,正可成为国家在这一地区投资兴办原材料产业的吸引因素,此其一。其二,国家单一的投资格局已向国家、企业以及国外投资的多维格局变化。国家一般不会再像当年搞"大三线"建设那样,采取从东部集中巨额资金向西部强投入的方式,但是以跨地区、跨部门、跨行业的大型企业集团为主体的企业办企业的形式,将显得越来越重要,尤其对经济区来说,吸引东部的游资和技术更为重要。吸引的规模和速度与经济区的发育水平和吸收能力直接相关。经济区在总体上处于经济低谷区,但内部发展不平衡,呈现为东高西低,铁路沿线高、两侧低的特点。宝鸡、绵阳等局部地区社会经济发育水平与中部地区颇为相似,人均产值和收入高于或接近全国水平,基本属资源加工型产业区,与东部地区在生产要素方面的联系十分密切,已经吸收和正在吸收沿海地区的先进技术和管理经验,为经济区其他资源开发型地区有针对性地与东部发生联系提供了中间转换机制。这样,经济区就完全有可能借助国家的投资,利用东部企业的资金和技术,发展资源和原材料产业,形成新的原材料基地,支持东部发展外向型经济,并以企业集团成员的身份,参与部分国际大循环。其三,西部口岸正在加快开放步伐,西部地区对不发达国家和苏东国家贸易中具有比沿海更大的优势和便利条件。对苏东贸易只能走铁路;对中亚西亚的贸易,陆路比水路运输成本低40%,向西开发仅靠新疆,其实力和后劲远为不够,需要强大的内地基地来支撑。经济区内农副土特产资源及轻制造业和电子产品正适应对方市场的需求,加之地理近便,既能利用中亚西亚石油国外溢资本,发展创汇产品,参与西部国际大循环,又能成为替代或部分替代东部吸收技术、资金,发展加工,进而向西开放的产业基础。经济区作为向东的资源产业基地和向西的创汇产业基地,将使东西部由资源互补型向产业共生型迈进,缩短东西部发展的时间差和空间差。

第二,"西西"合作的桥梁与过渡带。中国西部地区以及西北或西南地区内部大经济协作区的建立,是西部现代经济发展的必然趋势。

然而,由于各省资源的相似性和初级产业结构的趋同化,在以财政包干体制下激发起来的地方利益主体的驱动下,纷纷单个瞄准东部,寻求技术、资金方面的合作伙伴,追逐短期利益。因此,大区联合协作的进程十分缓慢,离统一的西南、西北经济协作区的目标尚有很大距离。它说明走大目标、一步到位的思路是不现实的,受区域利益结构和区际生产力水平差异的制约,大区规模上的深层联合只能是一个长期的、分步推进的过程,其改革的操作实践只能积小胜为大胜,从局部的突破入手。做到这一点,就要寻找某些对各省整体利益牵动不大、内部联系较为密切、又体现省际协作的局部地区率先推进。十二方经济区正是这一推进方式的最佳选择。这一地区历史上民俗风情相近,有源远流长的物资协作关系;加上处在成都、西安、兰州中心城市的三角辐射地带,分别属于各省次一级的中心城市或非产业密集区,因而有较大的自我发展空间和协作余地。加之资源相近,脱贫目标一致,将其作为一个相对独立的经济区去开发不仅是必要的,而且是可能的。反过来,西北西南只有在周边地形成联系愈来愈密切并且生产力有较大发展的经济小区,才能填补地区生产要素对流、互补与合作的断带,加快西西合作的步伐。也只有这种局部联合的扩大和发展,西部各省区才能最终走向全大区协作联合的新局面。

第三,落后地区摆脱贫困的突破点和实验区。西部以老区、山区、民族地区为主的贫困区,正在走入以造血机制为主的脱贫道路,由于初始经济势能小,经济联系和商品辐射囿于本地,既难渗入以行政体制阻隔的周边地区,也难越过发达地区的商品屏障,限制脱贫速度。经济区的建立,有利于旧体制壁垒逐步拆除,降低了生产要素流进流出的"门槛",提高了市场变化的透明度,使贫困地区发展商品经济的市场半径自然伸展,从而加快落后地区经济的发展。此外,经济区分别集中了我国黄土高原和秦巴山区两大贫困地区的大部分人口和土地面积,又是老革命根据地(川陕、陇东)比较集中的地区,偌大的包容不同类型的贫困面,便于国家综合地思考、研究、制定、实验推广一系列重大扶贫政策,也有利于各贫困县在统一扶贫政策的指导下展开竞争,激发其活力。这一区域的贫困问题得到解决,老区得到发展,国家就可卸掉西部扶贫中的重大包袱,并为广大西部地区扶贫探索一套新政策,走出一条新路子。这对于消除经济差距过大而转化为政治或社会问题的可能性,巩固安定团结的局势,也是非常必要的。

二、经济区的有利条件与制约因素

(一)经济区的优势

经济区的优势可分为两个层次:区域优势和地方优势。区域优势是指本经济区所拥有的但不为地方政府所左右的优势,一般表现为中央和省属企业以及大型矿藏的优势。它对经济的发展有重大影响,是制定十二方经济区发展战略的主要外部参变量,但在目前条块体制未做根本改革的情况下,对地方来说,一般表现为潜在的和间接的优势。地方优势是地市县政府能够掌握和支配的优势,是经济区客观存在的直接优势,是制定发展战略的重点和主要依据。正确的选择是,通过必要的政策措施,克服两种优势可能存在的相互抑制的一面,而形成它们之间相互借重和相互补充的合理关系。

1. 有一批技术水平较高的生产要素密集点。本区域是我国三线建设的重点地区之一。70年代前后,随着国家的密集投资和大批企业由东部整体迁入,生产要素急骤集中,迅速建起了一批颇具规模的精密仪器与机械、航天航空、冶炼加工、能源等国家急需的产业,奠定了经济区以军工为主体的三线企业的基本形象。近年来的调整,又使一批属于国家一流的稀有尖端设备和工业监测手段集中于此,形成了我国西部比较发达的工业加工和原材料产区,培植了本区经济发展的"增长极",200多个实力雄厚的中央、省属大中型企业集中了经济区近60%的工业生产能力,其中70余家三线企业就拥有固定资产近100亿元、产业大军30万人以及实力雄厚的技术开发力量。这些资金技术密集型的大中型企业,在西部乃至全国同行业中占有举足轻重的地位。如全国最大的钛材加工企业宝鸡有色金属加工厂,大型特种钢厂绵阳长城钢厂,大型空调器生产线宝鸡通用电子公司;西部最大的绒线加工厂天水绒线厂,最大的电光源企业宝鸡灯泡厂,等等。一批国内最为紧缺的铅、锌、锑等有色金属材料和堪称拳头产品的电子产品源源不断地供应东部市场。支撑着东部相当一批企业的发展。多年来国家在本地培植起来的这批生产要素的密集点,为经济区的协作发展提供了重要的物质手段。

2. 富集的矿产资源和丰裕的能源资源。经济区内拥有储量在省内乃至全国颇有影响的大中型矿藏百余处。其北部储量为33亿吨的华亭优质煤田和新近探明的储量为90多亿吨的千(阳)陇(县)煤田,以及远景储量近10亿吨的长庆油田,与南部广元、绵阳、陇南、汉中可供开发的600万千瓦的水电资源,以及广元、绵阳可观的天然气,共同构成经济区内的能源基地。中部有名列中国第二、第三位的陇南西成和宝鸡凤太铅锌矿带;有居全国第三的西和大型锑矿;还有遍布各地的丰富的沙金矿床,被誉为"金三角",以及位居全国第四的汉中硫铁矿。这种矿产资源的分布格局,形成了经济区北煤南水、中部金属矿藏的合理资源结构。处在开发处女地阶段的丰厚资源,是经济区主导产业和战略产业建立的依托。

上述优势实际上是经济区的区域优势。从地方优势看:

3. 合理的交通结构与畅通的骨干网络。国家的主要交通动脉——兰新及宝成铁路纵横穿越全境,加之阳安、襄渝和即将建成的宝中铁路在此交贯,使这一区域形成了近西部腹地东进西出、南来北往的交通枢纽中心。双向(连云港、伊宁两个国际出口)开通的陇海—兰新铁路更为发展对外贸易提供了便利条件。在省际物流交换中发挥动脉作用的西兰、川陕、银宝公路将三省紧紧相连。距离较近的西安、成都空港以及大有发展潜力的嘉陵江、汉江水运,易于推进经济区构成立体交通网络。这就为经济区以交通促流通、以流通促生产,实行多层次横向经济联合与协作,以及全方位开放提供了极为便利的条件。

4. 潜力巨大的非金属矿藏资源及农副土特产资源。经济区中部集中了保有储量高并亟待大规模开发的非金属矿藏。平凉有细质陶土 2200 万吨,天水有 10 亿吨的蛇纹石以及分布范围达 2000 多平方公里的花岗岩,宝鸡有高温耐火材料红柱石 66 万吨、透辉石 11 亿吨,汉中的石膏石棉藏量丰富,广元的重晶石、方解石储量可观,加之遍布各地的大理石、石灰石,使地方政府便于组织开发门槛低的建材工业及其工艺品加工业。地跨秦岭南北、气候差异大、森林覆盖面较大的自然特点,使这里盛产麻类、生漆、桐油、竹、黑木耳、花椒、核桃、苹果、柑桔、蜂蜜等土特产品,以及达一千多个品种的优良中药材,有利于农副土特资源加工业的起步发展,尽快形成当地的拳头产品和产业链。

5. 诱人的旅游资源。传说中炎帝、伏羲、女娲的生长地,古丝路繁盛时期的重镇,三国时代兵家争夺的古战场,盛唐时期的珍宝,风光秀丽的九寨沟,以及誉为"东方雕塑馆"的麦积山石窟等等令人神往的人文和自然景观,是经济区不断增值的"不变资本",可满足人们寻根访古、探奇揽胜的需求。

(二)经济区发展的限制因素

经济区在推进下一步协作与联合的进程中,面临以下障碍:

1. 生产要素障碍——地方工业弱小,农业生产落后。与经济区中央部省和军工企业形成极大反差的是,地方工业要素沉淀太少,资金原始积累严重不足,尚处在工业化的起步阶段。大多数地县企业基础差、实力弱、规模小。在占经济区工业总产值(不含村及村以下工业)80%以上的全民所有制工业中,地市县属企业的固定资产、总产值及产品销售利税的比重仅分别为25%、40%和30%左右。整个经济区尚未形成与矿产资源开发相关联、与农副土特产资源开发相关联的骨干工业体系。采掘工业总产值占工业总产值的比重,全国为6.55%,甘肃为8.17%,而能源矿产资源丰富的经济区则仅为5.82%,而且地方的采矿业还主要是通过出卖矿石与大企业形成微弱的前向产业关联,尚未形成资源深度开发加工增值的能力;以非农产品为原料的轻工业与属于重工业的原材料工业之比,全国为1∶1.47,经济区则为1∶2.3,城乡之间的产业关联也比较微弱,以农产品为原料的轻工业与农业总产值的比,全国为1∶1.14,经济区则为1∶1.75,这种状况导致经济区产业结构的单一低度化。1987年,经济区国民生产总值中,第一产业与第二产业之比大体为1∶1,而全国为1∶1.6,陕西和甘肃分别为1∶1.5和1∶1.9;在就业结构中,第一产业与第二产业之比为3∶1,而全国为1.5∶1,陕西和甘肃分别为1.7∶1和2∶1,经济区无论是产值结构还是就业结构向第一产业倾斜的程度都远远大于全国和陕甘川三省的水平。在经济区中,除了工业比较集中的宝鸡、广元、天水等几个城市的市区外,大部分地区地方工业的总产值都低于农业总产值,弱小的工业尚无力起到带动农业发展的主导作用。从总体上来看,经济区各地市所能直接支配的工业是资源十分有限、规模经济不足、彼此联系松散的简单资源开发和初级产品的加工,没有形成实力雄厚、关联程度较强和加工增值能力较高的主导产业及能占有较大市场份额的一批拳头产品,资源优势难以转化为经济优势和效益优势。区域经济的发展过程,实质上是主导产业的成长过程,只有建立强大的主导产业链,才能通过其波及效应,带动区域经济的成长与起飞,十二方经济区恰恰缺少这种产业的支撑。

经济区的农村经济表现为以种植业为主的单一产业格局。1987年,全国农村社会总产值中,农业总产值所占的比重为50%,而经济区却高达66%;种植业在农业总产值的比重,全国为61%,而经济区则为63%;农业劳动力就业的比重,全国为60%,陕甘川三省合计为69%,而经济区却高达75%左右。经济区的耕地有80%以上属于坡大、土薄、地块小的山地,水土流失严重,广种薄收,靠天吃饭,粮食产量低而不稳,平均亩产为150多公斤,仅为全国平均水平的60%左右;农村人均占有粮食350公斤,还不到全国平均水平的3/4,其中天水、庆阳、平凉、陇南四地市总计平均仅为243公斤,这些地区要达到人均250公斤的水平,每年需要调入的粮食就要达到8000万公斤以上。1987年,经济区农村人口的平均纯收入只有310元左右,比陕甘川三省总计的平均水平低10%以上,还不到全国平均水平的2/3;其中贫困人口即占农村总人口的25%~30%,总的来看,整个经济区的农村产业结构演化呆滞。1985—1987年,经济区比较密集的宝鸡、汉中、天水、绵阳、广元等五地市,农村劳动力就业结构的变化值仅为1.10,而同期陕甘川三省总计为1.76,全国则为5.68;至于更为贫困的庆阳、平凉、陇南三地区,农村劳动力就业结构的变化更为微弱。初始积累不足,工业对农业拉动乏力,使农村低收入劳动力很难向非农业转移。因此,改变农村经济发展缓慢的状态,将是一项十分艰巨的任务。

2. 城市化发展障碍——城市发育水平低、经济势能小、辐射功能弱。经济区只有7个中小城市,其分布密度还不到我国东部城市分布密度(约每万平方公里1个城市)的一半。在现有城市中,平凉、西峰原有发展水平低,工业总产值合计不足2亿元,辐射能力十分弱小;宝鸡、绵阳虽是经济区的工业密集区,但其工业总产值大体只相当于江苏中小城市平均规模的 1/4;广元、汉中、天水虽然是三线工业基地,但至今未形成专业化分工的体系,其工业布局的集中指数分别为1.04、0.83 和 0.95,远低于宝鸡(1.18)、绵阳(1.21)的水平。总体上看,经济区的城市尚不具备中心城市的经济实力和功能,大都处在以集中工业和技术为特点的发展前期,能量积累不足,扩散效应有限,与城市以辐射功能为主的成熟阶段,还有较大距离。这将是整个经济区发展,特别是城乡经济融合和乡土工业化的牵制因素。

3. 资金障碍——地方财力疲软,启动资金不足。经济区人均国民生产总值仅为 589 元,人均国民收入只有 500 元,均比全国平均水平低 42%左右,处于低收入阶段,导致区域内部游资少、资金潜力小。在八地市中,有 5 个被列入国家的贫困地区,除宝鸡、绵阳两市外,其他地市均为财政补贴地区。地方财政基本上是一种"吃饭财政",远远不敷发展非农产业、地方工业和基础设施建设的资金需求。大量低收入劳动力又使民间财源贫乏,因此,吸引地区财力以外的资金,显得十分重要。

4. 体制障碍——地方企业与中央和省属企业的双轨导控体制在较长一段时期依然存在。经济区各方的经济实力目前仍掌握在大中型企业手中。这些国家企业尤其是中央企业,从投资建厂直到经营,采取了一套自上而下垂直封闭式的投资体制和管理体制,使本经济区的工业发展实施了一套由外部嵌入开发和外部操作运行的模式,致使现代生产要素密集点成了本区的经济"飞地",与当地经济社会处于游离状态。就产业关联而言,三线工业或省属原料工业一般都包含自身的前向和后向生产链条,其生产环节或在本区封闭,或在外地"对接",甚至各种辅助服务产业,大企业不是自身配套就是直接与成都、兰州、西安以及其他中心城市联系;地方只有从外围向其提供"给养",而无充分享受投资及产业联动利益的机会。时至今日,本地大中型企业要素优势也未真正融合于地方经济并发挥积极作用。

上述优劣势存在于封闭的二元经济体系中:即强大的三线工业基地与弱小的地方工业共生,丰厚的矿产资源和农副土特产资源与农村的普遍贫困并存,主干道交通的发达与毛细交通的阻碍同在,只有通过改革与发展的双轮驱动,在科学的发展战略的指导下,经过较长时间的努力,才能最终改变这种状况。

三、2000 年经济区总体战略选择

(一)经济发展战略的指导思想和原则

经济区初步完成了由原有一般社会经济方面的自然联系向商品流通联系过渡的阶段,正在迈入由商品流通联系向商品生产有机联系转化的阶段。只有在后一个阶段的加速发展的基础上形成经济区兴衰与共的再生产体系,经济区才能得到巩固和壮大,才能把横向联系协作推进到一个全新的层次与深度,由此掀起自建国以来的第二次大规模经济发展的高潮。经济区发展战略的指导思想的制定,正是基于这样的前提。其具体原则主要有:

1. 弱化二元结构,拆除体制屏障。弱化二元结构就是使工农之间、大企业与地方工业之间的技术与发展水平的反差逐步缩小,体制性壁垒逐步消除,使工农互促互补,中央、省属工业能为地方工业和区域经济发展服务。这一思想是把工农、城乡、中央与地方经济发展与管理体制视为一个整体,只有从产业结构与经济体制上实行双重突破,经济区才能取得较快发展。当前,通过体制的改革,拆除屏障,激发企业活力,释放区内生产要素的能量,是保证经济区长远生命力的关键环节。

2. 强化自主发展能力,合理确定利益导向。经济区的开发与发展要立足于本地资源和社会经济力量,在自主自力的基础上吸引外

部生产要素,开展横向联合,实行对外开放。本区虽有可观的物质技术基础和交通干线的便利,但毕竟投资环境较差。只有通过一定时期的努力,使经济区的工农业有一个较大的发展,内部基础设施有一个较大的变化,才可能拥有对等谈判的经济能力和大量吸引外部生产要素的条件。因此,近期内将处在一个以内部联系为主、稳步前进、充实实力的发育阶段。只有完成这一经济过程,才可能出现与国内外全面大协作的局面。目前,地区分割及由此形成的"诸侯经济"态势对经济区影响甚大,使经济区陷入三重"磁力"的作用之中,即参与经济区的各方,既受经济区的诱导,也受各省行政机制的导控,还受其他协作区的吸引。强化经济区吸引力的关键,在于解决好各方利益的导向、协调和分配问题。正确处理长远利益与眼前利益、局部利益与全局利益、直接利益与间接利益的关系,在尊重各方局部利益和直接利益的同时,高度重视长远、全局和间接利益对经济区发展的重要性。经济区各方应自觉地按照比较利益原则来选择自己的产业结构,以使各方的优势能聚合为经济区的整体优势,避免各方因追逐局部的、短期的利益而发生的资源争夺和在产业结构趋同中造成低水平的和有害的过度竞争。此外,经济区要增强自主制定政策和对中央、省上政策的再加工能力,改变等靠上面下达政策的被动局面。

3. 重点倾斜,分层开发,滚动式发展。资金"瓶颈"和经济区内经济发展、经济结构与布局的较大不平衡性,使经济区无法采用大推进的开发方式,只能坚持用较少的投资、办更多事业的原则,在各方共同优势的比较中,实行有限目标的重点投入,分步开发,滚动前进。即:从贸易开发逐步向资源开发产业转移,尤其重视从地方共有的资源优势入手;单一的开发向初加工乃至部分深加工和综合利用转移;分散的开发和外向的产业关联向在区内组成产业链条或产业集团的联合开发转移;由平推式的"棋盘"布局向依托资源富集小区和铁路沿线城镇的错落有序的布局转移。这种倾斜开发,才有助于尽快形成的经济区主导产业群落和合理的经济网络的建立,带动经济区的全面振兴。

4. 科技进步的增长应快于其他要素的增长。资源转化为商品优势和效益优势的速度与规模,很大程度上取决于科技要素的输入。经济区可以就近借重,依托成都、西安、兰州及区域内部的大专院校、科研机构和中央部省军工企业的各类硬、软技术。对三线大企业,重点不是扩大规模,而是通过扩散与联合,开发品种,降低成本,提高产品质量,走内涵发展道路,进行生产结构的调整和要素资源的重新组合与配置。其技术应选择国内最先进水平,以提高在国内乃至世界市场的竞争力。鉴于经济区的地方工业包括乡镇企业仍处于数量扩张的外延发展阶段,务使新建企业一开始就有较高的技术起点,避免复制陈旧和落后技术,外延发展阶段的技术,将以成本较低的适用技术为主,而不是一味追求国内先进水平。

(二)经济发展战略的总体模式

根据区情、机遇及有利与限制因素的分析,遵循以上战略指导思想,经济区2000年经济发展战略的总体模式应该是:贸易先导、资源立足、企业联合、发展一线(铁路沿线)、带动两面(黄土高原和秦巴山区贫困面)、东联(与东部合作)西进(向西开放)。

其基本内容是:通过大力发展各种类型的物流贸易,疏通生产要素及信息向本区流动的渠道与环节,开发与形成发展商品经济的人力资源和组织资源,建立要素市场体系。在此基础上,利用矿产资源、农副土特产资源、旅游资源以及廉价劳动力的优势,大力发展劳动密集型的资源产业和劳务产业,增加劳动积累,弥补资金积累的不足,以有效需求和积累能力的增长,进一步促进产业结构向高度化方向发展。在推进的步骤上,以铁路沿线的宝鸡、汉中、绵阳、广元、天水、平凉市作为资源产业的集中加工增值区,通过发展以名优特产和紧俏产品为龙头的各种类型的企业联合集团,带动广大贫困农村各类资源的开发和初级加工业的发展。在市场的辐射扇面上,农副产业和轻纺工业近期以扩大西部低区位市场为主,原材料产业以巩固和扩大东部市场为主。随着经济区主导产业的建立和以拳头、出口产品为龙头的企业联合集团的崛起,在中期,发展跨国联合生产、经营的出口系列产品,农副资源产业及轻纺工业由内向型转向内外并举,打出西部口岸;原材料产业以资源加工型为主,稳固地占有和扩大在东部的市场份额,并以与东部股份联合的形式,部分地参与东部国际市场的循环,最终把本区建设成一个在国内和国际开放体系中有特色的经济开发区。新的战略模式的集中优点在于:其一,利用了不发达地区在初始发展阶段,劳动力替代资金的弹性较高的机能,形成较低成本的资源产业以提高市场竞争能力,缓解了资金矛盾,加快了积累过程;其二,强调了原有增长极对区域经济发展的带动功能以及对区内二级增长极的培植,易于形成点—线—面的有序合理结构布局,提高经济区整体发展水平;其三,强调了通过脱贫致富、扩大本地需求、促进本地产业发展的治本之策,把发展经济和改善群众生活的最终目标结合起来,容易调动广大干部群众进入商品经济角色的积极性和创造性。

新的战略模式的实施,将使经济区出现以贸促工、以城带乡、以重点产业区带动广大县乡资源开发的新格局。经过 15 年左右的建设,经济区将成为中国近西部腹地的三大网络基地:(1)商品流通网络基地。它将成为西南、西北和中部交汇区域的商品物资集散中心,能与全国各地经济区乃至东西口岸相通达的生产和生活资料的重点区域市场,成为与"广交会"相呼应的中国西部商品交易会的基地;(2)有色金属与农副土特资源加工网络基地。它将是我国铅、锌、锑、金等矿产品的重点供应区,形成与东部企业联合建立的采、选、炼、加工制造相配套的有色金属工业基地;同时也将成为吸引国内外资金技术,建立食品和轻制造业,支持西部口岸的重点创汇基地;(3)三线企业与地方经济融合、建立区域集团经济的网络基地。它将是落后地区朝前发展的高技术产业,与滞后发展的地方产业互补促进,以全新的产业组织形式带动区域经济发展的基地。至此,这块金三角地区的潜力和优势才算真正得到了充分发挥。

(三)经济区主导产业与布局网络

根据上述指导思想和发展模式,经济区应积极发展第一产业,重点发展第二产业,相应发展第三产业。

第一产业结构的合理与否和发展快慢,将对经济区的发展起到重要作用。鉴于本区农业生产还处在一个较低层次,脱贫问题又十分尖锐,因此,经济区应确立"努力增加粮食生产,积极发展林牧副多种经营"的农业发展方针。粮食生产应向黄土高原川塬区和秦巴山区河谷盆地、平坝、缓坡低丘陵区适当集中,在这些地区建立中小型粮食生产基地,强化投入,提高粮食单产和商品率,努力实现经济区粮食自给的有限目标。在稳定粮食种植面积的前提下,大力发展畜牧业和林业。畜牧业适应经济区自然条件,又可济粮食生产之短。畜牧业应走以农区畜牧业为主的道路,努力增加各类牲畜和家畜家禽的饲养总量,从单一原料供应向贸工商一体化方向转化,发展产、供、销、种、养、加相配套的畜产品商品生产基地。八地市应因地制宜地选择发展重点,促进畜牧业向区域化、专业化和商品化方向发展。林业是经济区的一大特色,应根据各地不同的自然条件有重点去发展。黄土高原区以营造薪炭林、水土保持林为主;秦巴山区以发展经济林和用材林为主。发展各地县有优势的水果、中药材等野生资源,加工增值,开发致富。此外,应动员农村剩余劳动力,向低层次的劳务输出转移,积极投入经济区内外(包括中亚、西亚和苏联的)水利工程、道路建设、农工、保姆等初级产业上来,以廉价人力资本的优势弥补资金短缺的劣势。经济区各方应把第一产业作为发展经济技术协作的重要领域,积极开展各类农副产品商品生产基地的联合投资、开发和建设;组织农业科学技术(如节水灌溉技术,旱作农业技术,生物工程技术,水土流失防治技术,优良品种繁育技术,农业化学技术,农业机械技术等)的联合开发、引进和推广;进行农业科技人才的培训和交流,等等,为农业的发展奠定一个坚实的基础。

第二产业对增强经济区经济实力起着决定性的作用,也是经济区选择主导产业的主要领域。经济区选择主导产业应遵循的原则主要有四条:一是必须符合国家宏观产业政策和国民经济地域分工的要求,并且有利于协调与陕甘川三省在发展利益上的关系;二是有利于充分利用区域内部良好的资源组合条件,促进资源配置的合理流向,使各个投资主体获得大体均衡的比较利益,在合理分工的基础上,把各方的局部优势聚合为经济区的整体优势;三是高度重视产业关联效应,特别要重视把经济区现有的以区外为主的孤立、分散的产业关联,合理转变为以经济区内部为主的聚合型产业关联,通过产业联动形成以城带乡、以富扶贫、以大中型骨干企业带动地方经济发展的良性机制,推动区域产业结构向高度化方向迈进;四是有利于促进建成以"资源开发—加工型"产业体系为基础,在国内、国际市场有竞争实力的"区域经济共同市场"或"区域经济共同体"。据此,经济区在第二产业中选择的主导产业主要有:

1. 有色金属工业。经济区以铅、锌、锑等为主的有色金属矿带,在我国占有重要的地位。这一矿带的水资源条件相对较好;距离陇海铁路较近,宝成铁路又从其中穿越;北部大型的千阳—陇县—华亭煤田和南部富集的水电资源能够为发展这一高能耗的紧缺原材料工业提供能源、动力保证,宝鸡有较强的有色金属加工能力。因此,依托这一矿带,经济区将发展成为我国资源、能源、交通等组合条件较好的重要有色金属工业基地。以铅、锌为主的有色金属工业的发展,能够提高经济区参与国民经济地域分工的地位,还可以其较强的产前、产后的带动效应和旁侧效应,在经济区内部发展与农村非农产业中的小型采矿业、与重化工业和轻制造业的产业关联,形成综合性产业体系。

2. 建筑材料工业。这是以分布在经济区八地市的非金属矿及建材资源为基础的、覆盖空间最大的产业,也是启动农村低收入剩余劳动力进入非农产业,提供农村工业化初始积累的重点产业。针对这类资源分布面广、相对集中的特点,其开发可采取分散型(初级、低技术和小规模的开采与加工如制砖瓦、烧石灰等)、联合型(如多种资源集中地区的联合开发)和集团型(如非金属化工的系列开发和不同技术层次的建筑材料开发)等产业组织形式,除了分布在北部煤田和中部有色金属矿带的非金属矿及建筑材料,可分别纳入煤炭基地和有色金属综合性工业体系进行开发外,其他地区,可组建联合型或集团型的地方性产业组织,发展建筑材料工业和非金属化工原材料工业。在非金属化工原材料工业基础上发展的精细化工,在建筑材料工业中开发的新型、优质建筑材料,将是经济区重要的贸易产品。

3. 机械—电子工业。这是代表经济区工业技术水平的产业,是经济区高技术工业的主要领域。这一工业依托经济区内大中型机械—电子工业企业的生产、技术、人才等优势,生产消费类产品满足市场高层次需求;生产投资类产品装备资源开发—加工型工业;开发高技术产品和新技术、新设备推动经济区工业技术进步,主要有:(1)投资类机械—电子工业:包括电子计算机、电子元器件、电子仪表、机-电-仪一体化的高精尖机械设备、航天及飞机制造等高技术制造工业、矿山机械、农用汽车等设备制造业;(2)消费类机械—电子工业：包括彩色电视机、音像设备、电冰箱、洗衣机等制造业。

4. 农副土特产加工工业。这是经济区贸易导向型产业体系的重要组成部分。其前向产业是农业（包括种植业、林业、牧业和养殖业），主要是通过建立各类农副土特产品基地扩大资源的供给数量规模；农村工业作为中间产业，主要进行资源的粗加工；后向产业主要是以农产品为原料的地方轻工业，按照区域内和国内、国际市场的导向，进行资源的开发和转换。主要产业有：（1）食品资源开发—加工工业；（2）中药材种植、采集和加工业；（3）麻、毛、蚕桑资源开发与纺织工业。

第三产业的适度超前发展，将有助于推动一、二产业的发展。经济区第三产业发展的重点应是交通、邮电、旅游、科技教育和流通金融。旅游业是以经济特区特有的人文地理资源为基础的综合性产业，也是重要的创汇产业。旅游业与商业、民间手工业、交通运输和邮电通讯等有着较强的产业关联，也为地方轻纺工业提供了重要市场，因此，它可以发展成为经济区的主导产业。

综上所述，经济区拟选择冶金（有色为主、黑色为辅）、机械（包括电子）、食品、建材、旅游为主导产业。能源工业在经济区有广阔的发展前景，优越的资源条件和北煤（油）南水（气）的分布格局，使经济区可望建成我国近西部重要的能源工业基地，但由于近期内缺乏大规模开发的物质手段，所以只能作为经济区的战略产业（未来的主导产业）。经济区的主导产业体系，可以"点、线、面"的态势展开布局，形成经济区的产业网络。

"点"是指立足和培育经济区内现代经济比较集中的绵阳、广元、宝鸡、汉中、天水等城市，使之成为区域经济"增长极"，在实施要素聚集的同时，进行要素扩散，形成以城带乡的产业发展格局。

"线"是以东西向的陇海铁路宝天段、南北向的宝成铁路，以及阳安线和待建的宝中线为骨架，利用铁路干线沟通分布在各地的产业和企业之间的联系,建立商品、物资集散地和贸易中心,部署主导产业的开发项目,形成合理的产业网络和"十字型"的空间布局。

"面"是通过"点"、"线"的辐射和带动作用把平凉、庆阳、武都、成县等作为二级经济增长中心,启动秦巴山区和黄土高原两大贫困地区的开发。

"点—线—面"布局网络,使经济区产业结构的成长与地区发展有机地结合起来,在发展不同层次优势组合的基础上,形成关联程度较高、分工合理的产业发展和地区开发体系。这一体系包括:(1)宝鸡—平凉—庆阳煤炭石油等能源工业区;(2)宝鸡—陇南铅锌等有色金属工业区;(3)绵阳—广元—汉中—宝鸡—天水机械—电子工业区以及食品工业和轻纺工业区;(4)黄土高原和秦巴山区农副土特产开发与加工业区;(5)各地市的非金属矿及建筑材料工业区。

四、经济区发展的重大对策措施

(一)吸引资金的"资源优惠开发区"构想

经济区目前十分现实和紧迫的问题,是如何解决资源性项目开发所需要的资金来源。目前以至今后相当长的时期内,可供经济区利用的资金来源有:(1)中央直接投资,包括国家计委所属的投资公司及各部委的资金和中央控制的国外贷款;(2)陕甘川三省(财政)向直辖地区的直接投资;(3)国外资金,包括直接投资和直接贷款;(4)毗邻十二方以外其他地区的游资,包括外地政府、企业的自筹资金和自有资金;(5)毗邻十二方的内筹资金,包括市(地)、县财政性投资、区内企业自有资金和居民储蓄;(6)国家的扶贫开发专款。上述资金来源,经济区利用的可行性是各不相同的。

中央直接投资,在国家宏观财力有限和投资规模压缩的背景下,即使可争取到,也应考虑下列因素的限定:第一,中央虽已确定了向基础产业倾斜的投资政策,但由于资源开发所需资金数量大,投资回收期较长,故可能只会满足地区资源开发费用的一部分。第二,中央投资一般都集中在对国民经济具有全局意义的战略性资源项目上。而按现行体制,中央对这种资源性项目,从投入到产出均采取直接控制的方式,地方则只能按分税制度,或以参与投资的办法,获得少量利益的分割。故对中央投资应采取积极争取而不完全依赖的方针。对于来自中央的扶贫开发专款,争取的可能性大。但其利用价值大小,取决于资金规模及其投向的灵活性。

省级政府对辖区资源性项目的投资,因限于自身的积累能力,不可能达到较大的资金规模,加之附有直控式的利益分配方式,因而对这部分投资也只能按对中央投资同样的原则来对待。

国外资金的引进,受地理位置(内陆腹地、远离海岸及边境线)和投资环境(交通、通讯等基础设施和人文、观念条件)等方面不利因素的制约,近期不可能有大的进展。加之,国际货币与基金组织及政府的双边贷款因由中央控制而相当于中央资金。此外可以争取的,只是以合资的形式吸引外资,但其规模不可能很大。

根据以上判断,除了需积极争取中央、省级直接投资,利用国家扶贫的专款,引进外资以外,解决经济区资源性项目资金的着眼点,还应放在"两个横向"上,即,一是吸引经济区外其他地区特别是东部地区的财力和物力,共同兴办资源产业;二是动员经济区内十二方的资金力量,联合开发资源项目。其可能性在于,东部地区资金丰裕,但又苦于缺乏价格合理的资源供给的保证,因而具有共建原料基地的愿望;十二方内部境遇相似,易于团结,有将游资集中使用的利益背景。

对"横向"财力的吸引力与动员,关键在于解决利益的实现和保护问题。而这一点又依赖于必要的优惠变通政策和相应的体制保障。一种可能的措施,是以政策投入和制度创新为先导,将某些资源富集小区划辟为"资源优惠开发区"。这种开发区的特点是:以某种矿产资源或某几种相互联系的资源系列为对象,对其进行配套开发和延伸开发,从而以资源开发为轴心,带动多种加工产业和辅助产业的兴起。在统一发展规划,吸引外部投资,理顺利益关系,实行多元化开发,主动协调合作的基础上,优化产业组合,形成以工矿业为骨干的、具有内在的产业关联和综合开发能力的经济功能小区。

作为有多元开发(投资)主体的经济小区,明确和保障"谁投资谁受益"的原则是十分必要的。鉴于十二方经济区中的各资源富集地带,在资源的战略性质、级别规模、产业关联程度和开发难易程度等方面各有不同,故可考虑采取在统一规划前提下的不同开发模式:一是"资源切块、平行开发",即给不同的开发主体分别划定资源区位,分别进行开采和后序生产开发。这是一种"水平式"分工结构;二是"行业分工、顺序开发",既要求不同的开发主体,只承揽从开采、加工到其他外围配套生产过程中的某种行业或产业环节。这属于一种"垂直式"分工结构。无论哪种分工开发模式,都应在"投入产出"的利益关联中,借助价格、税收等经济杠杆的调节,实现开发区不同行业大致接近的平均利润率,以保证地方和十二方外"横向"开发(投资)者的利益。

"优惠开发区"的实施要点包括:(1)在开发区内减免所得税及产品税等税种,并规定合理的"减免年限",减征土地使用费或土地开发费,吸引国有、集体企业来开发区进行投资、开发和有关经营活动;(2)地处开发区以外而向区内资源性项目或相关项目投资的企业,其投资数额和应征能源、交通重点建设基金相同或超过的,可以免征或累计冲抵其重点建设基金;(3)开发区的新增联合项目,应以股份制原则进行开发、经营与分配,并对股东以收益向开发区再投资给予进一步优惠。可考虑试行东部大企业或国外与十二方开发区企业"双向参股"的方式,即东部大企业或国外先以投资取得开发区联合项目(企业)的部分股权(可另行达成以产品分红偿息的附加协议),此后开发区(股份)企业再以所提供的资源产品折购东部大企业或国外的股票,亦取得其部分股权,由此形成交叉持股的利益融合关系;(4)开发区的资源性项目,除了十二方各方视自身情况分别投资入股外,可由十二方经联公司或建议成立的其他专业公司代表十二方总体参股投资,并作为开发区董事会成员参与决策,以保证十二方共同利益的实现,吸引各方对开发区事业的关注和支持。

目前,建议将经济区境内的西成和凤太两个以铅锌为主、多种伴生矿产为辅的矿带,首批列为资源优惠开发区。鉴于甘肃省已决定将西成矿带列为经济开发试验小区,并由陇南行政公署组成了"小区工作指导小组"。为了在此基础上进一步增强开发区的投资吸引力,调动各方面参与开发的积极性,加快小区开放式建设的步伐,建议西成开发区进行必要的组织创新,即在适当的时候建立由投资方代表和协调方(如"小区工作指导小组",加上省级有关部门和十二方经联会)代表共同组成的开发区董事会,以从组织形式方面增强对开发过程的经济协调(而不单纯是行政协调)的机能,并提高决策的科学化和民主化水平。位于陕西省境内的凤太矿带,也应该在设立开发区过程中,尽早建立董事会体制。此外,建议十二方经联公司或设想中的十二方有色金属矿产公司,积极参与这两个开发小区的投资建设,并形成工贸结合的优势。十二方经联会则应在两开发区的跨省协调、规划与合作方面,起到重要的沟通与指导作用。

(二)促进区内大企业与地方经济的融合

第一,对企业基本建设实行投资预算分割化和运营职能统一化。要改变过去大企业基础设施及生活配套投资一并附随于企业投资预算的做法,而将新上项目所包含的社会性基础设施的投资,切块划给地方政府,由地方政府列入城镇综合发展规划,统一承包、承建,并就这部分投资的使用效益和未来对企业生产与生活的配套及保障指标达成协议,协议经公证后对三方即总投资方(统一出资方)、代理配套投资方(地方政府)、生产经营方(企业)共同产生法律的约束效力。这样做,可从统一基建投资的预算基础入手,将附加于企业的某些社会化服务(市政)职能,合理地移交地方。对企业运营后继续增加的社会化服务需求,亦可考虑按企业受益的程度,采取企业投资及企业与地方政府合资的形式来解决,并实行由政府代行投资、统一规划和保障服务的原则。

第二,发展产业关联与产品协作。针对十二方境内大企业以前突出存在的产业"异地关联"和产品"异地协作"等现象,积极创造条件,发展大企业与当地经济的"前向联系"、"后向联系"及"旁侧联系"。在符合提高大企业经济效益和带动地方经济的双重原则或前提下,将大企业产业链中的产前、产后及部分产中服务环节,交由地方经济承担。特别是要把适合于地方企业和乡镇企业生产的中间产品、辅助产品、粗加工产品、劳动密集产品等,扩散给地方企业和乡镇企业生产加工。其实施要点是:(1)从方式上可选择"先切块后组合"和"先集中后分解"两种。前一种方式指,经过政策协调,将围绕着核心产业(企业)的某些次要产业或某些产业环节"切块"划定给地方去开发,而大企业的生产与开发则主要集中于核心产业或主要产品上,然后,在同步发展中相互构成"垂直"(按产业关联的前后顺序)的分工协作关系。这种方式较为适合于新的"资源开发—加工"型产业或不同环节间技术反差较大的产业。后一种方式指,某些辅助生产量大、配套性强而生产过度集中的大企业,应就近利用地方工业的基础与要素资源,发展围绕着"核心"厂服务的"外围"中小企业,将某些辅助生产分解扩散到这些企业,形成协作网络乃至企业集团;(2)在大企业的产业(产品)"切块"或扩散过程中,应力求让新建的、配套的地方企业设在大企业近邻,同时,以大企业社区为基础,将其发展为功能齐全的小城镇。再通过城镇所提供的"外部经济"环境,吸引更多的与大企业协作的地方小企业来此地设厂。

第三,造就大企业生产要素的区域转移机制。地处十二方境内的中央、省属大企业相对于地方企业,一般具有设备精良、数量庞大和人才密集、技术力量雄厚等生产要素优势,成为向地方经济转移和渗透的物质基础。其转移形式可以包括:(1)设备转移,即按照互利或补偿的原则,由大企业将其部分闲置、库存设备,以租赁、出售等形式转移到有设备需求的地方企业特别是乡镇企业。为了提高设备转让工作的效率,扩大交易规模及范围,建议十二方经济区建立一个"设备调剂服务中心(公司)",承揽设备(库存、闲置和陈旧设备)的租赁、出售、拆装、运输和信息咨询等业务,并有选择地在八地市设站(分公司),为沟通和方便供需双方服务;(2)技术转让,即将大企业的某些适用地方企业的技术、某些军转民技术,以出售或以入股的形式,转让地方及乡镇企业。其转让条件应优惠于协作区外企业;(3)智力流动,一是向地方企业输送对口的科技人才,特别是组织和鼓励大企业离退休工程技术、管理人员和技术工人,去帮助支援地方企业和乡镇企业。地方则创造有效的工作和生活条件,吸引大企业人才,使之发挥更大作用。二是向地方企业提供技术服务,进行诸如技术咨询、联合攻关、短期工作、定点兼职、人员培训等方面的合作。三是鼓励和吸引大企业科技与管理人员承包、领办乡镇企业,欢迎大企业对地方中小企业进行行业兼并和集团承包;(4)其他合作,如为乡镇与地方企业提供交通、通讯等基础设施,工业试验、测量、检验等方面的方便,在必要和可能的情况下,以一定的资金有偿支援处于发展初期或发展困境中的地方与乡镇企业。

第四,发挥政府在经济融合过程中的政策协调功能。建议中央政府设立"军转民"专用基金,供包括十二方在内的三线省份统一调度,有偿使用,定期归还。以此基金增加三线省份扶持"军转民"和三线企业搬迁的财力。同时,为帮助地处偏僻的三线企业调整产业结构,国家应尽可能在国民经济计划中把一些适合三线企业的生产项目,尤其是"进口替代"型的机电产品开发项目,分配给它们承担,并在计划中明确与地方企业协作的内容。

地方政府可在以下方面发挥自己的政策协调功能,一是支持三线军工企业的民品开发与生产:(1)在计划上允许军工企业的民品生产列入地方计划。有些基建和技改项目地方也可以代为列项。对于三线与地方联合的企业及项目,其立项与计划落实则更为优先;(2)在信贷上,允许联合企业委托专业银行发行股票、债券,开展社会集资,并利用政府的信誉提供担保,商请银行提供卖方信贷。对生产社会需要的微利产品和优质名牌产品的联合企业,可提供低息贷款乃至财政贴息贷款;(3)在税收上,可视不同情况采取必要的减、免税措施,避免重复纳税。

二是支持经过上级批准的三线企业向市镇迁移或部分迁移。其配套措施是:(1)对三线企业与地方联合设厂的,可优先安排。支持三线企业或其他大企业将部分民品生产线、分厂、车间搬到市区和市郊并欢迎在市区建科研所、办事处、产品"窗口"和必需的职工宿舍,政府相应提供征地上的优惠与方便;(2)对迁移企业子女上学问题,规定地方教育行政部门要把企业子校同自己的直属学校一样给予指导和协调,企业子女如进地方学校,收费等条件亦一视同仁;(3)在企业家属批户口"农转非"方面,对每年规定比例指标不挤不占,直达到厂。对符合转户条件的企业科技人员家属户口,可优先照顾。

三是支持不宜迁移的三线企业就地完善其社区的城镇化建设。

偏僻山区三线企业所在地所形成的企业社区,多年来实际承担着城镇的某些功能,这是使社区进一步走向城镇化轨道,实行社会化管理的基础。可采取的措施是:(1)把三线企业社区建设纳入地方小城镇发展规划,并由企业和地方联合组成小城镇建设协调委员会,共同担负起小城镇的远景规划和近期协调、管理工作;(2)支持乡镇企业和地方企业进入大企业社区,发展产业联系与协作,从城镇设计上考虑两种经济的直接融合问题,并将之贯彻于城镇的形成、扩充与完善的全过程中;(3)适时确立偏僻山区三线企业小城镇的行政地位并实行城镇化管理;(4)在城镇化过程中对企业社区实行各种优惠政策,如在社区实行优惠的投资(吸引)政策和放宽条件的信贷政策,以吸引其他企业设厂(迁厂)和发展第三产业。

(三)区域共同市场的组织与制度创新

我国处于商品经济不发达的社会主义初级阶段,不同地区除了有地理和资源禀赋方面的自然差异外,经济技术和社会发展水平也很不平衡。与此相对应,市场体系在整体上处于贫弱、稚嫩状态,在空间分布上又呈现出不同的发育程度。在这种条件下,要提高资源空间配置的效率,优化生产要素的地域组合,处理好区域内外的经济利益关系,客观上需要将市场分区、分类进行协调,从而使两个层次市场的并存具有某种必然性:一是全国统一市场,一是与全国统一市场相衔接的各具特色的区域性共同市场。后者由于接受前者的协调,并成为前者的一个组成部分和空间层次,因而有别于欧洲共同市场一类以关税同盟为前提的、排他性的国际区城共同市场。

三省十二方毗邻地带,经济发展水平比较接近,各种自然资源的匹配程度较高,历史上曾自然形成过较为广泛的经济联系。这些自然、历史背景,以及近年来特别是经济协作区成立以来,在商品交流、生产协作和市场组织方面取得的成就,都为十二方建立区域共同市场提供了最必要的基础。

在三省十二方建立共同市场的现实意义在于,第一,它以不同的行政区划即属于不同省份的地、市之间的经济分工、交往及互补为基础,形成跨越行政区界的市场体系,因而打破了过去"省自为战"和条块分割的地区经济格局,并会将十二方的经济协作和市场的组织化、有序化程度提高到一个新水平。第二,十二方所形成的区域市场,可望使沿海地区市场与内地特别是西部市场更紧密地和更有机地衔接起来,并有利于这一地区对东西纵横的商品与要素流动,进一步发挥吸收、缓冲、集散、分流、导向、重组等市场组织功能。第三,十二方区域市场的建立,将扩大这一地区的商品需求、对外经济交往和资金积累,从而有力地带动该地区丰富资源的开发和其他产业的发展,形成以贸促工、产业联动的态势。第四,可为这一地区的生产者、消费者提供比较合理的市场价格和产品比价,以及较为稳定的市场环境,减弱生产风险和消费者不应有的利益损失,从而增加这一地区的政策凝聚力和经济动员力。

区域共同市场的基本职能在于有效协调,即通过建立和实施统一的市场规划,进行制度约束和政策协调,对相关产业、产品及其交易行为,实行协调一致的价格政策、税收政策、信贷政策及其投资政策。并以共同的政策和联合的经济实力,发展区域对外经济联系与合作。

为实现这些职能或目标,可以考虑,经报请中央和各省政府同意,明确十二方经联会在协调、指挥十二方共同经济活动方面的正式权限,并给予相应的制度与组织保障,使之获得某些必要的行政效力。在十二方共同市场的近期组织方面,可以考虑建立一个由理事会、执行委员会和专业委员会三个层次构成的决策、协调系统。为减少组织成本或运行成本,理事会可直接由现经联会各方行政领导,以及新设的执行委员会和专业委员会的正副主任组成;执行委员会由现经联会办事处调整、充实而成;专业委员会则以现有各行业分(协)会、联席会为基础组建,并加以必要的补充。

理事会为区域共同市场的最高协商与决策机构,其主要职能是:(1)制订和协调共同市场的有关政策及运行规则;(2)讨论研究各委员会提出的问题和建议,并作出决定;(3)研究和探讨共同市场运行和市场开发中的重大问题,以及解决问题的途径;(4)决定专业委员会的任务权限。

执行委员会是共同市场的操作机构,承担共同市场的日常协调工作。其主要任务是:(1)督促各方对理事会和专业委员会商定事项的落实与实施;(2)向理事会汇报并向各方通报市场运行中的情况和问题,必要时向理事会和专委会提出有关建议;(3)负责处置市场日常运行中的一般性问题,共同市场组织和运行的效能,将在很大程度上取决于执行委员会人员的构成、素质及其工作质量,故必须充实和加强这一机构的组建。

专业委员会是共同市场的分职(业)协调机构,如工商、税收、物价、金融、物资、科技委员会等,它们的职责是,依照共同市场的规章制度和理事会做出的决定,以及本委员会的工作规划与细则,对共同市场属于各自领域的有关问题进行协商、实施与解决。

为了尽快建成区域共同市场,目前应进一步抓好已有市场活动的组织、巩固与深化。

物资与消费品市场。其近期目标是,第一,使商品流通从小批的、专业的交易向大宗的、综合的交易转化。第二,从集中于城市的独立市场向点、线、面相结合的城乡市场网络转化。第三,从短期的、临时的交易发展为通过互设"窗口"、扩大批发业务和期货贸易等形式,使贸易活动长期化、固定化以及相应的契约化。可采取的若干措施包括:第一,由八地市的大中型百货商场,根据自愿原则,组成经济区商业集团,扩大联合交易及余缺调剂活动的规模。第二,加强工、商企业之间的相互依托和相互结合,使商场把工厂当成货源基地,工厂以商场作为销售窗口,并以此扩大地方工业品在经济区内的市场覆盖面。第三,十二方物资部门在相互开展对口指标划转、联合配套供应、联购联销、代购代销等协作业务的基础上,共同建立常设的大型物资市场,常年展销,经营包括金属、化轻、机电、生资、建材等物资系列的各种现货与期货贸易。

金融市场。可以考虑由八地市各大银行、信托投资公司、保险公司乃至某些基金会,共同组建"十二方区域金融集团",促进各方相互开展诸如买方和卖方信贷、信托租赁、补偿贸易、期票贴现、委托放款、同业拆借、代发股票债券、联办技术改造贷款,以及对大型经济技术开发项目组织银团贷款,协助清理八地市企业之间的资金拖欠,和发展地方保险、办理旅游支票等业务活动。

为加速区域共同市场的形成,需要十二方进一步密切流通和生产方面的联合,并从计划、信贷、税收、价格、运输等方面初步制订和落实必要的政策措施,主要包括:

第一,十二方内部各地区、各部门、各行业和各企业之间,不受所有制、隶属关系和行政区划的限制,广泛、自主地开展双边或多边的横向经济联合协作。在资源、能源、物资协作方面,各省如有保护政策的,应由所在地、市尽可能向省上反映、协商,求得支持与变通,以疏通联合和协作渠道。

第二,凡协作区内企业之间联合兴办的项目,项目所在地的计划部门要优先安排立项审批和投资计划。其投资规模,原则上由项目所在地在其控制指标中解决,纳入项目所在地的投资计划,或双方(多方)协商,纳入双方(多方)投资计划。

第三,横向经济联合项目所需要的固定资产贷款与流动资金贷款,各方的中央与地方金融机构应按联合项目的协议或合同,在信贷上给予支持,结算上提供方便。对效益好的联合企业,在贷款掌握上可适当放宽,其自有流动资金(包括引进资金)达不到30%比例的,经银行批准可予贷款。

第四,联合组织开发的新产品,经生产企业所在地主管部门认可和税务部门批准,在两年试销期内免征产品税或增殖税。联合企业的产品税、营业税、增殖税原则上在企业所在地交纳,也可按各方有关部门商定的比例,经双方税务部门认可,向投资方财税部门返还30%~50%;一方到另一方兴办独资企业,其返还比例可以更高,具体比例由双方商定;合资企业实行税前按股分红,所得税按股份比例返还本地交纳,产品税、营业税、增殖税在企业所在地缴纳后,再按股份比例返还投资方所在地。

第五,各方物价部门应经常召开价格衔接会议,互相沟通信息,协调各方物价,使各方商品交流中的价差利益能够大致均衡化。对于各方需要协进协出的物资,在同等条件下,应优先满足经济区(共同市场)内部的需要,并当予以优惠。

第六,凡经济区内各方物资和产品的运输,由成都、西安、兰州、安康四铁路分局在不影响总运输计划的前提下,尽可能优先安排,及时调剂。协作物资在铁路运输中享受优惠的各方,应按运输量大小,向铁路部门返还一定比例的补偿费用。

原文刊于《开发研究》1989年第6期

深圳国有资产管理体制及其运营机制

国有资产是我国社会主义制度巩固和发展的物质基础。国有资产管理体制的改革是发展社会主义市场经济、建立现代企业制度的重要保障,也是经济体制改革中的一个难点。深圳市经过八年的不断探索、实践和完善,逐步形成了目前的"国有资产管理委员会(国资办)——国有资产经营公司——企业"三个层次的国有资产管理新体制及一套国有资产监管的新办法。

一、三个层次的国有资产管理体制

长期以来,我国的国有资产管理体制存在两个弊端:在上层(政府这一层),政府各个部门从自身工作的角度,对企业行使所有者权力,形成多头管理,谁都对企业负责,但谁都不能对企业负最终的责任。在下层(企业这一层),似乎厂长、职工都对企业负责,但实际上谁对企业都不能负责,形成了无人负责的局面。这种无人负责和无能力负责的局面,必须从明晰产权、明确责任的高度予以改革,才能彻底改变。对此,深圳市根据政企职责分开、政府的社会经济管理职能和所有者职能分开、国有资产的管理与经营职能分开、国家终级所有权与企业法人财产权分开的原则,以理顺产权关系为主线,改革国有资产管理体制,逐步形成了"三个层次"的国有资产管理体制。

第一层次:市国有资产管理委员会。

市国资委是市政府领导下专司国有资产管理的职能部门, 它对市属国营经营性资产、非经营性资产和资源性资产进行全方位的宏观管理和监督。截至 1994 年底,全市(包括区属)国有净资产 619.78 亿元,其中:经营性资产 242.41 亿元,非经营性资产 57.37 亿元,资源性资产 320 亿元。这些资产的所有者代表是市国有资产管理委员会。市国资委以资产所有者的身份对三家市级国有资产经营公司行使管理权。

为了保证国资委能够统一地、权威地、科学地、有效地进行决策和行使管理职能,国资委的组成应具有广泛的代表性和权威性。市国资委的成员由市体改办、财政局、国土局、经济发展局、贸易发展局、运输局、计划局、监察局、审计局、统计局、法制局、市委组织部、投资管理公司和建设集团公司等 14 个部门的主要负责同志组成,市长任国资委主任。国资委以定期、不定期召集会议的方式,来决策国有资产管理和经营中的重大问题。

市国资委的主要职能是:(1)贯彻执行国有资产管理的法律、法规和政策,制定国有资产管理的规章制度,并检查、监督执行情况,依法处罚违法行为;(2)决定国有资产经营公司的设立、变更和终止,审查批准国有资产经营公司的长远发展规划、年度经营计划、收益运用计划和有关重大事项的报告;(3)编制国有资产收益预算草案,经市人大审查批准后组织实施;(4)确认国有独资企业、国有控股企业董事长、经理、财务总监的任职资格和国有资产产权代表的资格,按干部管理权限和规定程序任免、考核、奖惩国有资产经营公司的领导班子,推荐或任免、考核、奖惩市属一类国有独资企业、国有控股企业的董事长、经理、监事会主席;(5)协调市属经营性、非经营性和资源性国有资产管理中的重大事项,指导、监督各区国有资产管理机构的工作以及监管境外的国有资产。

市国资委下设国有资产管理办公室,作为国资委的常设办事机构。国资办既是市国资委的日常办事机构，又是市政府主管市属国有资产的职能机构。

第二层次：市级国有资产经营公司。

市级国有资产经营公司是由市国资委授权的国有资产运营机构，是代表国家对一部分国有资产直接行使资产受益、重大决策、选择管理者等出资者权利的企业法人和国家授权投资的机构。它除《公司法》规定的义务外，还应当履行有关行政法规规定的义务。具体从事国有资产产权经营和资本运作，不行使行业和行政管理职能。市级国有资产经营公司担负国有资产保值增值的重任，直接对市国资委负责，并接受国资委的监管。

市级国有资产经营公司的主要职能是："投资、管理、监督、服务"。具体说来，有以下几项：(1)代表市国资委持有企业的国有资产；(2)对市属国有资产的收益进行管理，运用国有资产的收益进行再投资；(3)为市属企业提供贷款担保和发行债券担保；(4)通过向企业委派产权代表，参与企业重大决策，监管国有资产的经营；(5)通过对所持有的国有产权、股权的运作，实现企业组织结构、产业结构的优化组合。

市级国有资产经营公司分为两种类型：一种是纯粹型控股公司，它不直接从事生产经营活动，而是通过全部或部分拥有其他公司或企业的股权，对其公司和企业实行控制。另一种是混合型控股公司，它既从事直接的生产经营活动，又对其他公司或企业实行控股经营或参股经营。

市投资管理公司。这是一家纯粹控股型的资产经营公司，下属共有90多家一级公司。它以国家出资者身份通过其派出的产权代表，与下属企业发生关系，通过产权纽带对企业国有资产的经营实行监控管理，同时保障企业充分行使经营自主权。投资管理公司与下属企业的关系,已经不是领导与被领导的上下级隶属关系。

市投资管理公司按照市政府授权赋予的职能,积极运作。一是资产收益管理和投资管理。市投资管理公司管理国有资产的收益和再投资,市属国有企业的税后利润不交财政,由投资管理公司统一征收,形成税保财政、利活企业的格局。市投资管理公司将收缴的利润根据产业发展的需要和投资效益的要求进行再投资,主要根据政府计划对重点项目、重点企业和重点产品投资。二是产权经营。市投资管理公司对持股上市公司的监管,确保国有股权益不受侵犯;积极探索国有股流动方式,优化股权结构,拓展投资领域;实行产权重组,调整产业结构和企业组织结构,主要通过转让、换股、收购等手段,实行产权重组,调整产业结构和企业组织结构。目前正在推行大企业战略,加强对大型企业和主导行业的扶持和管理,把国有资产向大型企业集中,向主导产业集中,充分发挥国有经济在国民经济中的主导作用。三是人事管理。逐步实现管人与管资产相结合,对三类企业的领导人员进行业绩考核和直接任免;根据企业的经营业绩和国有资产的保值增值水平,向市委组织部提出对一、二类企业领导人员进行奖惩和任免的建议。

市投资管理公司通过有效的投资、管理、监督、服务,使市属国有资产不断增值壮大。到1994年末,市投资管理公司总资产达到952亿元(不含建设集团的66亿元),国有净资产达到187亿元(不含建设集团的13亿元),分别比上年增长17%和14.9%。

市建设集团公司。这是在原有企业集团的基础上改组而成的混合型控股公司。其核心层(即总部)改造为资产经营公司,下属一级企业则通过纳入全市企业分类定级后,成为独立的法人实体。

企业集团改造为资产经营公司以后,与原来的企业集团是有区别的:

(1)性质与职能不同。资产经营公司是国家授权的投资机构,它是以国有资产出资者的身份对下属企业行使出资者权利的企业法人,主要从事产权经营和资本运作。它与下属企业的关系不是上级与下级、领导与被领导的关系,是国家出资者与企业法人的关系;而企业集团则是直接从事商品生产经营的企业法人,它只能以本企业的身份而不是以国家出资者的身份与其子公司发生产权关系。

(2)设立的条件不同。资产经营公司是市国资委授权批准的,必须是国有独资公司,规模较大,注册资本要在5亿元以上,用于直接生产经营的资本总额必须小于公司注册资本的50%。集团公司只要符合集团公司条例,即可直接在工商行政管理部门登记注册,可以是独资公司,也可以是股份制企业,核心企业的注册资本要求5000万元以上。

(3)责任与利益关系不同。资产经营公司就国有资产的保值增值目标对国资委负责,它依据国有资产出资者身份,直接从下属企业收取国有股份的应得收益,并将这些收益用于国有资本的再投入,壮大国有资产,不再上交财政;在投资时,要受到政府的计划和投资政策导向的约束。而企业集团对其占用的国有资产向代表国家出资的资产经营公司负责,它依据在下属企业的法人股份取得的收益,应依法向资产经营公司上交,上交后的剩余利润,则可根据企业本身利益,完全自主的决定投资。

(4)经营目标不同。资产经营公司的经营目标往往是双重的,即在维护国有资产的安全,保证其增值的前提下,要根据政府调控经济的要求,优化配置资源。而企业集团的经营目标是单一的,即以追求利润的最大化为经营目标。

(5)管理方式及与下属企业的关系不同。资产经营公司主要是通过贯彻法律、法规、政策,制定监管办法,派出自己的产权代表来管理企业或参与企业的重大决策,与下属企业不发生直接的业务往来关系。而企业集团往往通过建立投资、财务、服务、利润中心来管理企业,与下属企业有着较紧密的业务往来关系。

市建设集团改制为资产经营公司以来,效果是显著的。1994年,集团公司总资产达到66.13亿元,比上年增长31.4%,净资产达到19.8亿元,比上年增长54.8%(其中国有净资产13.6亿元,比上年增长46.2%),实现利润6.6亿元,比上年增长21.8%,下属一级公司没有出现一家亏损。

市物资集团公司,这是一家主要从事物资流通的企业,下属全资公司17家,控股公司1家,1994年底总资产24.06亿元,净资产5.03亿元,销售额近100亿元。

第三层次:国有企业和国有资产参股、控股企业。

根据法律规定,它们拥有法人财产权,具有企业法人资格。对市国资委授权占用的国有资产,企业依法自主经营、自负盈亏、照章纳税,并具体负有国有资产保值、增值的责任。

以上三个层次的国有资产管理体制,在上层实现了政府的社会经济管理职能与资产所有者职能的分开;在中层实现了国有资产管理与国有资产经营职能的分开;在下层实现了国家终级所有权与企业法人财产权的分开,明确了企业法人财产权,调整了政府与企业的关系,逐步实现了政企职责分开。通过层层授权,建立责任制度,解决了国有资产"责任缺位"问题,体现了在市场经济条件下,政府管好所有权、放开经营权、行使宏观调控权的改革要求,保障了国有资产的安全和增值。截至1994年底,市属国有企业的总资产达1018亿元,比1980年的1.61亿元每年递增58.5%;净资产达500.6亿元,比1980年的0.61亿元每年递增51.3%,实现利润50.5亿元,比1980年的0.15亿元每年递增51.5%。与1993年相比,市属国有企业总资产增长了 21.2%,净资产增长了 16.6%,利润增长了 23.5%。

二、国有资产监管的方式和方法

这几年深圳市在进行国有资产管理体制改革的同时,还结合转换企业的经营机制,在国有资产监管的方式方法上进行一些改革。

(一)按经营规模、效益水平对企业进行分类定级

从 1993 年起,市政府取消了市属国有企业行政级别,制定并实施了《深圳市属国有企业分类定级方案》,按规模大小和效益高低,采用国际通用的资产(总资产、净资产)、利税(利润总额、上交利税)、销售(销售额、创汇总额)三大指标体系,将企业划为分一、二、三类,每类分为三级。企业的类级别是一个企业综合素质和综合经营能力的反映和表现。规模大,效益好的属一类;规模较大,效益较好的属二类;规模小,效益一般的属三类。不够标准的不分类定级,还要通过兼并、合并、转让等多种方式予以调整,使国有企业都具有一定的规模和实力。企业定级采用双重效益指标评价法,既考虑企业实现利润总额的绝对值,又考虑企业总资产利润率、净资产利润率、人均利润、销售利润率等相对效益指标。企业分类定级后,企业经营者和职工的工资福利等待遇与企业的类别级别挂钩,对国家贡献越大,类别级别越高,待遇也就越好。企业的类别和级别每两年审核评定一次,可升可降。

与企业分类定级相配套,1994 年 7 月,开始全面贯彻《深圳市属国有企业经营者工资收入与企业类级别挂钩的办法》,按照企业主要领导人员的收入与企业类别、级别相挂钩、拉开档次差距的原则,将董事长、总经理、党委书记的基本工资与企业类别、级别挂钩,效益工资与企业当年实现利润挂钩。

分类定级方案的实施,使企业由过去的"官本位"向"市场本位"转化,使企业由单纯追求速度、数量指标向追求效益指标转化,有利

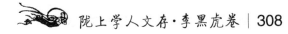

于形成优胜劣汰的竞争机制和激励机制,加速企业的优化过程。

(二)按行业类别和效益特点实行企业利润分类上缴办法

1993年以前,市属企业是采取承包经营和签订经理任期目标责任制的管理办法。随着产权主体多元化,这种办法越来越不适应,包盈不包亏,基数很难确定,既不利于调动企业的积极性,也给廉政建设带来很多问题。从1993年起,深圳市制定并实施了《深圳市属国有企业利润计划编制和征缴办法》,将市属全资国有企业划分为四类征缴利润。该办法的实施,克服了企业资产占用与效益产出不协调,企业承包上缴利润随意性大,缺乏统一公平的考核标准等弊端,使企业利润上缴工作逐步规范化、制度化,也有利于廉政建设。

(三)实行企业无行政主管部门的制度

1994年8月,深圳实行企业无行政主管部门改革,党政机关与所办经济实体脱钩,政府各部门不再直接分管企业,取消行政隶属关系,逐步实现由直接管理向间接管理、由微观管理向宏观管理、由行政管理向产权管理的转变,建立起适应社会主义市场经济需要的、全行业、全社会的宏观管理体系。取消企业的行政隶属关系,企业由行政部门的隶属管理转向国有资产产权管理部门管理,一下子切断了原来的政企关系,彻底实现了政企分开。

(四)向国有控股企业和全资企业委派产权代表,参与企业重大问题决策,监管国有资产运营

深圳实行企业无行政主管等政企分开的改革措施之后,政府不再直接干预企业的经营活动,但不是不要监管企业,而是要按市场经济规律的要求去监管企业。主要通过国有资产管理部门向企业委派国有资产产权代表,有效地监管企业,确保所有者的合法权益。国有资产产权代表在控股公司就是委派的董事长,在参股企业是委派的董事,在全资企业就是总经理。产权代表既对全体股东负责,又要对国

有资产的安全增值负责。为了加强对产权代表的管理,实行了产权代表报告制度。同时国有产权管理部门设立专门机构,受理产权代表的报告并在一定时限内及时给予答复。

(五)建立现代企业制度

建立现代企业制度是推进国有企业改革的方向。深圳市现代企业制度的试点工作以建立企业法人制度、有限责任制度和科学管理制度为核心内容,重点解决企业产权、领导体制、分配制度、约束机制和政企分开等问题。

1. 深化产权制度改革,建立健全企业法人制度。政企分开必须在法律上加以解决。企业对政府要依法纳税,依法经营;反过来,政府对企业依法进行管理,不再干预企业的经营活动。要做到这一点,必须解决产权不明晰的问题。为此,深圳在认真抓好清产核资、界定产权工作的基础上,市国资委已对71家产权关系清晰的国有控股企业和全资企业颁发了《国有资产授权占用证书》。作为国家出资的法律凭证《证书》颁发后,企业以国家以及其他出资者投资形成的全部法人财产自主经营、自负盈亏,独立享有民事权利,承担民事责任,并对国家及其他出资者承担资产保值增值责任。政府以产权为纽带同企业发生关系,不直接干预企业的经营活动,主要加强对企业的宏观管理和指导。

2. 进行领导体制改革,实现干部管理与资产管理相结合。企业干部管理体制是国有资产管理体制改革中的难点。搞好一个企业需要一个强有力的班子,特别是要选好一把手。干部问题已成为管好国有资产的一个重点问题。

按照党管干部以及干部管理与资产管理相结合的原则,积极探索和改革企业领导管理体制。目前深圳市对企业领导人员实行的管理办法基本上有二种形式:第一种对投资管理公司所管企业的领导人员,实行分类管理办法,即一、二类企业的主要领导(指企业正职领导),由市委组织部管理,并征求国有资产管理部门意见。对三类企业的主要领导,由资产经营公司直接任免与管理,扩大了产权管理部门选择企业经营者的权力。第二种是对改组为国有资产经营公司的建设集团以及物资集团公司,则明确规定其属下企业进行分类定级后,企业领导人员的任免一律由建设集团和物资集团公司自行决定,完全实现了管人与管资产相结合。为了扩大企业选择领导干部的权力,市委组织部和资产经营公司主要审核批准企业的董事长和总经理,副职则主要由企业提出,市委组织部和资产经营公司实行考查备案管理办法。

在企业内部领导体制方面,进一步明确董事会和总经理的关系。董事会与经理的关系是聘用和被聘用的关系。董事会对股东大会负责,总经理对董事会负责。董事长是企业的法定代表人,公司有关重大问题(项目投资、产权变动、利润分配等)经董事会集体讨论决定。总经理是企业的经营管理者,负责企业的日常生产经营工作,执行董事会的决定、决议。企业领导一般不得上下交叉任职。集团公司的董事长、总经理原则上不得兼任二级公司董事长或经理。

实行国有资产经营责任制后,凡连续两年未完成《国有资产经营责任书》规定的国有资产增值指标,免除其法定代表人的职务和产权代表资格;因经营不善,连续两年亏损的国有企业,其主要负责人(董事长、总经理、党委书记)一律就地免职,三年内不得再任国有企业负责人。对因经营失误造成破产的国有企业主要负责人,给予行政或经济处罚,三年内不得再任企业负责人;构成犯罪的依法追究刑事责任。企业领导人未经任职部门和上级党委批准私自拥有外国护照或香港单程证件者,一经发现就予以撤职。

3. 试行企业董事长和总经理年薪制。为建立现代企业制度的工资激励机制，充分调动企业经营者积极性，促进企业经济效益的增长，深圳市在部分现代企业制度试点企业试行董事长、总经理的年薪与净资产和利润增长双挂钩。年薪制将董事长和总经理的工资分为基本工资和效益工资两部分，基本工资与企业的类别、级别挂钩，效益工资与企业净资产增长率和实现利润增长率挂钩。董事长和总经理的年薪在员工工资总额外单列，按月预支基本工资的90%，年终经市劳动部门和国有产权管理部门依据具备审计资格的会计师事务所提供的企业实现经济效益情况，核实后汇总结算支付。不交或欠交利润的，以及虚盈实亏的企业，不发放效益工资。实行年薪制后，董事长、总经理不再享受企业内部工资、奖金和其他工资收入。

4. 试行内部员工持股制度。内部员工持股制度是比较适应市场经济要求的公有制实现形式之一。实行内部员工持股制度，目的在于通过员工持股，使员工同企业形成财产关系，以产权为纽带结成利益共同体，增强员工对企业的认同感和对企业资产的关切度，调动员工关心企业长远发展的积极性，提高员工对企业经营管理的参与度，加强员工对企业运营的监督，形成一种新的资本运作机制，激励员工高效率地从事生产经营活动。深圳市制定了《关于内部员工持股制度的若干规定（试行）》，规定了企业内部员工持股的总额、持股资金的来源、持股条件及额度、持股的认购条件、持股的管理及运作等等。具体做法是：企业内部员工持股总额不得超过企业总股本的30%，由员工个人按规定程序和标准出资认购。个人股不转让、不交易、不继承；员工调离企业按规定条件由企业购回员工个人持股等。

5. 加强法制建设，依法管理国有资产，规范企业行为。市场经济也是法制经济。深圳市在加强国有资产监管的过程中，始终重视运用法律手段，依法保护和推进改革，规范企业及市场行为。几年来，在清产核资、产权转让、资产评估、公司制、国有资产经营责任制方面制定了一系列的法规和规章。如先后颁布了《深圳经济特区国有资产管理条例》、《深圳经济特区股份有限公司条例》、《深圳经济特区有限责任公司条例》、《深圳经济特区股份合作公司条例》、《深圳经济特区企业集团暂行规定》、《深圳市企业无行政主管部门改革实施办法》、《深圳经济特区无形资产评估管理办法》、《深圳市属国有企业分类定级实施方案》、《深圳市属国有企业利润计划编制和征缴办法》、《深圳市国有资产产权界定和产权纠纷处理暂行办法》、《深圳市企业国有产权代表报告制度(试行)》、《关于完善试点企业领导体制的若干规定(试行)》、《深圳市试点企业监事会运作办法(试行)》等法规和规章。这些法规和规章的制定和实施,初步建立起国有资产法制管理体系,使国有资产监管有法可依,并为现代企业制度的规范化运作打下了基础,促进了企业的发展。

原文刊于《集团经济研究》1995 年 12 期

集团公司国有资产的授权运营及管理

一、深圳市国有资产管理体制

目前,深圳市实行的是三个层次的国有资产管理体制。第一个层次是深圳市国有资产管理委员会(以下简称国资委)及其办公室。国资委是市委、市政府管理国有资产的决策领导机构,下设办公室,是其常设办事机构,属于政府工作机构,国资委主任是市长,副主任是主管工业和金融的常务副市长,委员由体改办、财政局、国土局、经济发展局、贸易发展局、运输局、法制局、市委组织部、三家资产经营公司等 14 个部门的主要领导同志担任,采取定期或不定期召集会议的形式,对国有资产经营和管理问题进行决策。国资委统一管理全市的国有资产,包括经营性国有资产、资源性国有资产和行政事业单位的国有资产。对经营性的国有资产授权三家市级资产经营公司去管理和经营,这三家市级资产经营公司是深圳市投资管理公司、深圳市建设投资控股公司和深圳市商贸投资控股公司。国资委行使国有资产管理的权力,下设国有资产管理办公室,作为市国资委的常设工作机构。深圳市国资办既是市国资委的日常办事机构,也是市政府主管国有资产的职能机构(列入政府序列,正局级建制)。这是第一个层次。

第二个层次是资产经营公司, 即上面谈到的三家市级国有资产经营公司。我国经济体制改革的目的是实现政企分开,政企分开就是要在管理体制上分开,将经济管理体制和企业管理体制分开,否则将导致谁都管企业,谁都对企业承担一定的责任,但谁都不会对企业负全面责任,而且也没有能力负全面责任的局面。因为政府部门现在具有双重身份,既是管理者又是所有者,最好用的是经济手段,但政府部门在管理中又很难不带有行政手段,且政府部门在管理中并不能对企业负起全面责任。要解决这个问题就要找一个部门对企业负起责任来。由此深圳市成立了国资委,将所有者的职能交给它去行使,由它对国有资产进行宏观的间接的调控。成立国资委以后,在国有资产管理中还存在着管理职能和用人职能分开的问题,所以成立了国有资产经营公司,这是第二个层次。

第三个层次是企业。国资委将国有资产的经营管理职能授权给三家国有资产经营公司,实现了国有资产的管理职能和用人职能的分开,由国有资产经营公司对企业进行管理。这样国资委、国有资产经营公司、企业之间形成了一个宝塔形的关系,国资委管资产经营公司,它们之间形成领导与被领导、授权与被授权的关系,资产经营公司与企业之间形成了国家这个投资主体与法人之间的关系,实现了国家财产所有权与企业法人财产权的分离。

从以上三个层次的划分可以看出,深圳市形成了以产权关系为纽带的国有资产经营管理体系,在这个体系里各个层次的职能相当明确。国资委代表国家行使政府的所有者权益,但不直接管企业,不去管企业的产、供、销,对企业的管理方法就是制定政策、地方法规、办法、制度,由企业来贯彻执行,不直接参与企业的经营活动,也不干预企业的经营活动。国资委将所有者权益授权给资产经营公司,由资产经营公司对企业按照出资者的身份实施管理,使企业成为一个真正的市场经济主体,享有一个市场经济主体应有的一切权利,使企业能够在市场经济中充分发挥作用。

深圳市"三个层次"的做法是基于以下认识:我国国有资产的管

理体系必须从改革产权所有入手,只有理顺产权关系,才能有利于企业的运转,才能有利于企业的发展。在市场经济条件下最核心的问题有两点,一是产权关系必须明晰,产权不明晰的企业搞不起来;二是产权一定要流动,产权不流动生产要素就不能优化,也无法发挥市场这支无形的手调整产业结构的目的,也不能提高效益水平。为此,深圳市成立了国有资产管理委员会,行使国有资产所有者的职能,经发局、计发局、贸发局、运输局等部门行使社会管理和经济管理职能并且作了一条规定,所有的企业处于第三层次。1994 年 8 月深圳实行企业无行政主管部门的改革,党、政、军机关与所办经济实体脱钩,政府各部门不再直接分管企业,取消行政隶属关系,逐步实现由直接管理向间接管理,由微观管理向宏观管理,由行政管理向产权管理的转变,建立起适应社会主义市场经济需要的、全行业、全社会的间接、宏观管理体系,实现了企业无上级主管部门。

企业是市场经济的主体, 只有将企业作为市场经济的主体才是一条完整的市场经济道路,才能充分发挥它的作用,才能激励它们向前发展。深圳市对国有资产经营公司的管理是只从产权关系的角度对企业进行管理,而不是以上下级关系的角度对它们进行管理,且管理的最终目的是使其成为一个自主经营、自我约束、自我发展的市场经济主体。为此,一方面,企业要自我发展,另一方面,政府也要加以培育。这两个方面都要通,如果政府不去培育,企业的发展步伐就会放慢,想让企业发展得快一些,政府就得优化它、加快改革步伐。只有加快建立市场经济体系,企业才能充分地发挥它的本领。深圳市建立的市场经济体系有"八大体系":(1)三个层次的国有资产管理体系。(2)以市场经济为基础的价格体系。(3)包括生产资料、生产要素、企业产权运作在内的市场体系。(4)与国际惯例接轨的国民经济核算体系和企业财会核算体系。(5)多层次、多形式的社会服务体系。(6)社会保障体系。(7)宏观间接调控为主的面向全社会的政府管理和调控体系。(8)法规体系。深圳市的改革思路就是抓一头、放一头。企业由三家资产经营公司去管,政府把主要精力放在建立社会主义市场经济体系上。只有这样,才能充分发挥国有企业的作用,才能为其他经济成分进入市场打下基础,才能有利于经济的发展。

二、国有资产经营公司的管理问题

(一)按经营规模、效益水平对企业进行分类定级管理

从 1993 年起,深圳市政府取消了市属国有企业行政级别,制定并实施了《深圳市属国有企业分类定级方案》,按规模大小和效益高低,采用国际通用的资产(总资产、净资产)、利税(利润总额、上交利税)、销售(销售额、创汇总额)三大指标体系,将企业划分为一、二、三类,每类分为三级。企业的类级别是一个企业综合素质和综合经营能力的反映和表现。规模大、效益好的属一类;规模较大、效益较好的属二类;规模小、效益一般的属三类。不够标准的不分类定级,还要通过兼并、合并、转让等多种方式予以调整,使深圳市的国有企业都具有一定的规模和实力。企业定级采用双重效益指标评价法,既考虑企业实现利润总额的绝对值,又考虑企业总资产利润率、净资产利润率、人均利润、销售利润率等相对效益指标。企业分类定级后,企业经营者和职工的工资福利等待遇与企业的类别级别挂钩,对国家贡献越大,类别级别越高,待遇也就越好。企业的类别和级别每两年审核评定一次,可升可降。全市第一次分类定级的企业共 137 户,其中定为一类的 36 户,占 26.3%;二类企业 34 户,占 24.8%;三类企业 67 户,占48.9%。近期深圳市正在进行第二次分类定级,该升则升,该降则降。

与企业分类定级相配套,1994 年 7 月,深圳市开始全面贯彻《深圳市属国有企业经营者工资收入与企业类级别挂钩办法》,按照企业

主要领导人员的收入与企业类别、级别相挂钩、拉开档次差距的原则,将董事长、总经理、党委书记的基本工资与企业类别、级别挂钩,效益工资与企业当年实现利润挂钩。现已批准实行挂钩办法的市属国有企业(一级公司)有 55 家,其中,一类企业 14 家,二类企业 19 家,三类企业 22 家。经核定,如达到全年的效益计划,一类企业经营者月工资收人(包括各种补贴)平均为 5700 元,二类企业经营者月工资收人平均为 5100 元,三类企业经营者月工资收人平均为 4200 元,最低的 3000 元左右。

分类定级方案的实施,使企业由过去的"官本位"向"市场本位"转化,使企业由单纯追求速度、数量指标向追求效益指标转化,有利于形成优胜劣汰的竞争机制和激励机制,加速企业的优化过程。

(二)关于对人的管理

1. 改革企业干部任命制度。20 世纪 80 年代初实行改革开放以后,随着深圳市经济的发展,政府相应的各个部门也建立起来了,部门增多了,官员也增多了。为适应深圳市经济发展的需要,1986 年对市政府的一些局,如轻工局、机械局、化工局、物资局等部门进行改制,变成经营公司,由于这些局成立的时间较短,阻力较小,1986 年改革以后,对干部的管理坚持如下三条原则:(1)坚持党管干部的原则,最近又把党管干部与《公司法》结合起来,把组织部门管干部和公司党委管干部结合起来,搞好与《公司法》的衔接,对董事长聘任总经理不予插手。(2)坚持一级管一级,绝不越俎代疱。(3)管事与管人相结合。只有把人权和财权管好,才能搞好企业。根据以上三个原则,深圳对干部实行两个层次的管理,第一个管理层次是三家国有资产经营公司董事局的局长、党委书记、总裁、副总裁、总裁助理由市委组织部和国资办联合考核提名,报市委党委会批准。第二个管理层次是资产经营公司任命下属企业的董事长,董事会任命总经理,副总经理由总经理提名报董事会批准任命,董事会的任命报市委组织部备案,改变了企业干部全由市委组织部任命的做法。

对干部制度进行改革以后可以看出,管人和管资产到位了,加大了资产经营公司的压力和责任,既要管人,也要管资产,不得以任何理由推脱责任,管不好就会被追究行政和法律责任。同时企业的权力加大了,企业董事会可直接任命副总经理和重要管理部门的经理,董事会有权聘任总经理。但被聘任的总经理能不能很好地经营好企业是一个难点,因此深圳市对董事会聘任总经理、副总经理规定了二条原则:(1)坚持干部回避制度,至亲不能担任企业财务、审计、人事等部门的领导。(2)企业选的人一定要经过高级人才评价市场评价,不够资格的一律不能聘用。这样企业聘任总经理、副总经理就可以通过以下三个渠道进行:(1)企业自己选任。(2)由市委组织部成立的高级人才评价中心推荐,企业决定是否选用。(3)资产经营公司或市委组织部推荐,企业自己选择。

干部制度改革以后,企业在用人和使用资产的权力方面都到位。但为保证国有资产的保值增值,必须加强企业的内部监督。要实行制度化管理,理顺内部关系,必须加强国有资产经营公司对企业重大经营决策的管理,实行产权代表报告制度和财务人员委派制度,理顺内外部关系。

为了理顺企业内部的人事关系,特别是总经理和董事会关系,深圳市制定了五个条例,即《董事会工作条例》《党组织工作条例》《总经理工作条例》《监事会工作条例》《工会工作条例》,这些条例规定得都比较细,具有很强的操作性,明确了董事会、总经理等的职责,减少了矛盾,解决了企业董事会和总经理经常打架的问题,企业内部矛盾少了,形成合力才能有发展的可能。

2. 通过国有资产产权代表来影响企业决策。将用人和使用资的权力下放给企业以后,作为企业资产出资者的国有资产经营公司必须加强对企业的管理,以保证国有资产的保值增值。经过实践,深圳市摸索出了向企业派出产权代表,通过产权代表来影响企业决策班子的决策,来贯彻资产经营公司意图的办法。全资企业的董事长既是产权代表又是法人代表,参股企业的董事是产权代表,控股企业里派出的董事长、党委书记或副书记、财务总监都是产权代表,董事长是首席代表。为保证产权代表充分发挥作用,每年都要求这些产权代表与资产经营公司签订资产经营责任书,下达净资产利润指标,并实行产权代表报告制度。产权代表实行年薪制,平时发生活费,年底根据工作情况,按指标的完成情况予以奖惩。企业产权变动、利润分配、限额以上项目的投资(一类企业 3000 万元、二类企业 2000 万元、三类企业 1000 万元)、境外投资项目、向内地投资房地产项目、贷款担保以资产进行抵押超过净资 1/2 的项目,产权代表都得向资产经营公司报告,由资产经营公司下设的产权代表报告审理程序进行审查,在 15 日内作出同意或不同意或对项目提出意见的答复,产权代表根据资产经营公司的意见到董事会里影响决策,影响企业的重大经济活动。

3. 通过企业财务总监来防止国有资产流失。加强企业的财务监督,对防止国有资产流失具有重要意义。因此,深圳市实行了财务总监或财务部长逐级委派制度。国有资产经营公司向管辖的 124 家企业委派财务部长或财务总监,124 家企业的二级企业的财务部长由 124 家企业委派,三级企业的财务部长由二级企业委派。124 家企业中有 18 家一类企业,资产经营公司向这些企业派出财务总监。财务总监作为委派的董事进入董事会,对企业财务计划的制订有参与权,对财务计划的执行有监督权,对企业重大资金的调拨有签字权,限额以上数额的外拨资金只有经过财务总监签字才能对外拨付。二、三类企业的财务部长由资产经营公司从在全国范围内聘的财务人员中选拔向企业委派。为加强对财务总监或财务部长的管理,深圳市对他们的工资发放制度也进行了改革,改变了企业发工资、资产经营公司发奖金的做法,由资产经营公司统一发放工资和奖金,有利于财务总监或财务部长从产权角度去行使权力,同时通过工资发放、提拔任用,加强了对他们的控制,防止了国有资产流失。

(三)关于对产权的管理

1. 调整产业结构,进行产权重组,实施"抓大放小"战略。首先调整了三家资产经营公司的主导产业,即投资管理公司的高新技术产业、基础产业、金融和交通运输,建设投资控股公司的主导产业是房地产、建筑施工和装饰,商贸投资控股公司的主导产业是流通、商业贸易、旅游、菜蓝子工程。并允许三家资产经营公司以主导产业为主开展多种经营。这样划分以后,投资管理公司现有国有净资产160亿元,管理40多家企业;建设投资控股公司现有净资产20亿元,管理35家企业;商贸投资控股公司有净资产30亿元,管理40家企业。同时制定了深圳市发展的主导产业,将电子、通讯、生物工程等七个行业作为主导产业,根据这七个主导产业扶持发展大的企业集团,将这些大的企业集团不断充实壮大,突出产业优势,使它有一定的规模,有一个好的班子,有一个好的产品,有一个灵活的经营机制,有一套比较规范的约束机制。然后,把政府的"抓大放小"战略贯穿到全面扶持主导产业过程中,进行企业组织结构的调整,不同的企业采取不同方式。对资产经营公司的全资企业,采用拍卖、兼并、划拨的方式,必要时对其宣告破产。对一些规模较小经济效益不好的企业,首先采取拍卖的方式,法人和个人都可购买,没有人购买,就采取划拨的方式,将它合并到大的集团公司里去。有些潜力比较大的企业,鼓励集团公司对它予以兼并,如果属于一个资产经营公司内部的集团公司兼并,只要承担债务,可免除交纳转让金。一些效益特别差的企业就宣告破产,采取这种方式,逐步地消灭三类企业,增大集团公司的资本量。对一些资产经营公司参股而规模又较小的企业,采取转让股权的方式收回投资,将收回的钱放在投资管理公司,由投资管理公司投入其他项目。随着三类企业的逐步消灭,集团公司的规模不断扩大,资产经营公司对国有资产的管理就比较轻松了。

2. 进行企业改造、实现产权主体多样化。从 1986 年开始,深圳市就开始了公司制改造,已拥有上市公司 17 家,国有资产参股的有限责任公司也占有较大份额。在公司制改造过程中,深圳市坚持了一个原则:实现产权主体多样化,限制国有独资公司的数量,大力发展有限责任公司。除具有特殊性的行业和社会公益事业(公共汽车公司、自来水公司、燃气集团、负责小区建设的具有社会职能的城建集团)可以搞成国有独资公司外,严格限制其他国有独资公司。搞独资有限责任公司和企业间相互参股成立有限责任公司,大力发展按《公司法》要求成立的有限责任公司,只有这样才能最终实现政企分开,才能形成企业决策的民主化和科学化,才能使企业产生自我约束机制。为了搞好资产运作,三家资产经营公司都建立了财务公司,向保险业和地方银行参股,成为银行的股东,利用银行的融资能力,实现金融资本和经营资本的结合,以后还准备参与基金、证券等行业,把存量盘活,通过融资支持企业的发展。

3. 收缴所属企业收益进行再投资。作为国家授权的投资主体,按照出资收利就是天经地义的了,但怎么收,怎么使用都是值得研究的问题。深圳市三家国有资产经营公司根据企业的不同情况采取不同的收缴方式,股份制企业按股分红,全资企业按四类上交,专营性公司上缴当年利润的 70%~76%。房地产和金融性公司上缴当年利润的 12%~16%,公共交通和商贸公司上缴当年利润的 8%,菜蓝子工程和高新技术企业上交当年利润的 3%，其他未收缴的利润留给企业，让其滚动发展。对收缴的利润，投资管理公司根据计划局当年确定的重大投资项目进行投资，也可以自行选择项目进行投资。由于投资管理公司下属企业的资金归其所有，注册资金比较大。可以对下属企业的融资进行担保，可以筹集到企业发展所需资金，能大力促进企业的发展，也能够对企业实施有效管理。

4. 主要抓好投资和财务这两个企业重大问题的管理。凡是重大的投资项目都要通过产权代表报告的形式向投资管理公司请示，凡是重大的投资担保项目都必须经过投资管理公司审核。为了保证不出现重大的资产流失问题，国资办要求每个集团公司都成立财务结算中心，统一借贷，统一使用，有偿使用。同时实行财务中心下管一级，上级财务中心委派财务总监的办法，要求派出集团公司的财务总监对公司的经营状况每半年写出一份报告由资产经营公司审核。每年对年薪制老板工资的发放、干部的调进调出、企业反映比较多的问题由社会中介机构进行一次审计，根据审计结果调整干部。根据《国有企业财产监督管理条例》的规定，逐步向企业派出了监事会，监督企业资产的经营运作。

原文刊于《国有资产研究》1997 年第 1 期

附录

李黑虎先生部分论著目录

1. 谈谈当前企业的基本折旧 《甘肃社会科学》1979 年第 2 期

2. 抓紧企业整顿 加速物资周转 《甘肃社会科学》1979 年第 4 期

3. 从实践中探讨改革工业企业领导制度 《经济研究参考资料》总第 500 期

4. 亏损包干是促进企业扭亏增盈的重要措施 《甘肃日报》1981 年 8 月 28 日

5. 内含扩大再生产刍议 《甘肃日报》1981 年 11 月 25 日

6. 试论工业生产经济责任制 《甘肃社会科学》1981 年第 4 期

7. 按照农业发展的趋势来调整农机工业 《甘肃社会科学》1981 年第 4 期

8. 关于甘肃工业结构现状形成和调整的再认识 《工业结构》企业管理出版社 1981 年版

9. 研究和解决工业经济责任制中出现的新问题 《甘肃日报》1982 年 1 月 5 日

10. 农机产品小型化多用化问题 《工业经济管理丛刊》1982 年第 3 期

11. 发挥会计在经营管理中的监督作用 《经济学周报》1982 年第 36 期

12. 农业机械应该向小型化多样化通用化方向发展 《经济研

究》1982 年第 4 期

13. 会计事务公司的产生及作用 《财会动态》1982 年第 10 期

14. 试论计划经济与市场调节的关系 《甘肃经济论丛》1982 年第 4 期

15. 关于提高银行经济效益的探讨 《甘肃日报》1982 年 10 月 5 日

16. 节约能源探析 《社会科学参考》1982 年第 19 期

17. 会计事务公司探析 《财贸经济》1983 年第 1 期

18. 农村供销社体制改革初探 《甘肃日报》1983 年 3 月 2 日

19. 浅论节能 《甘肃日报》1983 年 4 月 11 日

20. 工业技术改造应遵循梯级性原则 《经济学周报》1983 年 5 月 2 日

21. 试谈农产品成本核算 《甘肃农业经济问题》甘肃人民出版社 1983 年版

22. 发展食品工业若干问题初探 《甘肃社会科学》1983 年第 4 期

23. 完善工业经济责任制的几个问题 《甘肃经济论丛》1983 年第 5 期

24. 工业企业扭亏增盈要依靠科学技术 《甘肃经济报》1983 年 11 月 25 日

25. 完善利改税制度的探讨 《甘肃经济论丛》1984 年第 1 期

26. 关于企业素质的几个问题 《甘肃日报》1984 年 1 月 16 日

27. 论工业技术改造的梯级性原则 《城市工业管理》重庆出版社 1984 年版

28. 试论利改税制度及其完善 《共产主义理论与实践》甘肃人民出版社 1984 年版

29. 甘肃省共产主义理论讨论会观点综述　《甘肃社会科学》1984 年第 1 期

30. 甘肃经济发展战略的几个问题　《开发研究》1985 年试刊号

31. 关于我省城市经济体制改革中若干问题的新对策　《社联通讯》1985 年第 2 期

32. 试论所有权和经营权的辩证关系　《理论学习》1985 年第 4 期

33. 关于后期老油田发展的几个问题　《工业经济管理丛刊》1985 年第 7 期

34. 开发甘肃要重视"芝麻"资源　《甘肃日报》1985 年 7 月 19 日

35. 西部发展战略应多层次多方案　《经济日报》1985 年 7 月 8 日

36. 搞活西部边远地区大企业问题初探　《甘肃社会科学》1985 年第 4 期

37. 兰州地区大企业面临的挑战及其搞活的途径　《兰州学刊》1985 年第 4 期

38. 搞活大企业是振兴甘肃经济的重要途径　《经济学周报》1985 年 8 月 18 日

39. 发展西部经济应采取多层次战略　《兰州晚报》1985 年 9 月 14 日

40. 如何搞活西北地区大企业　《经济管理》1985 年第 9 期

41. "芝麻"战略刍议　《开发研究》1985 年试刊号

42. 认真开展社会科学的创造性研究　《甘肃日报》1985 年 11 月 5 日

43. 国家与企业之间经济关系的演变与改革　《中国工业经济

责任制概论》甘肃人民出版社 1986 年版

44. 甘肃农村电话发展研究 《开发研究》1986 年第 5 期

45. 甘肃农村电话经济效益探析 《开发研究》1986 年第 5 期

46. 把大企业溶合于地方经济之中 《经济日报西部版》1986 年 7 月 31 日

47. 把西部开发研究推向一个新高潮 《开发研究》1986 年第 6 期

48. 资源的深度开发与技术进步 《开发研究》1987 年第 4 期

49. 三线企业的调整改造应纳入区域经济社会发展战略 《工业经济管理丛刊》1987 年第 5 期

50. 产业迁移与甘肃城市经济 《城市发展战略与管理》甘肃人民出版社 1987 年版

51. 试论我国西部多层次全方位经济技术协作体系 《经济技术协作新发展》经济科学出版社 1987 年版

52. 西北地区 2000 年工业科技发展战略 《西北地区 2000 年科学技术发展战略与对策》甘肃科学技术出版社 1989 年版

53. 西北区域产业政策的思考与选择 《理论纵横》(经济篇)河北人民出版社 1988 年版

54. 西部乡镇企业的发展模式 《希望之光:在中国的西部的乡土(上)》四川人民出版社

55. 在深化改革中完善企业机制 《开拓的历程》甘肃省委宣传部编

56. 技术的强输入与资源的深度开发 《2000 年甘肃环境》四川科学技术出版社 1988 年版

57. 甘肃工业发展及其产业政策研究 《甘肃工业》中国统计出版社 1989 年版

58. 西亚北非经济发展状况及对我国西北地区经济开发之思考 《经济研究参考资料》1989 年第 82 期

59. 我国西部区域经济系统及其效率的评价　《中国西部开发》1989 年第 4 期

60. 领导班子最佳结构刍议　《腾飞的希望》甘肃人民出版社 1989 年版

61. 白银市经济发展战略　《开发研究》1989 年第 3 期

62. 甘肃乡镇企业的发展方向与途径　《发展·挑战·对策》甘肃人民出版社 1988 年版

63. 西部地区乡镇企业发展模式探讨　《兰州学刊》1988 年第 6 期

64. 甘肃工业科技发展可供选择的思路　《发展·挑战·对策》甘肃人民出版社 1988 年版

65. 陕甘川毗邻十二方经济区经济发展战略研究　《开发研究》1989 年第 6 期

66. 发挥大中型企业作用的几点认识　《坚持实践发展》甘肃人民出版社 1989 年版

67. 甘肃的产业政策　《中国地区产业政策研究报告》中国经济出版社 1990 年版

68. 甘肃省工业布局与发展规划　《甘肃省国土开发规划》甘肃省人民出版社

69. 黄河上游产业发展战略　《2000 年黄河上游产业发展战略研究》甘肃人民出版社

70. 发展我国清洗业的近中期设想及相关政策　《发展》1990 年第 5 期

71. 开展地方立法规划研究积极推动地方立法工作　《甘肃人

大》1991 年第 6 期

72. 把人大工作的研究推向一个新阶段 《甘肃人大》1991 年第 10 期

73. 深圳国有资产管理体制及其运营机制 《集团经济研究》 1995 年 12 期

74. 集团公司国有资产的授权运营及管理 《国有资产研究》 1997 年第 1 期

75.《经济全球化对中国的挑战》 社会科学文献出版社 2001 年版

《陇上学人文存》已出版书目

第一辑

《马　通卷》马亚萍编选　　　《支克坚卷》刘春生编选

《王沂暖卷》张广裕编选　　　《刘文英卷》孔　敏编选

《吴文翰卷》杨文德编选　　　《段文杰卷》杜琪　赵声良编选

《赵俪生卷》王玉祥编选　　　《赵逵夫卷》韩高年编选

《洪毅然卷》李　骅编选　　　《颜廷亮卷》巨　虹编选

第二辑

《史苇湘卷》马　德编选　　　《齐陈骏卷》买小英编选

《李秉德卷》李瑾瑜编选　　　《杨建新卷》杨文炯编选

《金宝祥卷》杨秀清编选　　　《郑　文卷》尹占华编选

《黄伯荣卷》马小萍编选　　　《郭晋稀卷》赵逵夫编选

《喻博文卷》颜华东编选　　　《穆纪光卷》孔　敏编选

第三辑

《刘让言卷》王尚寿编选　　　《刘家声卷》何　苑编选

《刘瑞明卷》马步升编选　　　《匡　扶卷》张　堡编选

《李鼎文卷》伏俊琏编选　　　《林径一卷》颜华东编选

《胡德海卷》张永祥编选　　　《彭　铎卷》韩高年编选

《樊锦诗卷》赵声良编选　　　《郝苏民卷》马东平编选

第四辑

《刘天怡卷》赵　伟编选　　　《韩学本卷》孔　敏编选

《吴小美卷》魏韶华编选　　　《初世宾卷》李勇锋编选

《张鸿勋卷》伏俊琏编选　　　《陈　涌卷》郭国昌编选

《柯　杨卷》马步升编选　　　《赵荫棠卷》周玉秀编选

《多识·洛桑图丹琼排卷》杨士宏编选

《才旦夏茸卷》杨士宏编选

第五辑

《丁汉儒卷》虎有泽编选　　　《王步贵卷》孔　敏编选

《杨子明卷》史玉成编选　　　《尤炳圻卷》李晓卫编选

《张文熊卷》李敬国编选　　　《李　恭卷》莫　超编选

《郑汝中卷》马　德编选　　　《陶景侃卷》颜华东　闫晓勇编选

《张学军卷》李朝东编选　　　《刘光华卷》郝树声　侯宗辉编选

第六辑

《胡大浚卷》王志鹏编选　　　《李国香卷》艾买提编选

《孙克恒卷》孙　强编选　　　《范汉森卷》李君才　刘银军编选

《唐　祈卷》郭国昌编选　　　《林家英卷》杨许波　庆振轩编选

《霍旭东卷》丁宏武编选　　　《张孟伦卷》汪受宽　赵梅春编选

《李定仁卷》李瑾瑜编选　　　《赛仓·罗桑华丹卷》丹　曲编选

第七辑

《常书鸿卷》杜　琪编选　　《李焰平卷》杨光祖编选
《华　侃卷》看本加编选　　《刘延寿卷》郝　军编选
《南国农卷》俞树煜编选　　《王尚寿卷》杨小兰编选
《叶　萌卷》李敬国编选　　《侯丕勋卷》黄正林　周　松编选
《周述实卷》常红军编选　　《毕可生卷》沈冯娟　易　林编选

第八辑

《李正宇卷》张先堂编选　　《武文军卷》韩晓东编选
《汪受宽卷》屈直敏编选　　《吴福熙卷》周玉秀编选
《寒长春卷》李天保编选　　《张崇琛卷》王俊莲编选
《林　立卷》曹陇华编选　　《刘　敏卷》焦若水编选
《白玉岱卷》王光辉编选　　《李清凌卷》何玉红编选

第九辑

《李　蔚卷》姚兆余编选　　《郗慧民卷》戚晓萍编选
《任先行卷》胡　凯编选　　《何士骥卷》刘再聪编选
《王希隆卷》杨代成编选　　《李并成卷》巨　虹编选
《范　鹏卷》成兆文编选　　《包国宪卷》何文盛　王学军编选
《郑炳林卷》赵青山编选　　《马　德卷》买小英编选

第十辑

《王福生卷》孔　敏编选　　《刘进军卷》孙文鹏编选

《辛安亭卷》卫春回编选　　《邵国秀卷》肖学智　岳庆艳编选

《李含琳卷》邓生菊编选　　《李仲立卷》董积生　刘治立编选

《李黑虎卷》郝希亮编选　　《郭厚安卷》田　澍编选

《高新才卷》何　苑编选　　《蔡文浩卷》王思文编选